IMPRESSION
· WIEDERHOLUNG · UND · ERWEITERUNG ·
EXPRESSION

Wolff A. von Schmidt · Gerhard P. Knapp
University of Utah

Mona Knapp

Robert Di Donato · Consulting Editor · Massachusetts Institute of Technology

Cover and interior design: Judy Poe
Line art provided by Len Shalansky
Production editor: Traute M. Marshall

Cover art: Vasily Kandinsky, *Orange*. 1923. Lithograph, printed in color, 16 × 15⅛''. Collection, The Museum of Modern Art, New York. Purchase Fund.

Manufactured in the United States of America
ISBN 0-8384-1385-4

10 9 8 7 6 5 4 3 2 1

Inhaltsverzeichnis

1 Wohnen und Familie

2 Essen, Trinken, Einkaufen

3 Bildung und Beruf

4 Zweimal Deutschland

5 Lebensläufe aus Österreich und der Schweiz

9 Das Leben in der Großstadt

Das Leben auf dem Land   245

10 Der Mensch und die Medien

Segen oder Plage?   279

Preface

Purpose

IMPRESSION/EXPRESSION DEUTSCH, Wiederholung und Erweiterung is an integrated, three-component German program aimed at students at the second-year college level. It seeks to develop all four language skills — reading, writing, comprehension and speaking — in a concrete cultural context. This is accomplished through generous opportunities to review and expand the oral and written mastery of the basic grammatical structures covered in the first year of study, within the context of stimulating chapter themes and readings. The overriding goal of this program is to expand students' lexical, grammatical and cultural awareness in the service of their ability to understand and *use* the German language communicatively and meaningfully.

It should be stressed that, with communicative competence being the goal, the authors have focused primarily on themes that stimulate conversation. Idiomatic expressions, compound words, official terms etc. are included, as the intermediate-level student should be able to move beyond "survival skills" to deal with more serious and complex topics.

IMPRESSION/EXPRESSION DEUTSCH incorporates the latest and most innovative pedagogic principles while retaining essential and traditionally successful methods of foreign language acquisition. It presents the best of both worlds by sharpening communicative skills while backing them up with solid grammatical knowledge. The rationale for this two-track approach lies in the extreme diversity in the capabilities of students at this stage of learning. The components of the program allow the instructor great flexibility in accommodating students with varied abilities and achievements. Since the chapter structure and the integration of the components facilitate selective choices, the instructor can adapt the materials *ad hoc* to various levels of challenge or review, as well as to the length of either quarter or semester systems.

Components

The program consists of a comprehensive review grammar (*IMPRESSION/EXPRESSION DEUTSCH. Wiederholung und Er-*

weiterung), a cultural and literary reader *(IMPRESSION/ EXPRESSION Magazin für Kultur und Literatur)* and a *WORK-BOOK/LAB MANUAL* accompanied by *TAPES*. Each component contains ten chapters integrated thematically and grammatically with the corresponding chapters of the other components.

Readings

The reading selections of the textbook and the reader are taken from a wide spectrum of sources. In addition to more traditional literary selections (short stories, poems, autobiography, legends) there are political pamphlets, protest texts, graffiti and bumper sticker slogans, aphorisms, songs, how-to and advice columns and many other journalistic and commercial texts. These selections will meet the interests of contemporary students, while, at the same time, giving a view of the social and political realities of the German-speaking world. Thus topics such as the counterculture, the problems of guest workers or unemployment are as prominent in the readings as topics reflecting opportunity, good living, education or history and the arts. The readings cover all German-speaking countries representing Austria, Switzerland and both Germanies with authentic literary and cultural texts.

Grammar

While the grammar explanations are relatively comprehensive, it should be stressed that grammar is *not* intended to be the main topic of the classroom. Rather portions of the grammatical explanations should be assigned selectively for homework reading, or referred to periodically for the benefit of students who need more extensive exposition. Having full grammatical explanations *available* and accessible but not *mandatory* for the successful accomplishment of the communicative goal is a feature unique to this book.

Exercises

Similarly, the program's exercises run the gamut from more traditional, manipulative types to truly communicative patterns, enabling the instructor to use a variety of materials in accordance with given priorities and needs. Exercises in the textbook are constructed according to recent findings regarding successful proficiency-oriented language activities. They are contextualized and focused on meaning designed to stimulate the student's desire to communicate comprehensibly in German. Furthermore, they often involve the student on a personal level by soliciting opinions, suggesting debate and role play and by other interactive strategies. English is used for explanations and instructions in cases where the use of German might unduly complicate or slow down students' understanding. Most of the exercise patterns and activities have been tried and tested repeatedly in the classroom.

The exercises in the Workbook/Lab Manual are more solution-oriented than communicaton-oriented. The authors strongly suggest that the Workbook/Lab Manual be used in conjunction with the textbook in order to provide the greatest possible range of skill-building exercises. The instructor or group who has difficulty "opening up" to the communicative exercises always has the option of concentrating on the traditional drills of the Workbook/Lab Manual. The accompanying Lab Tapes further enhance the oral/aural skills of communication. They offer not only comprehension exercises, but also comprehensive translation activities, both English to German and German to English.

Vocabulary

Throughout the textbook, a carefully controlled vocabulary has been employed and recycled. In some instances, the vocabulary presented as "active" deviates from the various frequency lists available. The main consideration in selecting vocabulary has been to approximate the standards of actual, present-day spoken German as closely as possible. In brief: the approach is not canonical or lexical, but highly flexible with regard to the ever-changing character of a living language. German compound words are highlighted under the heading *Wortzusammensetzung;* by being confronted with compound nouns on a regular basis, students, it is hoped, will develop a habit of "breaking them down" into intelligible units and thus acquire an important reading skill.

It is the instructor, ultimately, who — by selecting from the variety of readings, exercises and activities, by emphasizing certain features and de-emphasizing others — will shape and determine the level and mode of instruction. To simplify this task, the chapters are all uniformly and consistently organized. Once familiar with the basic pattern, the instructor will easily identify the sections and activities that are appropriate for a given group or student.

Chapter Organization

Lesetips: A brief introduction of vocabulary and concepts which break the ice for the reading selection ahead and prepare students with essential vocabulary and specific reading strategies.

Chapter Reading Selection: A reading text on the chapter theme which supplies cultural informaton and new vocabulary, and demonstrates the chapter's grammatical topics. Cultural notes with further explanations follow the reading. Expressions and words that students need to understand but not necessarily to produce are glossed in the margin. The topic of the reading selection is complemented by selections on related topics in the Cultural and Literary Reader.

Wortschatz: Divided into nouns, verbs, and adjectives and adverbs, with plural forms and translations. Special emphasis has been placed on compound nouns and on verbs derived from the same root. A total of approximately 100 new vocabulary words and phrases is introduced in each unit of the textbook. Again, according to time and necessity, the instructor can decide what portion of the active vocabulary should be mastered by all students. This vocabulary is re-introduced and reviewed by exercises under the heading "Wortschatz im Kontext" and in the Workbook/Lab Manual.

Ausdrücke und Redewendungen: Explanations of the important idiomatic expressions occurring in the reading selection. These are also recycled in the subsequent exercises and in the Workbook/Lab Manual.

Was kann man dazu sagen?: This section supplies contextualized expressions and the phrases most commonly used in connection with the chapter's topic. Its purpose is to build a supply of standard phrases necessary for basic communication in everyday life which the student can call upon from memory (independent of grammatical structures). These phrases are immediately applied in specialized exercises.

Wortschatz im Kontext: Exercises giving the student the opportunity to recognize and communicate with the new vocabulary and phrases in the thematic context of the chapter. These exercises span the range from fill-in, match-up and cloze exercises to more freely structured written and oral activities, all contextualized and related to the chapter topic.

Grammatik: Two to four grammar topics are treated per chapter and each is in turn followed by creative and contextualized oral and/or written exercises.

Jetzt sind Sie an der Reihe! This section constitutes the capstone of each chapter. Here, the students can show they have understood the thematic concepts, mastered the lexical and grammatical points, and are prepared to use them in speech and writing for effective communication.

Appendix

The appendix contains a list of important strong and irregular weak verbs with their principal parts, and an German-English end vocabulary. It lists all words occurring in the text that are not contained in J. Alan Pfeffer's *Grunddeutsch* Englewood Cliffs, N.J., 1970. Each entry has a number indicating the chapter in which the word was first introduced.

Scheduling

While the amount of material covered in a given time block will depend to a great extent on the capabilities and size of a given group, the following are suggested guidelines for adapting this textbook to use in various term/semester situations:

Full year, two semesters: If a relatively thorough basic review is desired, the first semester would cover the first four chapters (Chapters One and Two provide a fairly extensive review of first-year material). The second semester would then cover Chapters Five through Ten. If a review of the basics is less crucial, the first semester would cover the first five chapters, i.e. approximately one chapter every two to two-and-a-half weeks. Chapters One and Two would be dealt with more summarily in this case. The second semester would then finish Chapters Six through Ten, and a considerable amount of material from the reader could be included.

Full year, three quarters: If a thorough grammar review is desired, one would schedule chapters 1-3, 4-6, and 7-10 for the three quarters. With less extensive review, a division into chapters 1-4, 5-7 and 8-10 is advisable, while the grammar review would be augmented by increasing amounts of material from the reader.

If less than a full year is available, it is suggested that groups proceed at the rate of approximately one chapter every 2-3 weeks, alternating grammar material with the reader selections and lab work.

Acknowledgements

We would like to acknowledge the contributions made by the following persons who read the manuscript in the early stages and offered their criticisms and suggestions.

Jerry Cox, Furman University
Patrick McConeghy, Michigan State University
Ingeborg Henderson, University of California at Davis
Valda Melngailis, Boston College
James Pusack, University of Iowa
Heimy Taylor, Ohio State University

Special acknowledgements are due to Robert Di Donato, Massachusetts Institute of Technology, and to the in-house editor, Traute M. Marshall for their helpful suggestions and contributions.

Gerhard P. Knapp
Mona Knapp
Wolff A. von Schmidt

Impression

Expression

1 Wohnen und Familie

Hier bin ich zu Hause!

 Wohnen und Familie

Hier bin ich zu Hause!

Everyone knows that reading a long text in a foreign language is quite a job. There are some tricks, however, which will help make it easier. Try going through the following steps before you start reading this selection:

1. Skim over the page. Make a mental note of (or jot down) words and phrases that are immediately familiar to you.

2. Read the first and last sentences of each paragraph; don't stop to look up words, but aim for the general sense of the sentences.

3. See whether you can name three or four general ideas or important statements that stick in your mind after the first fast reading.

4. Now, and not sooner, read through the selection for detail and for vocabulary you may have to look up.

Keep these steps in mind as strategies for future readings.

Fragen zum Thema

1. Wieviele Wörter können Sie bilden, die die Silbe *wohn*-enthalten?

2. Suchen Sie in Gruppenarbeit Wörter, die mit *Haus*- anfangen.

3. Welche Aspekte gehören Ihrer Meinung nach zum durchschnittlichen° Leben in Amerika? Familienverhältnisse? Wohnen? Interessen und Ziele der Amerikaner? Die Situation der Ausländer in Amerika? Der Alltag der Schüler? der Studenten? der Familien? der älteren Menschen?

average

4. Beschreiben Sie kurz ein Mitglied Ihrer Familie.

> BEISPIEL: Meine Schwester Susan studiert seit zwei Jahren an der Universität. Sie ist 22 Jahre alt und will Computertechnikerin werden.

Verschiedene Menschen - verschiedenes Wohnen

Frau Wilhelmine Schulz ist Rentnerin°. Sie wohnt in einer
kleinen Wohnung in München. Ihre zwei Söhne sind im
Krieg gefallen°. Eine Tochter wohnt in Amerika. Das
gefällt ihr nicht, aber sie weiß, daß man es nicht ändern
kann. Sie hat aber viel Kontakt mit anderen Rentnern. Sie gehen
oft zusammen spazieren, ins Café oder ins Theater. Frau Schulz,
die die harten Kriegsjahre durchgemacht hat, genießt jetzt ihr
Leben und läßt es sich gern gutgehen.

a retired person

were killed in action

Dilek, 14 Jahre alt, kommt aus der Türkei. Ihr Vater ist Gastarbeiter[1] und arbeitet bei der Firma Siemens°. Dilek lernt fleißig
Deutsch. Sie liebt Deutschland und möchte auch in Zukunft in
dieser neuen Heimat bleiben. Für die Eltern aber kommt das nicht
in Frage, weil sie früher oder später unbedingt in die Türkei
zurückkehren wollen. Deswegen gibt es Streit und Ärger; manchmal weint Dilek. Ihre Eltern sind sehr streng mit ihr. Sie darf
selten allein aus der Wohnung gehen und muß ohne Widerspruch
gehorchen.

*name of a large
manufacturer of machinery
and appliances*

Herr Georg Schneider ist Manager bei einer Versicherungs-
gesellschaft°. Er besitzt ein gemütliches Fertighaus° in einem
Vorort von Hamburg. Seine Frau und zwei Kinder wohnen gern in
dem Einfamilienhaus, weil es einen großen Garten hat. Herr
Schneider fährt jeden Tag eine lange Strecke auf der Autobahn zur

*insurance company
pre-fab house*

Mit anderen Rentnern geht Frau Schulz oft ins Café.

Fräulein Bieger ißt jeden Tag in der Mensa.

Arbeit, aber das macht ihm nichts aus. Er ist stolz auf seinen
schnellen Wagen und kann abends die Stadt wieder hinter sich
lassen.

Herr und Frau Redlich sind beide berufstätig bei den Ford-
werken in Köln. Die langweilige Arbeit hängt ihnen manchmal
zum Hals heraus. Im Hochhaus, bzw. in der sogenannten
Wohnfabrik[2], mieten sie eine Dreizimmerwohnung. Beide Redlichs
stehen von 8 bis 16 Uhr[3] am Fließband°. Ihre beiden Kinder, Sabine   *assembly line*
und Paul, müssen um 8 Uhr im Gymnasium[4] sein und kommen
etwa um 13 Uhr nach Hause. Sie sind "Schlüsselkinder"[5]. Die
Nachmittagsstunden verbringen sie mit englischen Vokabeln,
Mathematik und anderen Hausaufgaben. Am Wochenende spielt
Sabine bei einem Fußballclub mit, aber Paul findet Sport blöde und
verbringt lieber die Zeit mit seinem kleinen Motorrad.

Fräulein Hilde Bieger studiert in Berlin. Sie ist fleißig und will
Ärztin werden. Sie ist Untermieterin° bei Frau Neubauer. Dort hat   *tenant*
sie ein möbliertes Zimmer mit Küchenbenutzung°. Sie hat nicht   *kitchen privileges*
viel Geld, das ist klar, denn sie lebt von einem Stipendium[6]. Aber
das Studentenleben ist preiswert. Sie ißt jeden Tag in der Mensa
und fährt mit der U-Bahn zur Universität. Ihre Ausbildung an der
Uni dauert noch ein Jahr. Nach dem Studium will sie eine Stellung
im Ausland suchen.

All das sind typische Bewohner der Bundesrepublik Deutsch-land[7]. Fast 80 Prozent von ihnen wohnen in den Städten, nur 20 Prozent dagegen° auf dem Land. Die Durchschnittsfamilie ist klein. Viele Leute leben allein. Es gibt besonders viele alte Menschen und relativ wenig junge Menschen dort. Manche Ehepaare haben gar keine Kinder. Wenige Eltern haben mehr als zwei. Die Statistik lautet°: jede Frau bekommt 1,3° Kinder. Wie in anderen Ländern träumen auch in Deutschland viele Leute von einem Eigenheim mit Garten. Das ist aber leichter gesagt als getan. Grundbesitz° ist teuer, und noch immer gibt es Wohnungsnot. Der Staat hilft dem Bürger auf verschiedene Art und Weise. Z. B. hofft die Familie Redlich, durch die Bausparkasse[8] eines Tages ein eigenes Haus bauen zu können. Vom Staat kriegen auch Fräulein Bieger ihr Studiengeld und Frau Schulz ihre Rente[9]. ▪

in contrast

reads thus/the decimal point in German is a comma

owning property

ÜBRIGENS. . .

1. "Guest" workers from other European countries (Spain, Italy, Greece and especially Turkey) are hired on a two-, three- or four-year contract, and make up a substantial part of the West German labor force.
2. A gigantic apartment complex or conglomerate of low-rent, high-rise apartment buildings. (literally: *dwelling factory*)
3. The 24-hour clock is used in Germany for official schedules. It can also be used in everyday conversation.
4. After four years of elementary school, qualified children enter a **Gymnasium**. Graduation from the **Gymnasium** (which nowadays is often integrated in the recently-developed and very controversial **Gesamtschule**) at about age 19, with an **Abitur**, is the prerequisite for university studies.
5. "Latchkey children" who have their own keys to the house, since their parent(s) are at work when the child returns from school in the afternoon.
6. A large percentage of German university students receive varying amounts of fellowship money and interest-free student loans from the Federal Government through BAFÖG (**Bundesausbildungsförderungsgesetz**).
7. This is the official name of West Germany, a country based on the territory of the Western occupied zones in 1949. The abbreviation *BRD* is widely used but not officially recognized.
8. A **Bausparkasse** is a state-subsidized savings program for people planning to build or buy their homes (from **bauen** *to build* + **die Sparkasse** *savings bank*).
9. This public pension fund is somewhat similar to the Social Security System in the United States.

Nomen

der Ärger trouble, hassle
die Arbeit work, employment
die Ärztin, -nen (female) physician
der Arzt, ̈e (male) physician
die Ausbildung, -en training, education
das Ausland foreign country, abroad
die Autobahn, -en freeway, expressway
der Bürger, - citizen
das Ehepaar, -e married couple
das Gymnasium, die Gymnasien high school (university preparatory)
die Hausaufgabe, -n homework
die Heimat homeland
das Hochhaus, ̈er high-rise building
der Krieg, -e war
die Mensa university cafeteria
der Schlüssel, - key
der Staat, -en state, government
die Stellung, -en job, professional position
die Strecke, -n stretch, distance
der Streit quarrel, conflict
das Studium, -ien course of study
der Vorort, -e suburb
die Zukunft future

Verben

ändern (+ Akk.) change
arbeiten work
bauen build
bekommen receive, get
besitzen own
bleiben stay
dauern last
essen eat
fahren drive
gehorchen (+ Dat.) obey
genießen enjoy
helfen (+ Dat.) help
hoffen hope
kriegen (coll.) get, receive
lieben love

♦ **machen** make or do
mit·machen go along with
durch·machen go through, experience
aus·machen (+ Dat.) matter
vor·machen pretend
fest·machen fasten
zu·machen close

mieten rent (as a tenant)
spazieren take a walk, stroll
studieren study (especially: be enrolled at a university)
träumen dream
weinen cry
♦ **wohnen** live (in a place)
der Wohnort place of residence
die Wohnstraße residential street
das Wohnhaus residential building
das Wohnviertel neighborhood
die Wohngemeinschaft community (also: commune)

Adjektive, Adverben etc.

berufstätig employed
blöd(e) (coll.) dumb
eigen own, belonging to (some)one
fleißig hardworking, diligent
fraglos unquestioning(ly)
gern(e) gladly
langweilig boring
lieber rather
manchmal sometimes
möbliert furnished
preiswert economical, cheap
prima great, first rate
sogenannt so-called
streng strict
unbedingt absolutely, unconditionally

WORT + ZUSAMMEN + SETZUNG

die Dreizimmerwohnung, -en   apartment with three rooms *(plus kitchen and bathroom)*
   drei + das Zimmer + die Wohnung

die Durchschnittsfamilie, -n   average family
   der Durchschnitt + die Familie

das Eigenheim, -e   one's own home
   eigen + das Heim

das Einfamilienhaus, ̈er   single-family dwelling
   ein + die Familie + das Haus

der Gastarbeiter, -   guest worker
   der Gast + der Arbeiter

die U-Bahn [= die Untergrundbahn], -en   subway
   unter + der Grund + die Bahn

die Wohnungsnot   housing shortage
   die Wohnung + die Not

AUSDRÜCKE UND REDEWENDUNGEN

es sich gutgehen lassen   to pamper oneself
das kommt nicht in Frage   that is out of the question
früher oder später   sooner or later
das/es macht nichts   it doesn't matter
es macht mir nichts aus   I don't mind, it does not matter to me
bzw. [= beziehungsweise]   respectively, that is
Paul und Sabine sind 17 bzw. 16 Jahre alt.   Paul and Sabine are 17 and 16 years old, respectively.
etwas hängt jemandem *(Dat.)* **zum Hals heraus** *(coll.)*   (someone) is sick and tired of something
das ist klar   obviously, of course.
Klar!   Sure!
auf dem Land   out in the countryside
allerdings   however, to be sure, of course
das ist leichter gesagt als getan   that's easier said than done
auf verschiedene Art und Weise   in various ways
z.B. = zum Beispiel   for example

" ━━━━━━━━━━━━━━ "

Expressing likes and dislikes

ENTHUSIASTIC APPROVAL

Prima!	First rate!
Großartig!	Great!
Erstklassig!	First class!
Ausgezeichnet!	Excellent!
Toll!	Terrific! *(coll.)*

INDIFFERENCE

Es geht.	It's OK.
Man kann damit leben.	You can live with it.
Nicht schlecht.	Not bad.

DISLIKE, DISSATISFACTION

Es geht überhaupt nicht.	It just won't do at all.
Unmöglich!	Impossible!
Miserabel!	Wretched!
Schrecklich.	Terrible!

" ━━━━━━━━━━━━━━ "

Was ist Ihre Meinung?

Team up with a partner. One of you should "fire" questions (there are suggestions below, but improvise your own as well), the other should "fire back" responses as fast as possible. See how many questions and answers you can produce within 60 seconds:

Wie gefällt Ihnen jetzt das Wetter?

Und was halten Sie von Ihrer Wohnung? Ist sie teuer? Sind die Nachbarn nett?

Und wie kommen Sie mit Ihren Eltern aus? Und mit Ihren Geschwistern?

Und Ihr Studium? Und übrigens, wie ist das Mittagessen hier in der Mensa? Und im Studentenheim, wie steht's damit? Und Ihre Noten im letzten Semester? Und . . .

A Ergänzen Sie die Sätze mit den Nomen aus der folgenden Liste oder auch mit anderen passenden Nomen, die Sie kennen.

Ausland   Ehepaar   Ärztin

Durchschnittsfamilie   Gymnasium   Zukunft

Autobahn   Vorort

Gastarbeiter   Ausbildung

Die Familie Weber mietet ein kleines Haus in einem

_____ . Frau Weber fährt jeden Tag eine lange Strecke

auf der _____ zur Arbeit in der Stadt. Herr Weber

unterrichtet in der Schule Deutsch für _____ , die zum
größten Teil aus der Türkei stammen. Die Kinder gehen auf das

_____ . Jochen Weber, der Sohn, möchte gern nach

dem Abitur im _____ studieren, vielleicht in England
oder Frankreich. Er will Ingenieur werden, seine Schwester will

_____ werden. Das _____ Weber und ihre

Kinder könnte man als eine _____ bezeichnen: die
Eltern sind berufstätig und arbeiten fleißig, um der Familie eine

gute _____ zu sichern; die Kinder wollen sich durch

eine gute _____ auf das spätere Leben vorbereiten.

B Verbinden Sie die folgenden Verben mit ihren richtigen Bedeutungen.

1. wohnen _____

2. fahren _____

3. träumen _____

4. studieren _____

5. spazieren _____

6. besitzen _____

7. mieten _____

8. ändern _____

9. weinen _____

a. haben

b. nasse Augen haben

c. mit einem Wagen irgendwo hinkommen

d. etwas anders machen

e. zu Fuß gehen

f. an der Universität Kurse belegen

g. Zimmer bewohnen und dafür zahlen

h. irgendwo zu Hause sein

i. etwas Schönes für die Zukunft planen

C Ergänzen Sie die Sätze mit Hilfe der folgenden Redewendungen.

es sich gutgehen lassen
es kommt nicht in Frage
es macht nichts
das ist leichter gesagt als getan
etwas hängt einem zum Hals heraus
früher oder später
das ist klar
auf verschiedene Art und Weise

1. Frau Schulz hat ein angenehmes Leben. Sie _____
2. Dilek möchte in Deutschland bleiben, aber für die Eltern

_____
3. Viele Menschen träumen vom eigenen Haus und Garten,

aber _____
4. Die Arbeit am Fließband wird gut bezahlt, aber manchmal

_____
5. Studenten haben meistens wenig Geld, aber _____
6. Viele Menschen möchten _____ im Ausland studieren.
7. Es gibt viele verschiedene typische Bürger, _____
8. Der Staat hilft dem Bürger _____

D Welches Verb? Was tut man, wenn man . . .

1. Hunger hat? _____   a. fahren
2. Geld braucht? _____   b. bleiben
3. traurig ist? _____   c. mieten
4. eine Wohnung braucht? _____ d. arbeiten
5. eine gute Note haben will? _____ e. bauen
6. gerne zu Besuch ist? _____ f. hoffen
7. vom Vorort in die Stadt will? _____ g. essen
8. mehr Häuser in der Stadt braucht? _____ h. weinen

I PRESENT TENSE

Grammatik

1. Meanings

In English there are three ways of expressing the present
tense, with only slight differences in meaning.

simple present	I write
progressive present	I am writing
emphatic present	I do write

> It is important to know that, in German, there is only *one*
> verb form for the present tense. The progressive present (*am
> writing, is doing,* etc.) is not translated literally. The one verb
> form carries all three meanings.

ich schreibe	I write
	I am writing
	I do write

2. Formation

The present tense in German is based on the *verb stem.*
Infinitives in German end with *-en* (sometimes only *-n*).
The verb stem is derived by dropping the infinitive ending.

Verb Stem	Infinitive Ending
schreib	-en
les	-en
antwort	-en
frag	-en
tu	-n

Personal endings are added to the verb stem.

	person	pronoun	ending	schreiben	tun	arbeiten
Singular	1st	ich	-e	schreibe	tue	arbeite
	2nd (*familiar*)	du	-st	schreibst	tust	arbeitest
	2nd (*formal*)	Sie	-en	schreiben	tun	arbeiten
	3rd	er/sie/es	-t	schreibt	tut	arbeitet
Plural	1st	wir	-en	schreiben	tun	arbeiten
	2nd (*familiar*)	ihr	-t	schreibt	tut	arbeitet
	2nd (*formal*)	Sie	-en	schreiben	tun	arbeiten
	3rd	sie	-en	schreiben	tun	arbeiten

The forms for the first person plural (**wir**), the second person formal (**Sie**), and third person plural (**sie**) are all
identical to the infinitive.

Hier bin ich zu Hause   **13**

a. Exceptions for personal endings
 1. For verb stems ending in

-d	**leiden**	*to suffer*	**sie leidet**
-t	**arbeiten**	*to work*	**du arbeitest**
-m	**atmen**	*to breathe*	**du atmest**
or **-n**	**öffnen**	*to open*	**er öffnet**

an **-e-** is inserted before the ending in the second and third persons singular and the second person plural.
 2. If the verb stem ends in

-s	**lesen**	*to read*	**du liest**
-ß*	**grüßen**	*to greet*	**du grüßt**
-ss	**küssen**	*to kiss*	**du küßt**
or **-z**	**kratzen**	*to scratch*	**du kratzt**

the **-s-** of the personal ending for the **du-** form is omitted.
 3. If the verb ends in

-eln	**wechseln**	*to exchange*	**ich wechsle**
	lächeln	*to smile*	**ich lächle**

the **-e-** of the verb stem is omitted in the first person singular.
 4. If the verb ends in

-eln	**wechseln**	*to exchange*	**wir wechseln**
or **-ern**	**ändern**	*to change*	**wir ändern**

the **-e-** in the plural endings is omitted, as it is in **tun.**

b. Rules for stem-vowel changes
 Many strong verbs undergo stem-vowel changes in the second and third persons singular (**du-**form and **er-**form) of the present tense. These changes are not usually predictable. You must memorize these forms.

---

*the **-ss** becomes -ß if the preceding vowel is long (**Füße**), at the end of a word (**muß**), or before a **-t** (**läßt**).

1. Change of stem vowel from **e** to **i** and from **e** to **ie**

geben	*to give*	ich gebe
		du gibst
		es gibt
sehen	*to see*	ich sehe
		du siehst
		es sieht

Common verbs that change their stem vowel from **e** to **i** are:

essen	*to eat*	sie **iß**t
geben	*to give*	er **gib**t
helfen	*to help*	sie **hilf**t
nehmen	*to take*	er **nimm**t
sprechen	*to speak*	sie **spric**ht
treffen	*to meet*	es **triff**t
treten	*to step*	er **tri**tt
vergessen	*to forget*	sie **vergiß**t
werden	*to become*	er/sie/es **wird**; du wirst

The verbs **nehmen, treten,** and **werden** have additional irregularities with their consonants.

nehmen	du n**imm**st	er n**imm**t
treten	du tr**itt**st	sie tr**itt**
werden	du w**ir**st	sie w**ird**

Also note the change from **ss** to **ß** in **essen** and **vergessen,** above.

Common verbs that change their stem vowel from **e** to **ie** are:

befehlen	*to command*	er bef**ieh**lt
empfehlen	*to recommend*	sie empf**ieh**lt
geschehen	*to happen*	es gesch**ieh**t
lesen	*to read*	er l**ie**st
sehen	*to see*	es s**ieh**t
stehlen	*to steal*	es st**ieh**lt

2. Change of stem vowel from **a** to **ä**

fahren	*to drive*	ich fahre
		du fährst
		sie fährt

Common verbs that change their stem vowel from **a** to **ä** are:

einladen	*to invite*	sie lädt ein
fallen	*to fall*	er fällt
fangen	*to catch*	sie fängt
halten	*to stop*	er hält
lassen	*to let*	sie läßt
laufen	*to run*	er läuft
raten	*to advise, guess*	sie rät
schlagen	*to beat*	er schlägt
tragen	*to carry*	er trägt
wachsen	*to grow*	er wächst
waschen	*to wash*	er wäscht

The second and third person singular (**du-** and **er-** forms) of the verbs **laden, raten,** and **halten** do not insert an **e**.

halten	du hältst	er hält
laden	du lädst	sie lädt
raten	du rätst	sie rät

The present tense conjugation of the verb **wissen** *(to know)* is irregular.

ich weiß	wir wissen
du weißt	ihr wißt
er/sie/es weiß	sie wissen

A Setzen Sie die richtige Form des Verbs in Klammern ein.

Paul ist Student an der Uni in München. Er _____

(**fahren**) eine lange Strecke zur Uni, denn er _____

(**wohnen**) in einem Vorort. Manchmal _____ (**nehmen**) er die U-Bahn, aber bei gutem Wetter

_____ (**setzen**) er sich einfach in seinen alten VW.

Viele seiner Freunde _____ (mieten) möblierte
Zimmer in der Nähe der Uni. Das _____ (gehören)
zum Studentenleben. Wie in allen Universitätsstädten,

_____ (geben) es auch in München Wohnungsnot,

und alle Wohnungen _____ (sein) sehr teuer.

Deswegen _____ (raten) man vielen Studenten,
doch im Vorort zu wohnen, auch wenn die Fahrt hin und

her etwas Zeit _____ (nehmen).

B Bilden Sie Sätze im Präsens aus den gegebenen
Satzteilen.

1. (**wohnen, du**) lange in dieser Stadt? _____

2. (**ich, wohnen**) erst seit zwei Jahren hier. _____

3. (**meine Eltern, sein**) nämlich als Gastarbeiter hier, wir

kommen aus der Türkei. _____

4. (**die neue Heimat, gefallen**) uns recht gut. _____

5. (**wir, haben**) allerdings Mühe mit der Sprache.

_____

6. Manchmal (**lachen, Leute**) über unsere Kleider und unser

Haar. _____

7. (**das, kommen**) aber nicht oft vor. _____

8. (**ich, können**) auch schon recht gut deutsch.

_____

9. Hier in unserer Nachbarschaft (**geschehen, nicht viel**).

_____

10. (**sehen, du**) die Wohnfabrik da drüben? _____

11. Da (**finden, du**) unsere Wohnung. _____

12. (**meine Mutter, sagen**) oft, sie (**halten**) es hier nicht

mehr länger aus. _____

13. (**ich, wissen**) aber noch nicht, — (**liegen, meine Zukunft**)

in der neuen oder der alten Heimat? _____

14. Das (**müssen, man**) eben sehen. _____

Türkische Frauen in Berlin: „Manchmal lachen die Leute über unsere Kleider."

C Arbeiten Sie zu dritt. Student(in) A wählt ein Verb aus der ersten Liste; Student(in) B wählt die Person aus der zweiten Liste; Student(in) C nennt dann die richtige Verbform im Präsens. Student(in) C macht dann weiter, mit einem Verb aus der Liste, usw. Alle drei schreiben dann die Antworten.

VERB	PERSON	VERBFORM
haben	ich	_____
sein	du	_____
ändern	sie	_____
helfen	es	_____
öffnen	er	_____
wechseln	wir	_____
grüßen	Ihr	_____
treffen	Sie	_____
treten	Meine Eltern und ich	_____
vergessen	Meine Schwester und ihre Freundinnen	_____
werden	Der Hund und die Katze	_____
geben	zwei Arbeiter	_____
suchen	eine Türkin	_____
geschehen	diese Leute	_____
sehen	man	_____

II WORD ORDER IN MAIN CLAUSES AND QUESTIONS

The basic and single most important rule for word order in main clauses is that the conjugated verb is always in second position, except in yes/no-questions and commands.

1. Normal Word Order
The subject is in first position, followed by the verb.

    1   2
• Sie bleibt heute zu Hause.   *She is staying home today.*

2. Inverted Word Order

When a sentence element other than the subject is in first position, the verb is still in second position, now *followed* immediately by the subject.

<pre>
    1   2
</pre>
- Morgen ist er bestimmt hier.   *Tomorrow he will be here*
                                  for sure.

When more than one adverb follows a verb, their order is usually *time, manner, reason,* and *place.* (TMRP)

<pre>
          T   M   R   P
</pre>
- Er ist morgen bestimmt zum Essen hier.

Note that main clauses may be combined by coordinating conjunctions like **aber, denn, doch, oder, sondern** or **und,** which do not affect word order:

- Sie bleibt heute zu   She is staying home to-
  Hause, **aber** morgen   day, *but* tomorrow she'll
  kommt sie bestimmt zu   come see us for sure.
  uns.

The coordinating conjunction **aber** modifies a previous statement and has the meaning of *but,* while **sondern** is used to contradict a previous statement and thus means *but* in the sense of *on the contrary.*

- Heute kommt sie nicht,   She won't come today,
  aber morgen bestimmt.   *but* tomorrow for sure.

- Er kommt nicht morgen,   He won't come tomorrow,
  sondern heute.   *but* [*on the contrary*] to-
                              day.

3. Questions

In a *general* question, introduced by an interrogative word, the verb is in second position and is followed by the subject.

<pre>
    1   2
</pre>
- Wo **bist** du heute abend?   Where will you be tonight?

In *yes/no* questions, however, the conjugated verb is in first position:

- **Bleibst** du heute abend   Will you stay home
  zu Hause?   tonight?

A Schreiben Sie die folgenden Sätze nieder, aber beginnen Sie mit dem kursiv gedruckten Satzteil.

1. Frau Schulz wohnt in einer kleinen Wohnung *in München*.

2. Dileks Eltern kamen *vor einigen Jahren* aus der Türkei.

3. Sie wollen *früher oder später* auch in die Türkei zurück.

4. Die Tochter darf *sehr selten* allein die Wohnung verlassen.

5. Die Familie Redlich wohnt *leider* in einer kleinen Wohnung.

6. Sie wohnen schon *seit fünf Jahren* dort.

7. Die Redlichs sparen *schon lange* auf ein Eigenheim.

8. Die Kinder sind aber *im Hochhaus* nicht unglücklich.

B Fräulein Bieger studiert an der Universität. Stellen Sie Fragen über ihr Leben; verwenden Sie jeweils das eingeklammerte Wort.

1. Frl. Bieger studiert in Berlin. (wo)

2. Sie will Ärztin werden (was)

3. Sie bekommt ihr Studiengeld vom Staat. (von wem)

4. Sie studiert schon seit vier Jahren. (wie lange)

5. Sie wohnt in einem möblierten Zimmer. (wo)

6. Das Zimmer ist bei Frau Neubauer. (bei wem)

7. Sie ißt jeden Tag in der Mensa. (wo)

8. Sie fährt mit der U-Bahn zur Universität. (womit)

9. Sie freut sich, daß sie nur noch ein Jahr studieren muß. (warum)

10. Sie will eine Stellung im Ausland suchen. (was)

C Reden Sie jetzt selber mit einem Partner.

You meet a friend on the street and ask her/him about a sister who is studying abroad. Since you are also interested in studying abroad you ask questions like: Where is she studying? How does she like it? Where does she live? Is it expensive? Who is paying for her tuition? Does she live far from the university? How long has she been there? How long does she plan to stay? Which subject is she studying? Do this dialog in pairs or in two groups, with one asking and one answering.

D Interview: Fragen Sie einen Partner/eine Partnerin. . .

1. wo er/sie wohnt: in einer Wohnung? in einem Haus?
allein? bei einer Familie?
2. ob er/sie schon im Ausland war: wo? wie lange?
3. ob ihre/seine Familie groß oder klein ist? Wieviele Brüder
(Schwestern, Tanten, Onkel) er/sie hat?

III IMPERATIVE

When a verb expresses a command or request it is called the
imperative. In German, the imperative requires the *verb in
first position* and an *exclamation mark* at the end. German
has four imperative forms.

1. The *du*-Form
The second person singular familiar imperative is formed by
dropping the **-st** personal ending and by omitting the personal pronoun **du**. If the verb stem ends in **-s, -ß** or **-z**, only
the **-t** is dropped. If the **du**-form takes an umlaut that does
not occur in the infinitive, it is dropped in the imperative.

- **Geh** nach Hause!   *Go home!*
- **Komm** bald!   *Come soon!*
- **Lauf** schnell!   *Run fast!*
- **Lies** langsamer!   *Read more slowly!*

If the infinitive of a verb ends in **-eln** or **-ern**, the **-n** is
dropped and an **-e** is added.

Note that if the stem vowel of a second-person singular is identical to that of the infinitive, a final -e is sometimes added. This is particularly true in more formal situations.

- **Wechs(e)le** deinen Beruf!   *Change jobs!*
- **Änd(e)re** dein Leben!   *Change your life!*
- **Geh!** *or* **Gehe!**   *Go!*
- **Guck!** *or* **Gucke!**   *Look!*
- **Komm!** *or* **Komme!**   *Come!*

2. The *ihr*-Form

The second person plural familiar imperative is identical to its corresponding form in the present tense. The personal pronoun, however, is omitted.

- **Geht** langsamer!   *Walk more slowly!*
- **Kommt** schnell!   *Come quickly!*
- **Sprecht** leiser!   *Speak more softly!*

3. The *Sie*-Form

The second person formal imperative is identical to its corresponding form in the present tense. However, the verb *precedes* the personal pronoun. In contrast to the **du** and **ihr** imperatives, and to English, the pronoun is required.

- **Gehen Sie** etwas schneller!   *Walk a little faster!*
- **Kommen Sie** sofort!   *Come immediately!*
- **Sprechen Sie** leiser!   *Speak more softly!*

4. The *wir*-Form

The first person plural imperative is also identical to its corresponding form in the present tense, except that the verb *precedes* the personal pronoun.

- **Gehen wir** jetzt!   *Let's go now!*
- **Lesen wir** nun dieses Buch!   *Let's read this book now!*
- **Essen wir** etwas!   *Let's eat something!*

Note that the imperative forms of **lassen** plus an infinitive of the main verb at the end of the clause may be used in lieu of the imperative of that second verb to make a suggestion.

- **Laß** uns nach Hause **gehen**!   *Let's go home!*
- **Laßt** uns etwas **essen**!   *Let's eat something!*
- **Lassen Sie** mich doch **gehen**!   *Just let me go!*

The verb **sein** has irregular imperative forms.

du-form	**Sei** ruhig!	
ihr-form	**Seid** ruhig	*Be quiet!*
Sie-form	**Seien Sie** ruhig!	
wir-form	**Seien wir** ruhig!	

A Machen Sie Vorschläge:
Your roommate is wondering what to do between semesters, and you make some suggestions. Use the **du**-form of the imperative.

1. jeden Tag schwimmen gehen
2. einen langen Roman lesen
3. eine Fremdsprache lernen
4. ein paar Tage wegfahren
5. mehr Zeit in der Bibliothek verbringen

B You have two Turkish friends who don't see eye-to-eye with their parents. Give them advice, using the **ihr**-form of the imperative.

1. gehorchen, so gut sie können
2. nicht deswegen weinen
3. eine eigene Wohnung suchen
4. den Streit vermeiden
5. sie bitten, nicht so streng zu sein

C Your teacher is very difficult to understand. Tell her/him what might help the situation.

1. bitte etwas lauter reden
2. bitte wichtige Sachen an die Tafel schreiben
3. bitte langsamer sprechen
4. bitte die Fenster schließen
5. bitte diesen Satz wiederholen

D You and a friend have a free hour on campus. Make suggestions for what to do!

1. in der Mensa etwas essen
2. einen langen Spaziergang machen
3. deutsche Vokabeln üben
4. in die Bibliothek gehen
5. die freie Stunde einfach genießen

E Welche Personen könnten mit den folgenden Befehlen gemeint sein? Schreiben Sie den richtigen Buchstaben dahinter.

a. Inge
b. Frau Schulz
c. Gerd und Petra

d. du und ich
e. Herr Lehrer

1. Grüßen Sie Ihre Kinder von uns! _____

2. Kommt mal mit ins Kino! _____

3. Laßt uns mal den Dieter besuchen. _____

4. Bitte sprechen Sie etwas lauter! _____

5. Sei in der Schule nicht so faul! _____

6. Fahren wir diesmal mit der U-Bahn. _____

7. Nehmen Sie bitte Platz! _____

8. Streite nicht so viel. _____

9. Streitet nicht so viel. _____

10. Mach da nicht mehr mit! _____

F Verbinden Sie jede Situation mit einem Befehl!

a. Paß auf!
b. Hör zu!
c. Mach auf!
d. Laß mich in Ruhe!

e. Sei ruhig!
f. Hau ab!
g. Komm 'rein!
h. Halt den Mund!

1. Jemand klopft an die Tür. _____

2. Jemand stört dich dauernd. _____

3. Jemand redet einfach zu viel. _____

4. Jemand weigert sich, die Tür aufzumachen. _____

5. Man versucht Musik zu hören, aber der Zimmergenosse

macht Lärm. _____

6. Ein fremder Hund läuft hinter dir her. _____

7. Jemand läuft in den Verkehr hinein. _____

8. Man will etwas Wichtiges erklären. _____

G Ergänzen Sie jeden Satz mit einem Befehl von der Liste.

Paß auf!	*Watch out!*
Halt den Mund!	*Shut your mouth!*
Hau ab!	*Beat it!*
Sei ruhig!	*Be quiet!*
Komm 'rein!	*Come in!*
Mach auf!	*Open up!*
Laß mich in Ruhe!	*Leave me alone!*
Hör zu!	*Listen!*

1. _____ , ich muß dir etwas erklären.

2. Ich habe keine Schlüssel, und die Tür ist zu, bitte

   _____ !

3. Du redest mir zu viel, _____ !

4. Die Tür ist offen: _____ !

5. Ich muß jetzt allein sein: bitte _____ !

6. Die Mutter sagt zum weinenden Kind: _____ !

7. _____ , du fährst zu schnell!

8. Wenn Du in der Schule etwas lernen willst, dann

   _____ und _____ !

H Die oben (in G) angegebenen Befehle stehen alle in der
du-Form. Bilden Sie die **Sie**-Form!

1. _____

2. _____

3. _____

4. _____

5. _____

6. _____

7. _____

8. _____

   _____

   _____

IV PRESENT TENSE OF *HABEN, SEIN, WERDEN* AND THE MODAL VERBS

1. *Haben, sein* and *werden*

These verbs can be used alone or as auxiliaries (i.e., in conjunction with other verbs to create tenses other than the present and simple past). Because they occur frequently and are irregular, they should be memorized.

	haben	*sein*	*werden*
ich	habe	bin	werde
du	hast	bist	wirst
er/sie/es	hat	ist	wird
wir	haben	sind	werden
ihr	habt	seid	werdet
sie	haben	sind	werden
Sie	haben	sind	werden

2. The Modal Verbs

a. Meanings

The modal verbs are:

dürfen to be permitted or allowed to; may
können to be able to, can
mögen may or might
müssen to have to, must
sollen to be obliged to, ought to, should
wollen to want to, to desire or intend to

b. Uses

The modal verbs express the subject's attitude toward the action indicated by the main verb.

- Ich fahre zur Uni.
  (With no modal, this is a neutral statement.)
- Ich muß zur Uni fahren.
  (A modal is used to express—in this case—obligation.)

The main verb occurs in the *infinitive* without **zu** and is placed at the end of the clause.

- Ich soll mehr essen.   I'm supposed to eat more.
- Viele Leute wollen   Many people don't want
  keine Kinder haben.   to have children.

c. Forms

	dürfen	*können*	*mögen*	*müssen*	*sollen*	*wollen*
ich	darf	kann	mag	muß	soll	will
du	darfst	kannst	magst	mußt	sollst	willst
er	darf	kann	mag	muß	soll	will
wir	dürfen	können	mögen	müssen	sollen	wollen
ihr	dürft	könnt	mögt	müßt	sollt	wollt
sie	dürfen	können	mögen	müssen	sollen	wollen
Sie	dürfen	können	mögen	müssen	sollen	wollen

Note that the first- and third-person endings are the same in these verbs. There are no umlauts in the singular.

a. Modals may occur without a main verb if the action is clearly implied.

- Wir **wollen** nach Hause.　　We *want [to go]* home.
- Sie **kann** Englisch.　　She *knows [how to speak]* English.

b. **Mögen** is used only rarely as a modal verb. It indicates possibility.

- Es **mag** morgen schneien.　　It *might* snow tomorrow.
- Du **magst** denken, was du willst.　　You *may* think what you want.

Mögen is more frequently encountered as a non-modal verb meaning *to like* (with strong preference). Its most common use is in its subjunctive form **möchte**, meaning *would like* (emphasizing politeness).

- Das Kind **mag kein** Gemüse.　　The child *does not like* vegetables.
- Ich **möchte** nach Hause gehen.　　I *would like* to go home.

c. Negative expressions using **müssen** are not translated with *must*.

- Du **mußt nicht**.　　You *don't have to*.

The correct rendering of *you must not* is **du sollst nicht** or **du darfst nicht**.

A Jutta has recently graduated and her friends are commenting on what she is doing now. In response to the statements about her, say what others (including you) are doing. Use forms of **haben, sein,** and **werden.**

1. Jutta ist mit dem Studium fertig! (ich, du)
2. Sie hat ihr möbliertes Zimmer nicht mehr. (Maria und Sabine, du)
3. Jetzt hat sie eine eigene Wohnung. (ich, wir, ihr)
4. Sie wird Ärztin in einem großen Krankenhaus. (ich, du)
5. Sie wird in diesem Jahr auch erst 24 Jahre alt. (du, ich)
6. Sie ist sehr glücklich, das ist klar. (wir, ihr)

B Ergänzen Sie den Dialog mit den richtigen Formen von **haben, sein** und **werden.**

PAUL: Jetzt _____ (sein) du mit dem Studium endlich fertig.

JUTTA: Noch nicht ganz. Ich _____ (haben) noch ein Jahr Praktikum vor mir.

PAUL: Du _____ (haben) es aber gut. Ich _____ (sein) erst im dritten Semester. Ich glaube, ich _____ (werden) nie fertig.

JUTTA: _____ (haben) nur Geduld, das schaffst du schon. Du _____ (sein) auch noch jung. _____ (werden) du nicht in diesem Monat 21?

PAUL: Nein, ich _____ (sein) schon 21, _____ (werden) jetzt 22.

JUTTA: Na, das _____ (sein) nicht so schlimm. Viele Leute _____ (werden) erst mit 30 mit ihrem Studium fertig.

C Ergänzen Sie den Dialog mit der richtigen Form des Modalverbs.

Paul is going to Switzerland to study for a year. He is talking to Birgit, an exchange student.

BIRGIT: Wo _____ du wohnen? (wollen)

PAUL: Ich _____ ein Zimmer bei einer Familie suchen. (mögen)

BIRGIT: Gute Idee. Sonst _____ es passieren, daß du nicht viel über die Schweiz lernst. (können) Wann _____ du an der Uni anfangen? (müssen)

PAUL: Bis zum 1. September _____ ich dort sein. (müssen) _____ ich etwas früher fahren, um erst ein Zimmer zu suchen? (sollen)

BIRGIT: Ja, unbedingt, das _____ etwas Zeit brauchen. (können) Du _____ es nicht zu eilig haben. (dürfen) Sonst findest du irgend etwas, was du vielleicht gar nicht _____. (mögen)

„Du darfst es nicht eilig haben. Die Zimmersuche kann etwas Zeit brauchen."

D Ergänzen Sie die folgenden Sätze mit dem eingeklammerten Modalverb.

1. Frau Kohlmann arbeitet bei der Firma Siemens. (müssen)

_____

2. Sie findet keine andere Arbeitsstelle. (können) _____

_____

3. Sie bleibt aber nicht für immer in der Großstadt. (wollen)

_____

4. Ihre Wohnung gibt sie in zwei Jahren auf. (wollen) _____

_____

5. Aber ihre Kinder machen erst ihr Abitur. (sollen) _____

_____

6. Dann sucht sie sich irgendwo in der Kleinstadt eine

andere Arbeit. (mögen) _____

7. Irgend etwas findet sie schon. (müssen) _____

8. Oft sagt sie sich: Du gewöhnst Dich nicht zu sehr an die

Fließbandarbeit. (dürfen) _____

E Übersetzen Sie den folgenden Dialog!

KLARA: Ich will nächsten Sommer nach Frankreich.
HEIKE: Kannst du schon so viel französisch?
KLARA: Ja, ich kann es schon recht gut.
HEIKE: Und allein in ein fremdes Land reisen — darfst du das?
KLARA: Natürlich! Darfst du es nicht?
HEIKE: Ich habe es nie versucht.
KLARA: Irgendwann mußt du anfangen! Frag heute abend deine Eltern, ob du vielleicht im Sommer mitfahren darfst!
HEIKE: Ich weiß wirklich nicht, ob ich sowas mag . . .
KLARA: Ach, komm! Du mußt natürlich nicht. Es kann dir aber gut tun. Manchmal muß man einfach weg. Etwas Neues sehen.

A Bereiten Sie eine Meinungsumfrage (*opinion poll*) vor. Formulieren Sie mit einem Partner je zwei Fragen zu den Themen Familie, Wohnen, Studium, Arbeit.

Familie

1. _____

2. _____

Wohnen

1. _____

2. _____

Studium

1. _____

2. _____

Arbeit

1. _____

2. _____

2 MEDIZINSTUDENTEN
aus Finnland
brauchen möbliertes Zimmer

Möglichst nah zur Uni für
mindestens 2 Semester.
Wir sind ruhig und sauber.
Bitte anrufen. Tel. 45858

Zimmer gesucht

Studentin 19 Jahre alt.
im 2. Semester
sucht Zimmer in
Uni-Nähe mit
Küchenbenutzung.
Ordentlich und ruhig
Brigitte, Tel. 76061

B Auf den Anschlagbrettern (*billboards*) bei allen deutschen Universitäten sieht man oft handgeschriebene Zettel, wie diese. Wenn Sie dringend ein Zimmer suchen würden, wie würden Sie einen solchen Suchzettel aufstellen? Wie würden Sie sich selber beschreiben? Und wie das Zimmer, das Sie haben möchten? Lesen Sie Ihre Zimmergesuche laut vor und stimmen Sie ab, wer von Ihnen der beste potentielle Mieter ist.

C Übertragen Sie den englischen Dialog ins Deutsche!

PAUL: Sabine, where are you?

SABINE: In here! Don't be so loud; you know the neighbors.

PAUL: Open up! What are you doing? Oh no, not English vocabulary again!

SABINE: Yes, English again. Better than your dumb motorcycle.

PAUL: Oh, be quiet. My homework has been done for hours.

SABINE: Terrific! Now you can help me with mine!

Essen, Trinken, Einkaufen

Das schmeckt!

Essen, Trinken, Einkaufen

Das schmeckt!

TERRASSENPREISE

	2,50 DM
0,3 PILS-ALT MALZ	2,50
0,3 COLA-LIMO-WASSER	2,50
0,2 APFELSAFT	
0,2 ORANGEN-JOHANNISBEER-TOMATENSAFT	3,50
0,2 TONIC-BITTERLEMMON-GINGER ALE	3,50
0,25 BERLINER WEISSE	4,80
0,2 ROT- ODER WEISSWEIN	4,—
KÄNNCHEN KAFFEE ODER TEE	5,—
KÄNNCHEN SCHOKOLADE	0,50
OBSTTORTE 2,50 SAHNE	3,5
EISSPLITTERTORTE	4,0
GEM. EIS MIT ODER OHNE SAHNE	4,
EISKAFFEE	6,
EISBECHER MIT FRÜCHTEN	6,
VANILLE EIS MIT HEISSEN KIRCHEN	
GROSSER SALAT MIT EI GARNIERT	
SALATSCHÜSSEL MIT THUNFISCH	
ZWIEBELKUCHEN	
TOMATEN-GOULASCH-ZWIEBELSUPPE	
TOAST „HAWAI"	
ARTISCHOCKENHERZEN GRATINIERT	
GEMICHTE KÄSEPLATTE	
SCHINKEN ODER KÄSE SCHNITTCHEN	

DURCHGEHEND KÜCHE
VON
1100 - 23.30 H

Suppen

1	Tagessuppe	1,50
2	Tagessuppe mit Ei	1,70
3	Gulaschsuppe	3,20
4	Französ. Zwiebelsuppe mit Käse überbacken	3,20

Kleine Gerichte

5	Brühwurst mit Pommes frites oder Kartoffelsalat (4)	4,80
6	Weißwurst gebraten mit Pommes frites (4)	4,80
7	Currywurst aus Weißwurst mit Pommes frites (4)	5,00
8	Heringsfilets in pikanter Sauce mit Pommes frites u. Salzkart. (1, 2, 3)	6,40
9	Russisch Ei (4-2 Eier) mit Toast garniert (1, 2, 3)	6,40
10	Hausplatte mit versch Spargeln u Kartoffelsalat	7,10
11	Strammer Max (2 Spiegeleier mit gekochtem Schinken)	6,80
12	Schinkenschnittchen (gekochter Schinken)	6,20
13	Käseschnittchen	5,50
14	Toast Hawaii mit Schinken und Ananas)	5,20
15	3 Spiegeleier mit Röstkartoffeln oder Pommes frites	5,50
16	3 Rühreier mit Schinken Röstkartoffeln oder Pommes frites	6,50
17	Champignon-Omelett mit Salat serviert	7,40
18	Bauernomelett mit Röstkartoffeln	7,20
19	Geflügelpastetchen	6,80
20	Spaghetti „Bolognese"	5,80

Alle Preise incl. Mehrwertsteuer und Bedienung

21	Schinken-Nudel-Auflauf	6,80
22	Salatplatte mit Käse, Schinken und Ei	6,90
23	Serbisches Reisfleisch	7,80
24	Grillteller reichlich garniert mit versch. Fleischsorten, Erbsen u. Djuvec-Reis	11,50
25	1/2 Hähnchen (ungarische Art) mit Djuvec Reis und Salat	8,90
26	Teufelsschnitzel (Süß-Saure Sauce) mit Pommes frites und Salat	10,50
27	Geflügelsalat „Florida" auf Toast mit Butter	6,90

(1) = Sorbinsäure (3) = PHB-Ester
(2) = Benzoesäure (4) = Phosphate

Warme Küche

28	1/2 Hähnchen vom Grill mit Pommes frites	6,80
29	Kotelett natur mit Pommes frites und Salat	7,90
30	Zigeunerkotelett am Spieß, garniert, mit Pommes frites und Salat	8,90
31	Gebratene Rippchen mit Röstkartoffeln und Gemüse	8,50
32	Hirtenspieß Schweinefilet mit Pommes frites u. feinen Erbsen	10,20
33	Schnitzel „Wiener Art" mit Pommes frites und Salat	8,90
34	Schnitzel „Hawaii" mit Pommes frites und Salat	10,20
35	Paprika-Schnitzel mit Pommes frites und Salat	9,90
36	Jäger-Schnitzel mit Pommes frites und feinen Erbsen	9,90
37	Schnitzel „Spezial" pikante Sauce mit Zwiebelringen, Champignons, Erbsen und Möhren mit Pommes frites	11,20
38	Sahne-Schnitzel (Rahmsauce mit Champignons und Stangenspargel) mit Pommes frites und Salat	11,50
39	Schnitzel „Holstein" mit Pommes frites und Salat	10,50

Alle Preise incl. Mehrwertsteuer und Bedienung

40	2 kl
41	Sch
42	Rin
43	Sau
44	Rum
45	Rum
46	Rum
47	Rum
48	Filet
49	Filet
50	Filet
51	Filet
52	Pari

Gemisch
Apfelmu
Portion
Portion O
Portion O
Portion O

---

1. Bestellen Sie zusammen mit Ihrem Partner oder Ihrer Partnerin einige Dinge, die Sie gerne essen möchten. Vergessen Sie nicht, auch etwas zu trinken zu bestellen.

2. Machen Sie eine Liste der Lebensmittel, die Sie regelmäßig einkaufen. Sagen Sie auch, wo man diese Dinge kaufen kann und wieviel Sie davon möchten.

BEISPIEL: drei Brötchen - Bäckerei

Erst einkaufen . . .

Deutschland hat eines der strengsten Lebensmittelgesetze[1] auf der Welt. Das Essen ist dort sehr frisch, sauber und wohlschmeckend. Die Schokolade, die Wurst, das Brot und das Bier aus Deutschland sind weltbekannt. Viele Firmen in anderen Ländern schicken ihre Angestellten nach Deutschland, um dort die Lebensmittelherstellung° kennenzulernen. Das Ehepaar Ford aus Pittsville, Maryland, verbringt ein Jahr in Deutschland. Robert Ford ist Lebensmittelchemiker° und nimmt an einem Ausbildungsprogramm° seiner Firma in Frankfurt teil. Sie wohnen in einem kleinen Dorf bei Frankfurt. Heute macht Herr Ford, der sehr gut deutsch spricht, zum ersten Mal den Wocheneinkauf für die Familie. Er sucht einen Supermarkt, findet aber keinen. In einem kleinen Lebensmittelladen bittet er um Auskunft.

food production

food chemist
training program

Herr Ford: Entschuldigen Sie bitte, gibt es hier in der Nähe einen Supermarkt?

Verkäuferin: So was fragt man doch nicht den Einzelhändler.[3] Na gut, sind Sie zu Fuß oder mit dem Auto unterwegs?

Herr Ford: zu Fuß . . .

Verkäuferin: Dann wäre der nächste Supermarkt zu weit für Sie. Hier im Dorf können Sie aber sehr gut im Spezialgeschäft einkaufen; besser jedenfalls als im Supermarkt. Wie kann ich Ihnen behilflich sein?

Herr Ford: Also, ich brauche . . . ja . . . *(Er liest von der Einkaufsliste)* Ich brauche Bratwürste, Aufschnitt, ein Kilo[3] Hackfleisch, einen Laib frisches Brot und ein paar Brötchen.

Verkäuferin: Damit kann ich Ihnen leider nicht dienen. Sie müssen zur Metzgerei nebenan gehen; drei Häuser weiter ist die Bäckerei.

Herr Ford: Sie haben aber sicher Zigaretten.

Verkäuferin: Welche Sorte bitte?

Herr Ford: Welche Marke raucht man denn hierzulande?

Verkäuferin: Na, nehmen Sie mal HB, die ist beliebt.

Herr Ford: Gut, drei Päckchen bitte.

Verkäuferin: Bitte sehr. Was darf es sonst noch sein?

Herr Ford *(Schaut auf seine Liste)*: 250 Gramm Butter, bitte, und einen Liter Milch, eine Packung Zwieback und drei Flaschen Bier. Geben Sie mir bitte auch drei Pfund Kartoffeln, vier Äpfel und eine Tafel Vollmilchschokolade. Zwei Packungen Haferflocken, vier Becher Joghurt, ein Dutzend frische Eier. Ach so, und auch noch Apfelsinen, sechs Stück bitte. Sagen Sie mal, muß ich das

Was man im Supermarkt nicht kaufen kann: Freundliche, individuelle Bedienung.

alles bei Ihnen einzeln bestellen? Bei uns zu Hause lädt man die Sachen selber in den Wagen.

Verkäuferin: Ja, da müssen Sie schon zum Supermarkt. Aber machen Sie sich keine Sorgen, dafür bin ich ja da. Ich suche Ihnen auch das Richtige aus. Brauchen Sie sonst noch etwas?

Herr Ford: Nein, ich glaube, das wär's für heute.

Verkäuferin: Die Tragetasche[4] kostet zehn Pfennig, aber Sie kriegen sie heute von mir gratis. Bringen Sie bitte das nächste Mal Ihre Einkaufstasche mit. Das macht also DM 34,50, bitte sehr.

Herr Ford: Ist die Steuer im Preis einbegriffen°?   *included*

Verkäuferin: Natürlich.[5] Sie bekommen aber auch drei Prozent Rabatt.[6] Hier haben Sie die Rabattmarken.

Herr Ford: Vielen Dank! Auf Wiedersehen.

Verkäuferin: Auf Wiedersehen! Kommen Sie bald mal wieder!

Herr Ford: Aber sicher! ∎

... *dann essen*

Am Sonntag gehen viele Deutsche auswärts essen. Die Familie Haupt, die Sie hier kennenlernen, ist stolz darauf, daß sie alle Feinschmecker° sind. Die Haupts gehen gern in elegante Restaurants. (Andere Familien essen lieber im Gasthaus oder auch in der Imbißstube.) Es ist gerade Spargelzeit,[7] und die Haupts verpassen keine Gelegenheit, frischen Spargel zu genießen. Heute kommt der Sohn Michael mit, der während der Woche in der Universitätsmensa zu Mittag ißt. Er frühstückt selten und ißt abends natürlich kalt.[8]

Michael: Mensch, ich freue mich heute besonders auf das Essen im Ratskeller[9]. In der Mensa wird's immer lausiger.

Frau Haupt: Du bist ja durch meine Kochkünste° verwöhnt, mein Lieber, beschwer dich nicht. „Lehrjahre sind keine Herrenjahre,"[10] wie oft habe ich das gesagt. Du läßt es dir gern gutgehen.

Herr Haupt: Nun beruhigt Euch mal, Ihr verderbt mir jetzt schon den Appetit. Also, da sind wir schon, hoffentlich ist ein Tisch frei.

Michael: Da drüben in der Ecke, alle anderen sind schon besetzt. *(Der Kellner führt die Familie zum Tisch. Er bringt sofort die Speisekarte und die Weinkarte.)*

Kellner: Heute kann ich Ihnen Spargel mit rohem Schinken° empfehlen; sehr schön ist auch die Forelle blau. Oder wenn Sie Wild[11] mögen, der Rehbraten mit Klößen und Preiselbeeren.

Frau Haupt: Wer die Wahl hat, hat die Qual![12]

Herr Haupt: Du kannst gut reden, ich muß auch noch auf die schlanke Linie achten.

Michael: Stellt Euch nicht so an, wir entscheiden uns schließlich doch alle für den Spargel mit Schinken.

Kellner: Gut, dreimal Spargel. Darf ich Ihnen auch eine Suppe oder eine andere Vorspeise bringen?

Herr Haupt: Ja, Herr Ober,[13] wir nehmen wieder die Krebssuppe, die war das letzte Mal vorzüglich.

Kellner: Und was trinken Sie, bitte?

Frau Haupt: Für uns alle ein Glas von Ihrem besten weißen Hauswein.[14]

Kellner: Sehr gerne. *(Der Kellner geht ab.)*

Michael: Meine Güte, wer soll denn das alles bezahlen? Viele Familien könnten eine Woche von dem leben, was wir hier für eine einzige Mahlzeit ausgeben. Denkt zum Beispiel an den Hunger in der Dritten Welt, . . .

Frau Haupt: Jaja, nun fängst du schon wieder an. Heute wollen wir mal nicht diskutieren, sondern es uns schmecken lassen.

gourmets

culinary arts

smoked raw ham (a European specialty)

Herr Haupt: Und hinterher, wenn wir noch Lust haben, bestellen wir als Nachtisch einen Eisbecher, Käsetorte oder die Obstplatte. Zum Teufel mit der schlanken Linie! Guten Appetit! ■

ÜBRIGENS...

1. *Food legislation.* West Germany is internationally known for its extremely rigid sanitation and quality standards for foods. Chemical additives, including food coloring, are strictly controlled. For example, they must be listed on restaurant menus for each individual dish.

2. *Specialty store owner.* Much of the food distribution in West Germany is handled by small shops; bakeries, butcher shops, chocolate, coffee and tea stores, fruit and vegetable markets, etc. Nearly every town has at least one **Reformhaus**, which carries health food.

Wenn man besonders gesund leben will, kauft man im Reformhaus ein.

3. A kilogram or kilo (1000 grams) equals two metric pounds (500 grams each). One American pound has 454 grams.

4. Most stores now charge a nominal sum for each bag used. The brown paper grocery bag is almost unknown in Europe. Plastic carrying bags are available at the stores, but nearly all shoppers carry their own bags with them.

5. All taxes are included in the **Endpreis** in Germany.

6. *Rebate.* Many stores give customers a choice between a 3% cash discount or stamps that, pasted in a book, can be exchanged for a certain sum in groceries or for cash.

7. White asparagus is one of the most sought-after vegetables in Germany. It is harvested only during April and May, and is very expensive. Many Germans eat out particularly often during **Spargelzeit** in order to take advantage of the availability of fresh asparagus.

8. It is the custom in Germany to eat a large, warm meal at noon, and generally to eat open-faced sandwiches (**belegte Brote**) in the evening.

9. Traditionally, the basement (**Keller**) of the city hall (**Rathaus**) houses an excellent restaurant.

10. This popular saying, "Years of learning are not years of prosperity and comfort," is roughly equivalent to the English saying "An apprentice is not his own master."

11. Venison, wild boar, pheasant, and other game are regularly served in the better German restaurants.

12. This is another popular saying. "Those with a choice must suffer" means something like "The wider the choice, the greater the problem."

13. The polite address for all waiters is **Herr Ober**. A waitress (**Kellnerin**) is usually addressed as **Fräulein.**

14. Most German restaurants have a "house wine" open, served by the glass.

zu Super-preisen!

Nomen

der/die Angestellte, -n employee

der Apfel, ̈ apple

die Apfelsine, -n orange

der Appetit appetite

der Aufschnitt cold cuts

die Bäckerei, -en bakery

das Bier beer

die Bratwurst, ̈e bratwurst

das Brot, -e bread

das Brötchen, - rolls, small white bun

das Dorf, ̈er village

das Dutzend, -e dozen

der Einzelhändler, - retailer in a specialty store

das Ei, -er egg

die Einkaufsliste, -n shopping list

die Einkaufstasche, -n shopping bag

das Essen, - food, meal

die Forelle, -n trout
Forelle blau steamed trout

das Gasthaus, ̈er pub, inn

die Gelegenheit, -en opportunity

das Hackfleisch ground meat, hamburger

die Haferflocken *(pl.)* oatmeal

die Imbißstube, -n *(informal)* snack bar *(serves mainly* **Würste***, beer, and French fries)*

der/das Joghurt yogurt

die Kartoffel, -n potato

der Kellner, - waiter
die Kellnerin, -nen waitress

das Kilo [= das Kilogramm, -] one thousand grams

der Kloß, ̈e dumpling

der Laib, -e loaf (of bread)

die Lebensmittel *(pl.)* groceries

der Liter, - liter

die Mahlzeit, -en meal

der Marke , -n brand, trademark *(also: stamp)*

die Metzgerei, -en butcher shop

die Mühe, -n effort, trouble

der Nachtisch, -e dessert

das Päckchen, - *(diminutive of* **die Packung, -en)** package

der Pfennig, -e penny *(1/100th of a DM)*

das Pfund, - pound *(500 grams)*

die Preiselbeere, -n cranberry

der Rehbraten, - venison roast

der Schinken, - ham

die Schokolade chocolate

die Sorte, -n variety, kind, brand

der Spargel asparagus

die Speisekarte menu

das Spezialgeschäft, -e specialty store

die Steuer, -n tax

das Stück, -e piece, unit *(used in sg. when preceded by a number)*

der Supermarkt, ̈e supermarket

die Tafel, -n bar *(of chocolate)*

die Tragetasche, -n (plastic grocery) bag

die Verkäuferin, -nen (female) clerk or salesperson
der Verkäufer, - (male) clerk or salesperson

die Vorspeise, -n hors d'oeuvre, appetizer

der Wocheneinkauf, ̈ week's shopping

die Wurst, ̈e sausage

der Zwieback rusk bread, zwieback

Verben

aus·geben spend
aus·suchen select
sich beruhigen calm down
sich beschweren complain
bestellen order
bezahlen pay for
dienen serve
diskutieren discuss
ein·kaufen purchase, buy, shop
empfehlen recommend
sich entscheiden decide
frühstücken eat breakfast
♦ **führen** lead

> **aus·führen** take a person out
> **auf·führen** perform
> **ver·führen** seduce
> **vor·führen** demonstrate
> **weg·führen** lead (take) away

kennen·lernen get to know
kosten cost
verbringen spend *(time)*
verderben spoil, ruin
verpassen pass by, miss
verwöhnen spoil, pamper

Adjektive, Adverben etc.

außerdem besides (that), in addition
behilflich helpful, of help
beliebt popular
besetzt occupied, filled
besonders especially
einzeln separately
frisch fresh
gratis for free, at no cost
lausig lousy, awful
sauber clean
schließlich in the end
sicher certain, sure
sofort right away, immediately
stolz proud
vorzüglich excellent
weltbekannt world famous
wohlschmeckend delicious

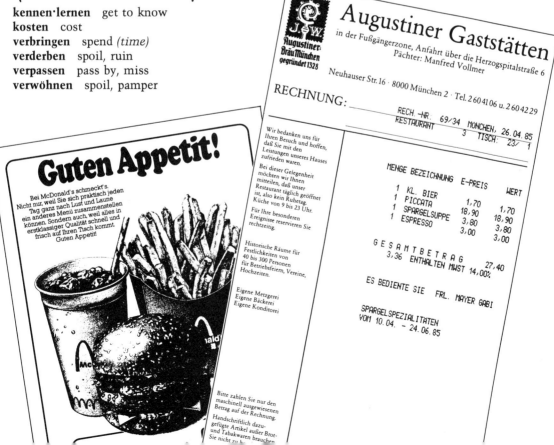

Guten Appetit!

Bei McDonald's schmeckt's.
Nicht nur, weil Sie sich praktisch jeden
Tag ganz nach Lust und Laune
ein anderes Menü zusammenstellen
können. Sondern auch, weil alles in
erstklassiger Qualität schnell und
frisch auf Ihren Tisch kommt.
Guten Appetit!

Wir bedanken uns für
Ihren Besuch und hoffen,
daß Sie mit den
Leistungen unseres Hauses
zufrieden waren.

Bei dieser Gelegenheit
möchten wir Ihnen
mitteilen, daß unser
Restaurant täglich geöffnet
ist, also kein Ruhetag.
Küche von 9 bis 23 Uhr.

Für Ihre besonderen
Ereignisse reservieren Sie
rechtzeitig.

Historische Räume für
Festlichkeiten für
40 bis 300 Personen
für Betriebsfeiern, Vereine,
Hochzeiten.

Eigene Metzgerei
Eigene Bäckerei
Eigene Konditorei

Augustiner Gaststätten
in der Fußgängerzone, Anfahrt über die Herzogspitalstraße 6
Pächter: Manfred Vollmer

Augustiner
Bräu München
gegründet 1328

Neuhauser Str. 16 · 8000 München 2 · Tel. 2 60 41 06 u. 2 60 42 29

RECHNUNG:

RECH.-NR. 69/34 MÜNCHEN, 26.04.85
RESTAURANT 3 TISCH: 23/ 1

MENGE BEZEICHNUNG E-PREIS WERT

1 KL. BIER 1,70 1,70
1 PICCATA 18,90 18,90
1 SPARGELSUPPE 3,80 3,80
1 ESPRESSO 3,00 3,00

G E S A M T B E T R A G 27,40
3,36 ENTHALTEN MWST 14,00%

ES BEDIENTE SIE FRL. MAYER GABI

SPARGELSPEZIALITÄTEN
VOM 10.04. - 24.06.85

Bitte zahlen Sie nur den
maschinell ausgewiesenen
Betrag auf der Rechnung.

Handschriftlich dazu-
gefügte Artikel außer Brot-
und Tabakwaren brauchen
Sie nicht zu be...

43

WORT+ZUSAMMEN+SETZUNG

der Eisbecher, -   dish of ice cream
    das Eis + der Becher
die Käsetorte, -n   cheesecake
    der Käse + die Torte
der Lebensmittelladen,̈   grocery store
    das Leben + das Mittel + der Laden
die Vollmilchschokolade   whole milk chocolate
    die Vollmilch + die Schokolade
die Obstplatte, -n   fruit plate
    das Obst + die Platte
die Rabattmarke, -n   discount stamp, rebate
    der Rabatt + die Marke

AUSDRÜCKE UND REDEWENDUNGEN

an etwas *(Dat.)* **teilnehmen**   to participate, take part in some-
    thing
um Auskunft bitten   to ask for information
Entschuldigen Sie bitte!   Excuse me please.
hierzulande   in this country
Sagen Sie mal!   say; by the way *(familiar:* **sag' mal . . .***)*
Machen Sie sich keine Sorgen!   Don't worry!
Das wär's!   That'll be it!
auswärts essen   to go out to eat
eine Gelegenheit verpassen   to miss an opportunity
Mensch!   man, oh, boy, *etc. (very common interjection)*
mein Lieber   my dear boy/man
meine Liebe   my dear woman *(can be ironic or condescending)*
Beruhigt euch mal!   Now calm down. *(familiar sg.:* **beruhige dich**
    mal!*)*
Du kannst gut reden.   You can talk.
auf die schlanke Linie achten   to watch one's waistline
sich an·stellen   to carry on
Stell dich nicht an!   Don't make a scene.
Meine Güte!   My goodness! (common expression)
sich etwas schmecken lassen   to enjoy a meal (**schmecken** *im-
    plies tasting good, unless the opposite is specified)*
    Das schmeckt!   That tastes good.)
zum Teufel mit . . .   to the devil with . . . *(i.e., who cares
    about . . .)*

Expressing oneself concerning meals and food

WAS KANN MAN DAZU SAGEN?

VOR DEM ESSEN

Wann essen wir?
Wann wird gegessen? } When do we eat?

Kommt zum Essen!
Darf ich zu Tisch bitten? } Come to the table!

BEI ESSENSBEGINN

Guten Appetit!
Mahlzeit!
Gesegnete Mahlzeit! } Enjoy the meal!

Danke, gleichfalls. Thanks, you too.

WÄHREND DES ESSENS

Es schmeckt gut!	That tastes good.
leider kalt/versalzen/nicht frisch	unfortunately cold/oversalted/stale
Ausgezeichnet!	Excellent!
Darf ich Ihnen etwas Wein einschenken?	May I pour you some wine?
Ich schenke Ihnen etwas Kaffee nach.	I'll refill your coffee.
Nehmen Sie Fleisch nach!	Take seconds of the meat.
Probieren Sie . . .	Try, taste . . .
Vorsicht, das ist heiß!	Careful, that's hot! *(in temperature)*
Das ist mir zu scharf.	That's too spicy for me.
Möchtest du/Möchten Sie noch . . .	Would you like any more . . .
Nein, danke, ich bin satt.	Thanks, I'm full.
Ich kann wirklich nicht mehr.	I really can't eat more.

VOR DEM TRINKEN

Prost!
Prosit!
Zum Wohl!
Auf dein/Ihr Wohl! } Cheers! Here's to you!

Ob zu Hause oder im Restaurant: „Guten Appetit!"

A Übersetzen Sie die folgenden Dialoge!

PETER: Enjoy your meal!
HEIDI: Thanks, same to you.
PETER: Is the food hot?
HEIDI: No, unfortunately it is cold.

MS. HELM: May I pour you another cup of coffee?
MR. FORD: Yes, please!
MS. HELM: Would you also like a little more cheesecake?
MR. FORD: No, thank you, I have to watch my waistline.
MS. HELM: But it tastes so good.

B Imagine you are sitting with a friend at the table ready to start to eat. What do you say when you begin eating? While you are eating? Offer your partner some wine or coffee. What would you say if there were also children present?

C Divide into small groups of three or four. Act out the following situations, using the phrases given above.

1. An irate group of diners complains to the waiter about the terrible food.

2. You are invited to a very formal dinner. The food is cold and stale, but you want to be polite and make a good impression.

3. A pushy host or hostess tries to get the guests to eat more than they really want.

A Karin lädt Freunde zu einem kleinen Essen ein. Sie muß aber zuerst einkaufen. Ergänzen Sie die Sätze mit den Nomen aus der folgenden Liste oder mit anderen passenden Nomen, die Sie kennen.

Wortschatz im Kontext

Milch
Aufschnitt
ein paar Brötchen
ein Kilo Hackfleisch
ein Dutzend
Metzgerei
vier Flaschen
Einkaufsliste
frisches Brot
drei Becher

Karin hat eine _____ gemacht. Zuerst geht sie zur

Bäckerei; dort kauft sie _____ und _____.

Dann geht sie zur _____, denn dort sind der

_____ und das Hackfleisch so gut. Sie kauft ein

_____. Dann geht sie zwei Häuser weiter zum

Lebensmittelladen. Dort kauft sie _____ Bier, einen

Liter _____, _____ Eier und _____
Joghurt.

B Was sagen Sie beim Essen? Ergänzen Sie die Sätze mit den folgenden Antworten.

es schmeckt so gut
guten Appetit
möchtest du noch etwas
das Fleisch ist scharf
auf die schlanke Linie achten
schmecken
nein, danke
einschenken

„Ich esse zuviel! Ich muß _____ .''

„Ich auch! Aber _____ !''

„_____ !''

„Danke, gleichfalls. Laß es dir gut _____ !''

„_____ Gemüse?''
„Ja, bitte! Danke schön!''

„Vorsicht, _____ .''

„Darf ich dir noch ein Glas Wein _____ ?''

„_____ !''

C Two students are discussing going either to the **Mensa** or to a restaurant for lunch. Dieter wants to go to a restaurant. Express what they say in German.

RENATE: I'm going to the **Mensa**. Do you want to come along?
DIETER: Let's go to a restaurant, not to the **Mensa**.
RENATE: That's out of the question. I have no money and the **Mensa** is cheaper.
DIETER: But the food is awful.
RENATE: Are you going to pay?
DIETER: That's easier said than done! But who cares about the money? I'll pay today.
RENATE: Thanks. And I will pay the next time.

D You and two other students are planning a small dinner. Discuss what you will serve and where you will buy it. Below are some suggestions for each role.

Student(in) A

1. Etwas für Feinschmecker, z.B. Spargel, Rehbraten
2. Was essen wir dazu?
3. Was sollen wir trinken?
4. Ich mache schon eine Einkaufsliste.
5. Wer geht einkaufen?
6. Wo sollen wir einkaufen?
7. Haben wir genug Geld?

Student(in) B

1. Ist das zu teuer?
2. Natürlich neue Kartoffeln zum Spargel
3. Ich bin für Wein.
4. Was gibt es zum Nachtisch?
5. Du/Ihr . . .
6. Im Supermarkt oder in den kleinen Läden.
7. natürlich/ja/nein/etwas

Student(in) C

1. Ja/nein/vielleicht ein bißchen. Spargel schmeckt so gut.
2. Aber mit Butter
3. Du willst immer Wein, ich möchte Bier.
4. Z.B. Obst oder Eis
5. Warum gehen wir nicht alle zusammen?
6. Wo ist der Supermarkt?
7. Wir bezahlen alle ein bißchen.

E Was ist Ihre Meinung? Beantworten Sie die folgenden Fragen!

1. Was essen Sie gern?
2. Wo essen Sie am liebsten?
3. Was gibt es bei Ihnen in der Mensa?
4. Ist das Essen in Ihrer Mensa gut oder schlecht?
5. Trinken oder rauchen Sie?
6. Wo kaufen Sie ein? im Supermarkt? im Fachgeschäft? Warum?
7. Wann kaufen Sie am liebsten ein? morgens/abends/am Wochenende

F Welches Wort paßt nicht zu den anderen? Arbeiten Sie mit einem Partner!

1. der Apfel, die Apfelsine, die Preiselbeere, der Spargel
2. die Forelle, der Aufschnitt, die Bratwurst, das Hackfleisch
3. die Käsetorte, der Eisbecher, die Mahlzeit, das Obst
4. die Kartoffel, die Einkaufsliste, das Ei, der Joghurt
5. das Kilo, der Liter, das Pfund, das Essen

I CASES IN GERMAN

Grammatik

Nouns and pronouns have a variety of forms, known as *cases*, which are determined by their function within a given sentence. A noun's case is usually indicated only by the ending of its article. In German there are four cases.

1. Nominative

The nominative case is used for a *subject* of a sentence (the "doer of the action"), a *predicate noun*, as a *form of address*, and in *apposition* to a subject.

a. Subject

- **Herr Ford** sucht einen Lebensmittelladen.

  Mr. Ford is looking for a grocery store.

b. Predicate Noun

- Beck ist **ein weltbekanntes Bier**.

  Beck's is *a world famous beer.*

c. Form of Address

- Guten Tag, **Frau Haupt!**

  Hello, *Mrs. Haupt!*

d. Apposition

- Herr Schulz, **der Kellner**, arbeitet im „Ratskeller".

  Mr. Schulz, *the waiter,* works in the "Ratskeller."

2. Accusative

The accusative case is used to express the *direct object*, which receives the action of the verb.

- Die Verkäuferin empfiehlt **den Spargel**.

  The saleswoman recommends *the asparagus.*

3. Dative

The dative case is used to express the *indirect object*, to or for whom or what something is done.

- Der Verkäufer gibt **dem Mann** die Rabattmarken. — The salesman gives *the man* the discount stamps.

- Herr Schulz kauft **seiner Frau** Schokolade. — Mr. Schulz buys chocolate *for his wife*.

a. In the dative plural, all nouns add -n, unless the nominative plural already ends in **-n** or the plural ends in **-s**.
b. There are a few verbs that require dative where one might expect accusative. These verbs are:

antworten to answer	**danken** to thank
befehlen to order	**folgen** to follow
begegnen to meet	**glauben** to believe
gehorchen to obey	**helfen** to help
gehören to belong to	**passen** to fit, be suitable

4. Genitive

The genitive case is used to express *possession*. It corresponds to many English expressions with *of*.

- **Deutschlands** Bier ist berühmt. — *Germany's* beer is famous.

- Die Besitzerin **des Lebensmittelladens** heißt Ilse Peters. — The owner *of the grocery store* is named Ilse Peters.

a) Note that in contrast to English expressions of possession, the German genitive takes an **-s** only with proper nouns and with polysyllabic masculine or neuter singular nouns. Monosyllabic nouns or those ending in **-s, -sch** or **-z** usually add **-es**. No apostrophe is used in German, unless a proper name ends in **-s**.

- **Juttas** Buch — *Jutta's* book

- **Thomas'** Buch — *Thomas's* book

b) In contemporary German a prepositional phrase, **von** plus the dative, is often preferred over the genitive.

- Was hat dir der Besitzer **von dem Restaurant** empfohlen? — What did the owner *of the restaurant* recommend to you?

c) The genitive is never used in modern German with measures, weights, units, etc.

• eine **Tasse Kaffee**	a *cup of coffee*
• ein **Pfund Butter**	a *pound of butter*

A You are in a supermarket and are having difficulty finding the items on your list. Ask a clerk for help! How would you say each of the following?

1. I can't find the apples.
2. Excuse me, where is the butter?
3. I am looking for white asparagus.
4. Where is the bread, please?
5. Excuse me, where are fruits and vegetables?
6. I found milk, but I can't find yogurt.
7. Could you help me find cheese and meat, please?
8. Where can I find some American cheese?

B Your roommates are going grocery shopping. So that you don't forget who is to buy what, go over everyone's lists, beginning with your own.

1. Ich muß _____ kaufen. (der Schinken, der Aufschnitt, ein Pfund Hackfleisch)

2. Ilse soll dann _____ kaufen. (die Schokolade, der Käse, das Bier, ein Liter Milch)

3. Und Karin kann _____ holen. (der Zwieback, ein Laib Brot, ein Dutzend Brötchen)

C Setzen Sie die Nomen in Klammern für das fett gedruckte Nomen ein.

1. Ihr verderbt **der Mutter** den Appetit.
(Vater, Herr Schulz, Frau Schulz, Kinder, Mädchen, Sohn)
2. Die Angestellten **der Familie Schulz** sind hilfsbereit.
(Firma, Supermarkt, Spezialgeschäft, Restaurant, Bäckerei)
3. Die Freunde **meines Vaters** sind alle nett.
(meine Schwester, die Nachbarn, dein Bruder, deine Familie, die Kinder)

D Formulieren Sie ein Gespräch zwischen Herrn Ford und Frau Peters aus den angegebenen Wörtern.

HERR FORD: ich/suchen/ein/Supermarkt
FRAU PETERS: hier/geben/es/nur/ein/Spezialgeschäft
HERR FORD: wo/sein/das/Spezialgeschäft?
FRAU PETERS: es/sein/drei/Haus/weiter/von/hier
HERR FORD: können/man/dort/gut/einkaufen?
FRAU PETERS: es/sein/sehr/gut,/ich/sein/die/Besitzerin

II ARTICLES, *DER*-WORDS AND *EIN*-WORDS

In German there are three genders of nouns, with corresponding definite and indefinite articles.

1. Definite Articles and other *der*-words

The declension of definite articles is shown in the chart below.

	Singular			*Plural*
	Masculine	*Feminine*	*Neuter*	
Nominative	**der** Mann	**die** Frau	**das** Kind	**die** Eier
Accusative	**den** Mann	**die** Frau	**das** Kind	**die** Eier
Dative	**dem** Mann	**der** Frau	**dem** Kind	**den** Eiern
Genitive	**des** Mannes	**der** Frau	**des** Kindes	**der** Eier

There are several noun modifiers that are declined like the definite articles; they are called **der**-words. The most common **der**-words are shown below, along with examples of their use.

dieser	this, that
jeder	each, every *(used only in the singular)*
mancher	many a *(pl.: some)*
welcher	which

- Welche Sorte bitte? — *What* brand, please?
- Ich kann **jeden** Nachtisch empfehlen. — I can recommend *every* dessert.
- **Dieser** Schinken ist besonders gut. — *This* ham is especially good.
- **Manche** Leute gehen nie ins Restaurant. — *Some* people never go to restaurants.

Remember that **jeder,** when used in expressions of time, occurs in the accusative: **jeden Tag** (every day); **jeden Monat** (every month).

2. Indefinite Articles and other *ein*-words

The pattern for the declension of indefinite articles and the noun modifiers called **ein**-words is shown below.

	Masculine	*Singular* *Feminine*	*Neuter*	*Plural*
Nominative	**ein** Mann	**eine** Frau	**ein** Kind	**keine** Eier
Accusative	**einen** Mann	**eine** Frau	**ein** Kind	**keine** Eier
Dative	**einem** Mann	**einer** Frau	**einem** Kind	**keinen** Eiern
Genitive	**eines** Mannes	**einer** Frau	**eines** Kindes	**keiner** Eier

Just as in English, there is no plural of the indefinite article. The **ein**-words (and expressions containing an **ein**-word) are shown below.

ein	a, an
kein	not any, no
solch ein	such a
welch ein	what a
was für ein	what kind of a
mein	my
dein	your *(fam., sg.)*
sein; ihr	his, its; her
unser	our
euer	your *(fam., pl.)*
ihr	their
Ihr	your *(formal)*

When **euer** takes a declensional ending, the -e in front of the -r is dropped (**eure** Bäckerei).
In conversational German, the -e in front of the -r of **unser** is also frequently omitted (**unsre** Bäckerei).

Ein-words may replace nouns and thereby become pronouns. In that instance the nominative masculine singular takes the ending **-er** and the nominative and accusative neuter singular take **-s** or **-es**. The noun is then omitted. No other changes occur.

- **Mein** Wein ist nicht süß. **Seiner** ist süß.

  My wine is not sweet. *His* is sweet.

- Wir fahren nicht mit **meinem** Auto, sondern wir nehmen **sein** Auto.

  We won't go in *my* car, but take *his* car.

  Wir fahren nicht mit **meinem**, sondern wir nehmen **sein(e)s**.

  We won't go in *mine*, but take *his*.

- **Sein** Hackfleisch kostet viel. **Mein(e)s** kostet weniger.

  His ground beef costs a lot. *Mine* costs less.

3. Indefinite Numerical Adjectives

There are several indefinite numerical adjectives that express approximate measurements. They occur in the plural and take the same endings as **der-** or **ein-**words.

alle	all
beide	both
einige	some; several
mehrere	several
solche (*pl. of* **solch ein**)	such
viele	many
wenige	(a) few

The word **alles** is often used without reference to any specific noun.

- Ist das **alles**?

  Is that *all*?

- **Alles** in Ordnung?

  Everything OK?

Viel (in the singular) and **wenig** may also be used undeclined.

- **Viel** Glück!

  Good luck!

- Sie hat sehr **wenig** Geld.

  She has very *little* money.

A Below is a list of statements and questions that you might hear in a grocery store. Complete them, using the cues in parentheses.

1. _____ Hackfleisch ist besonders frisch. *(this, such)*

2. _____ Zigaretten möchten Sie? *(which)*

3. Sie möchte ein Päckchen von _____ Sorte.
(each, this)

4. _____ Joghurt ist der beste? *(which)*

5. _____ Familien gehen jeden Tag zur Metzgerei
und zum Bäcker. *(some, these)*

6. _____ Brot finden Sie am besten? *(which)*

7. Ich trinke _____ Tag drei Flaschen Bier. *(every)*

8. Zum Wild können Sie _____ Wein trinken.
(this, every)

B Role-play the situation outlined here, with a neighbor.
One of you plays a dissatisfied customer returning meat he/
she claims was not fresh. The other plays the store owner,
who insists that the meat was fresh. Which arguments can
each of you provide?

C Below is another list of statements and questions that
you might hear while shopping in a grocery store. Complete
them, using the cues provided.

1. Haben Sie _____ Zigarettensorten? *(all)*

2. Herr Schneider entscheidet sich für _____ Tafeln Schokolade. *(both)*

3. Bezahlt sie _____ Sohn die Lebensmittel? *([for] her)*

4. Er empfiehlt _____ Frau den Schinken. *([to] his)*

5. Arbeiten in dieser Bäckerei _____ Frauen?
(many)

6. Gibt es hierzulande immer _____ Apfelsinen?
(such)

7. _____ Spezialgeschäfte in dieser Stadt sind sehr
teuer. *(all)*

8. Bring _____ Nachbarin heute mal eine Flasche
Wein. *(your)*

D In groups of three students, make a list of as many suggestions as you can to make shopping expeditions efficient. For instance: **Man sollte eine Einkaufsliste machen.** Compare your suggestions with those of other groups.

III NOUNS: GENDER, PLURAL, DECLENSION

The rules that follow should make the proper use of German nouns a little simpler.

1. Gender

a. Nouns referring to persons or professionals ending in **-er,** **-ist, -ling,** and **-ent** are masculine.

der Einzelhändle**r**, -	retailer
der Pian**ist**, -en	pianist
der Lehr**ling**, -e	apprentice
der Dirig**ent**, -en	conductor (of an orchestra)

b. Nouns that end in **-in** refer to women and are, therefore, always feminine:

die Pianist**in**, -nen	(female) pianist
die Präsident**in**, -nen	(female) president

c. Names of months, seasons, days, parts of days, geographical directions, and weather phenomena are usually masculine.

der Februar	February
der Winter	winter
der Mittwoch	Wednesday
der Nachmittag	afternoon
der Süden	south
der Regen	rain

An important exception to this rule is **die Nacht** (night).

d. Nouns with the suffixes shown below are always feminine.

-ei	**die** Bäcker**ei**, -en	bakery
-ie	**die** Sympath**ie**, -n	sympathy
-heit	**die** Gelegen**heit**, -en	opportunity
-keit	**die** Freundlich**keit**	friendliness
-schaft	**die** Gemein**schaft**, -en	community; partnership
-ung	**die** Herstell**ung**	production
-ion	**die** Nat**ion**, -en	nation
-tät	**die** Quali**tät**, -en	quality
-ik	**die** Phys**ik**	physics
-ur	**die** Kult**ur**, -en	culture
-enz	**die** Konfer**enz**, -en	conference

e. Names of cities, continents, and most countries are neuter.

das wunderschöne **Heidelberg**	beautiful Heidelberg
das ferne **Australien**	far-away Australia
das flache **Holland**	flat Holland

Note that there are some important exceptions, however.

die Bundesrepublik Deutschland
die Deutsche Demokratische Republik
der Iran
der Irak
der Vatikan
die Schweiz
die Sowjetunion
die Tschechoslowakei
die Türkei
die Vereinigten Staaten von Amerika *(pl.)*
die Volksrepublik China

f. Infinitives used as nouns (called gerunds) are always neuter and do not occur in the plural.

das Lesen	reading
das Einkaufen	shopping

g. The gender of compound nouns is governed by the gender of the last noun.

die Mahlzeit	meal
das Lebensmittel**gesetz**	food law
der Wochen**einkauf**	week's shopping
das Ausbildungs**programm**	educational program

h. Any noun with the suffix **-chen** or **-lein** becomes neuter, regardless of the gender of the original noun.

die Frau → **das** Fräulein

Nouns with the suffix **-tum** are also neuter, with the exceptions of **der Reichtum** *(riches)* and **der Irrtum** *(error)*.

2. Plural
a. Masculine and neuter nouns ending in **-el**, **-en**, and **-er**, as well as the neuter nouns ending in **-chen** and **-lein**, take no ending in the plural.

Singular	Plural	
das Rätsel	die Rätsel	puzzle
der Braten	die Braten	roast
der Becher	die Becher	cup
das Päckchen	die Päckchen	pack
das Fräulein	die Fräulein	young woman

b. Neuter nouns with the prefix **Ge-** usually take the plural ending **-e**. If they already carry the suffix **-e**, no plural ending is added.

das Geräusch	die Geräusche	sound
das Gebäude	die Gebäude	building

c. Nouns with the suffixes **-ig** and **-ling**, which are always masculine, take the ending **e-** in the plural.

der Pfennig	die Pfennige	penny
der Lehrling	die Lehrlinge	apprentice

d. Nouns with the suffix **-nis** take the plural ending **-se**.

das Erlebnis	die Erlebnisse	experience
die Kenntnis	die Kenntnisse	knowledge

e. Nouns with the suffix **-in** that refer to women are always feminine and take the plural ending **-nen**.

die Amerikanerin	die Amerikanerinnen	American woman
die Verkäuferin	die Verkäuferinnen	sales woman

f. Feminine nouns with the suffix **-e** take the plural ending **-n**.

die Weinkarte	die Weinkarten	wine-list
die Sorte	die Sorten	brand

g. Nouns with the suffix **-tum** take the plural ending ¨**er**.

das Heiligtum	die Heiligtümer	sacred object

h. Some common nouns are only used in the plural.

die Eltern	parents
die Ferien	vacation
die Leute	people
die Lebensmittel	food

3. Declension

a. Some common masculine nouns take the ending **-en** in all cases of the singular and plural except for the nominative singular.

der Mensch	die Menschen	human being
der Präsident	die Präsidenten	president
der Soldat	die Soldaten	soldier
der Student	die Studenten	student
der Tourist	die Touristen	tourist

b. The frequently used nouns **der Herr** *(Mr./gentleman)* and **das Herz** *(heart)* are irregular and need to be learned individually.

	Singular	Plural	Singular	Plural
Nominative	der Herr	die Herren	das Herz	die Herzen
Accusative	den Herrn	die Herren	das Herz	die Herzen
Dative	dem Herrn	den Herren	dem Herzen	den Herzen
Genitive	des Herrn	der Herren	des Herzens	der Herzen

Many monosyllabic masculine and neuter nouns can take a
final -e in the dative singular case. This is entirely optional
and has no effect on meaning.

• Die Verkäuferin empfiehlt   The clerk recommends
  dem Mann(e) dieses Bier.   this beer to the man.

A Find the word in each list that is masculine, and write
it in the answer blank along with its definite article.

1. Bier Bäckerei Päckchen Süden _____

2. Einzelhändler Nation Schweiz Herz _____

3. Tragetasche Februar Milch Stück _____

4. Braten Pfund Dorf Ei _____

B Find the word in each list that is feminine, and write it
in the answer blank with its definite article.

1. Regen Präsidentin Holland Lesen _____

2. Zwieback Appetit Becher Qualität _____

3. Fräulein Bundesrepublik Erlebnis Pfennig

_____

4. Sorte Herr Soldat Gebäude _____

C Find the word in each list that is neuter, and write it
in the answer blank along with its definite article.

1. Sympathie Weinkarte Heidelberg Vatikan

_____

2. Mahlzeit Einkaufen Braten Lehrling _____

3. Leute Rätsel Mensch Bratwurst _____

4. Herz Apfel Forelle Laib _____

D Below is a list of singular nouns commonly used while
shopping. Write out the plural of each word.

1. der Braten _____

2. die Verkäuferin _____

3. das Päckchen Zigaretten _____

4. der Becher Joghurt _____

5. die Sorte _____

6. der Pfennig _____

7. die Bäckerei _____

8. das Brötchen _____

9. die Gelegenheit _____

10. die Metzgerei _____

E Ergänzen Sie die folgende Geschichte.

Die Einkaufsliste _____ (of the student) war nicht

sehr lang. Aber er mußte warten, weil _____ (some

tourists) vor ihm _____ (one single bratwurst)

_____ (from the female clerk) wollten. Dann

kamen noch _____ (two boys) an die Reihe, die

_____ (apples) wollten. _____ (the

student) dachte, wenn ich _____ (the president of

the Federal Republic) wäre und nicht einfach

_____ (Mr. Meier), dann müßte ich nicht so lange

warten.

F Und gleich weiter!

Ich arbeite in einem Kiosk an einer Ecke in der Großstadt.
Die Arbeit gefällt mir! Jeder, der Auskunft braucht, fragt

mich. Ich sage oft _____ (a student) den Weg zum

Uni-Reisebüro. Dem alten (Mr.) _____ Meier sage
ich immer Bescheid, wenn seine Lieblingszeitung zu haben

ist. Gestern sah ich einen _____ (boy), der seinen
Weg nach Hause nicht fand, und ich konnte ihm helfen. Im
Sommer verkaufe ich in jeder Stunde zwanzigmal eine Brat-

wurst an einen _____ (tourist). Und man sieht

auch viel: gestern sah ich den _____ *(president)*

vorbeifahren! Hier kann es einem _____ *(Mensch)*
nie langweilig werden.

IV PERSONAL AND INDEFINITE PRONOUNS

A pronoun is a word used in place of a noun, primarily to
avoid awkward repetitions.

1. Personal Pronouns

	Singular					
Nominative	ich	du *(fam.)*	Sie *(form.)*	er	sie	es
Accusative	mich	dich	Sie	ihn	sie	es
Dative	mir	dir	Ihnen	ihm	ihr	ihm
*Genitive**	(meiner)	(deiner)	(Ihrer)	(seiner)	(ihrer)	(seiner)

	Plural			
Nominative	wir	ihr *(fam.)*	Sie *(form.)*	sie
Accusative	uns	euch	Sie	sie
Dative	uns	euch	Ihnen	ihnen
*Genitive**	(unser)	(euer)	(Ihrer)	(ihrer)

Note that replacing noun objects with pronouns affects
word order. A pronoun object is always placed before a
noun object, but the accusative pronoun always precedes
the dative pronoun.

• Die Verkäuferin reichte	*D* **dem Herrn**	*A* **eine Tragetasche.**
• Die Verkäuferin reichte	*A pronoun* **sie**	*D noun* **dem Herrn.** *oder:*
• Die Verkäuferin reichte	*D pronoun* **ihm**	*A noun* **die Tragetasche.**
• *aber:* Die Verkäuferin reichte	*A* **sie**	*D* **ihm.**

* The genitive pronouns are rarely used anymore. In modern German, prepositional
phrases are preferred: **wir erinnern uns an ihn** rather than **wir erinnern uns seiner**
(We remember him).

> The genitive forms can be combined with **wegen** to mean *as far as (someone) is concerned* or *for (someone's) sake*. The final **-r** changes to a **-t.**
>
> | | |
> |---|---|
> | • **Meinetwegen** bleib hier! | *As far as I'm concerned you can stay here.* |
> | • Ich tue es nur **deinet-wegen!** | *I'm doing it just for you(r sake).* |

2. Indefinite Pronouns

a. man *(one, you, they, people)*

Man refers to an indefinite person or persons.

• Man kennt ihn überall.	They [People] know him everywhere.

b. jemand *(somebody)*; **niemand** *(nobody)*

In modern usage **jemand** and **niemand** generally don't take endings in the accusative or dative.

• Haben Sie **jemand** geholfen?	Did you help *somebody*?
• Wir haben **niemand** gesehen.	We did*n't* see *anybody*.

c. Irgend *(some)*

Irgend may be combined with other words to emphasize different kinds of indefiniteness.

• **Irgend jemand** kommt be-stimmt.	*Somebody* is certain to come.
• **Irgendeiner** wird sie wohl kennen.	*Someone or other* will know her.
• **Irgend etwas** stimmt nicht.	*Something* just isn't right.

> The indefinite pronoun **man** can never be replaced in a sentence by **er.** If the subject is repeated it is still **man.**
>
> | | |
> |---|---|
> | • Wenn **man** die Zeit hat, kann **man** hierzulande viel sehen. | If one has the time, one can see a lot in this country. |
>
> The indefinite pronoun **man** is *never declined.* If a declined subject is necessary, **man** is replaced by **einer** or a declined form of it.
>
> | | |
> |---|---|
> | • **Man** kann in chinesischen Restaurants essen, wenn das **einem** schmeckt. | *You* can eat in chinese restaurants, if that food tastes good to *you*. |

A Setzen Sie für das fett gedruckte Nomen die verschiedenen Personalpronomen in Klammern ein.

1. **Frau Schulze** möchte Schokolade kaufen. (ich, er, wir, ihr)
2. Sie geht mit **ihrem Mann** zum Spezialgeschäft. (ich, wir, ihr, Sie)
3. **Der Verkäufer** empfiehlt eine gute Sorte. (ich, du, wir, ihr)
4. Die Schokolade ist für **ihre Freundin.** (ich, du er, wir)

B Ergänzen Sie die folgende Geschichte mit unbestimmten Pronomen. Wir wollten gern in einem Restaurant essen,

aber _____ wollte mitkommen. _____

sagte mir, im Restaurant Kling kann _____ gut

essen. Fritz sagte, _____ kann auch gut in der Mensa essen. Aber schließlich gingen wir in das Restaurant.

Wir fragten den Kellner, ob _____ hier auch guten Wein bekommen könnte. Der Kellner antwortete: „Wein ja,

aber etwas zu essen nicht, denn es ist _____ mehr in der Küche." Wir fragten, ob wir nicht doch noch

_____ bekommen könnten, aber der Kellner sagte nein.

C In the sentences below, substitute pronouns for the object nouns. First replace only the accusative objects, then only the dative objects, and then both.

1. Der Verkäufer bringt Frau Müller den Käse.
2. Gibt sie dem Kellner ein Trinkgeld?
3. Ich kaufe meinem Vater eine Tafel Vollmilchschokolade.

A Was kann man in einer Bäckerei, einer Metzgerei, einem Spezialgeschäft, einem Lebensmittelladen und in einem Supermarkt kaufen? Bilden Sie Gruppen von etwa fünf Studenten, und schreiben Sie Ihre Antworten auf.

B Stellen Sie zu zweit eine Liste Ihrer Lieblingsnahrungs-mittel auf. Vergleichen Sie Ihre Liste mit den anderen.

C Bestellen Sie mit zwei anderen Studenten etwas zu trinken und zu essen.

D Stellen Sie zu dritt oder viert eine Speisekarte für ein Restaurant zusammen, möglichst auch mit Preisen.

E Sie haben leider keine Zeit zum Einkaufen. Deshalb geben Sie Ihrem Freund oder Ihrer Freundin eine Einkaufsliste. Was steht auf dieser Liste?

Alle McDonald's sehen gleich aus, stimmt's?

F Bestellen Sie von dem McDonald's Menü Ihre Lieblingsgerichte.

ARTIKEL			1	2	3	4	5	6
KAFFEE	Z	M	1,30	2,60	3,90	5,20	6,50	7,80
SCHOKOLADENGETRÄNK			1,30	2,60	3,90	5,20	6,50	7,80
SHAKE V	S	E	1,80	3,60	5,40	7,20	9,00	10,80
SUNDAE EISB K	S	E	1,35	2,70	4,05	5,40	6,75	8,10
SUNDAE EISTÜTE			0,90	1,80	2,70	3,60	4,50	5,40
COLA / LIMONADE KLEIN			1,30	2,60	3,90	5,20	6,50	7,80
COLA / LIMONADE GROSS			1,85	3,70	5,55	7,40	9,25	11,10
ORANGENGETRÄNK			1,40	2,80	4,20	5,60	7,00	8,40
BIER			1,90	3,80	5,70	7,60	9,50	11,40

ARTIKEL	1	2	3	4	5	6
HAMBURGER	1,80	3,60	5,40	7,20	9,00	10,80
DOPPELHAMBURGER	3,40	6,80	10,20	13,60	17,00	20,40
CHEESEBURGER	2,00	4,00	6,00	8,00	10,00	12,00
DOPPELCHEESEBURGER	3,80	7,60	11,40	15,20	19,00	22,80
BIG MÄC	3,85	7,70	11,55	15,40	19,25	23,10
VIERTELPFÜNDER	3,75	7,50	11,25	15,00	18,75	22,50
VIERTELPFÜNDER MIT KÄSE	4,15	8,30	12,45	16,60	20,75	24,90
McRIB SANDWICH	4,20	8,40	12,60	16,80	21,00	25,20
FISCH MÄC	2,40	4,80	7,20	9,60	12,00	14,40
HEISSE APFELTASCHE	1,70	3,40	5,10	6,80	8,50	10,20
POMMES FRITES KLEIN	1,30	2,60	3,90	5,20	6,50	7,80
POMMES FRITES GROSS	1,80	3,60	5,40	7,20	9,00	10,80
KETCHUPBEUTEL	0,20	0,40	0,60	0,80	1,00	1,20
POMMES FRITES SAUCE-BTL	0,20	0,40	0,60	0,80	1,00	1,20
WESTERNSAUCE-BEUTEL	0,20	0,40	0,60	0,80	1,00	1,20

McDonald's

IM HAUS / AUSSER HAUS

VIELEN DANK UND BEEHREN SIE UNS WIEDER

GESAMTSUMME

INKLUSIV-PREISE

Kochkunst und Dichtkunst

Ich will die Kochkunst nicht herabsetzen, weil ich sie mit der Schriftstellerei in einem Atem nenne. Die Wiener Küche zum Beispiel ist auch heute noch wertvoller als die Wiener Dramatik; ganz zu schweigen von Paris, wo man überhaupt kaum mehr dichtet, aber immerhin noch speist. Edere necesse est. Scribere non est necesse[1]. Einen Fall gibt es allerdings, in welchem die edle Kochkunst gezwungen ist, sich zur Literatur herabzulassen, weil sie sich nur auf diesem Wege fortpflanzen kann: die Notwendigkeit des Kochbuchs ist ein mildernder Umstand für die Erfindung der Buchdruckerkunst. Kochbücher gehören zum wertvollsten literarischen Besitz der Nationen. ■

Josef Hofmiller (1913)

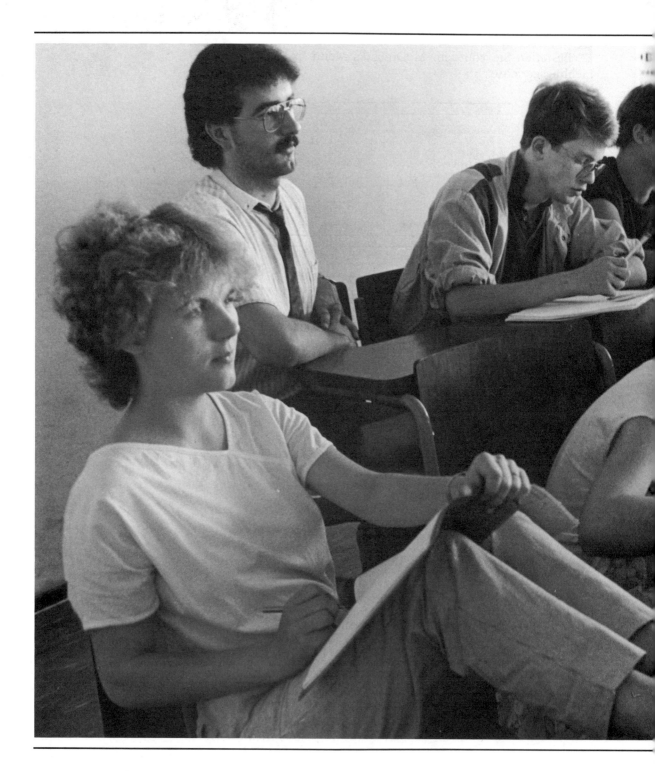

3 **W**as will ich mal werden?

Bildung und Beruf

Was will ich mal werden?

Bildung und Beruf

Fragen zum Thema

1. Wissen Sie, wie die abgebildeten Berufe heißen?
2. Welche Adjektive würden Sie jeweils mit diesen Berufen verbinden?
3. Welchen Bildungsweg muß man in der Regel durchmachen, um diese Berufe auszuüben?

WORTZUSAMMENSETZUNG

Versuchen Sie, die folgenden Wörter mit **Arbeit** und/oder **Schule** zu verbinden, um zusammengesetzte Nomen zu bilden. Manche passen zu beiden Wörtern, manche nur zu einem. (In Zusammensetzungen muß man **Arbeits-** und **Schul-** benutzen.)

-platz	-zwang	Hilfs-
-weg	-wahl	Fließand-
-stelle	-frei	Berufs-
-losigkeit	Dreck-	Vor-
-tag	Dorf-	Abend-
-amt	Sonder-	

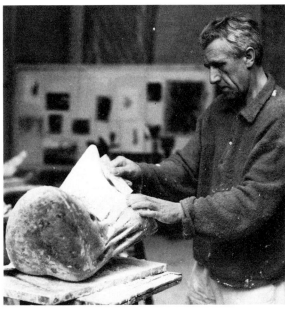

Mein Bildungsweg und meine Berufsziele

(geschrieben von Manfred J., 24 Jahre alt, Schüler des Abendgymnasiums Dortmund)

Seit einem Jahr besuche ich das Abendgymnasium[1] mit dem Ziel, in zwei Jahren mein Abitur zu machen. Zur Zeit arbeite ich beim Kaufhaus Quelle als Verkäufer in der Elektronikabteilung°. Ich verdiene dort ein anständiges Gehalt. Ich möchte aber in meinem Leben etwas anderes erreichen. Mein bisheriger Lebenslauf verlief folgendermaßen°:

Zunächst ging ich auf die Grundschule[2] (die man damals bei uns auch Volksschule nannte). Meine Eltern wollten, daß ich mit zehn Jahren auf die Mittelschule[3] oder die Oberschule[4] überwechseln° sollte. Aber ich hatte keine Lust, sechs Jahre auf die Mittelschule zu gehen—oder gar° neun Jahre aufs Gymnasium. Ich wollte überhaupt nicht mehr zur Schule gehen, denn ich fühlte mich dort wie im Gefängnis. Ich war ein richtiger Drückeberger° und Faulenzer°, und schwänzte° viele Stunden. Deshalb verließ ich mit 14 Jahren die Hauptschule. Ich wollte hinaus ins wirkliche Leben. Zunächst ging ich auf das Arbeitsamt[5]. Die Beamten° waren sehr hilfsbereit und haben mir gleich eine Lehrstelle[6] bei einer Bäckerei vermittelt. Ich hatte Glück, denn Lehrstellen sind ziemlich schwer zu finden. Bei der Bäckerei hielt ich es allerdings nur wenige Monate aus. Mein Lehrmeister° war tyrannisch und nutzte seine Lehrlinge° aus, anstatt ihnen etwas beizubringen. Das Lehrgeld war auch armselig, und ich war ständig pleite°. Also habe ich bald gekündigt. Von dort aus ging ich zu einer großen Firma, die Lebensmittel herstellt. Ich wurde als Bürogehilfe° eingestellt. Weil ich weder Maschinenschreiben° noch Stenographie° konnte, mußte ich die ganze Dreckarbeit im Büro erledigen. Damals war ich 16 und wollte gern nach Amerika auswandern. Ich hatte gehört, daß dort jeder studieren kann—auch ohne Abitur. Und studieren wollte ich eigentlich doch. Aber als Bürogehilfe lebte ich immer noch von der Hand in den Mund. Das Reisegeld° für den Flug nach Amerika konnte ich nicht sparen. Also blieb ich in Deutschland.

In der Zwischenzeit habe ich eine Reihe° von anderen Stellungen gefunden, die mir alle nicht gefallen haben. Ich habe sie dann immer wieder bald aufgegeben°. Warum, weiß ich nicht. Alle meine Schulkameraden fanden gute Stellen, mit denen sie zufrieden waren. Ich war aber irgendwie anders. Einige Monate lang war ich arbeitslos und mußte von der Arbeitslosenunterstützung[7] leben. Es war mir aber peinlich,° stempeln zu gehen. Schließlich hatte ich das Glück, meine jetzige Stelle bei Quelle zu kriegen, die mir eigentlich ganz gut gefällt. Aber ich habe jetzt

electronics department

as follows

transfer
even worse

dodger
bum   cut

civil servants

boss
apprentices
broke

office boy
shorthand   typing

fare

a series

quit

I was embarrassed

eingesehen, daß ich nicht mein ganzes Leben als ungelernter Arbeiter verbringen kann. Deshalb gehe ich jetzt aufs Abendgymnasium, auch wenn ich abends nach der Arbeit noch hart arbeiten muß. Den Feierabend verbringe ich auf der Schulbank und die Wochenenden mit meinen Büchern. Manchmal beneide ich meine Freunde, die die Berufsschule° hinter sich haben, schon gut verdienen und auf eigenen Füßen stehen. Dies ist aber der einzige Weg für mich, weiterzukommen und mein Berufsziel zu erreichen.

vocational school

Wenn ich die Reifeprüfung[8] bestanden habe, kann ich endlich studieren. Ich will Grundschullehrer werden. Seit dem Beginn der Schulreform[9] hat der Lehrberuf mich interessiert. Ich bin der Meinung: Schulen müssen nicht unbedingt Gefängnisse sein, und vieles hat sich geändert seit meiner Schulzeit. Ein Studium von acht Semestern[10] an einer Pädagogischen Hochschule[11] ist für meinen Beruf notwendig. Daneben will ich auch Kurse über Computertechnik an einer Fachhochschule[12] belegen°. Alles in allem will ich fünf Jahre lang studieren. Wenn ich dann im Beruf stehe, kann ich junge Menschen aufs Leben und auf ihren weiteren Bildungsgang vorbereiten. Vielleicht wird es mir sogar gelingen, ein wirklich guter Lehrer zu sein. Denn ich kenne die Probleme der Schüler—vor allem den Leistungszwang[13], der für viele junge Menschen fast unerträglich ist—vielleicht besser als andere, die einen einfacheren Bildungsweg hatten. ■

register for

ÜBRIGENS. . .

1. Evening high schools are available for people who work during the day but still want to obtain a high school diploma (**Abitur**).

2. An elementary school in Germany today is often called a **Hauptschule**. All children attend the first four years, called **Grundschule**. Those who intend to go on to the university transfer to the **Gymnasium** after four to six years. Some also transfer to the **Realschule**. The rest attend the **Hauptschule** for an additional four to five years.

3. An intermediate school, same as **Realschule**. Pupils leaving the **Grundschule** after four years may attend the **Mittelschule** for an additional six years. They graduate with a **Mittlere Reife**-Diploma that enables them to enter a non-academic professional career.

4. Also called **Gymnasium**. There are various types of **Oberschulen**, some oriented toward languages, others toward the sciences. After four years of **Grundschule**, nine years of high school lead toward the **Abitur**, a formal graduation examination. This is required for university entrance.

5. A job-seeker is referred by the employment office (**Arbeitsamt**) to potential employers who, in turn, report any job openings to the office.

6. An apprenticeship, lasting usually about six years, at the end of which the apprentice is licensed to practice the profession independently.

7. Unemployment compensation, given to persons for whom the **Arbeitsamt** is unable to find a job.

8. **Reifeprüfung** is the official term for the so-called **Abitur**.

9. Throughout the 1970s, the German school system (along with the universities) was dramatically modified. The purpose of this reform was to adapt the educational system to the demands of a modern industrialized society.

10. A course of higher education is measured in the German system not in hours, but in semesters. The closest equivalent to a B.A.-degree, the **Staatsexamen** requires eight to ten semesters of study.

11. Prospective teachers attend an institution especially oriented to the teaching profession.

12. Specialized professional colleges are also available in some disciplines.

13. German schools have been known for their rigid standards—especially prior to the **Schulreform** of the seventies. The pressure to achieve has caused many pupils to suffer from anxiety and depression. Some react with a classic refusal to achieve (**Leistungsverweigerung**).

L e b e n s l a u f

Am 25. Juli 19.. wurde ich in Frankfurt am Main geboren. Mein Vater heißt Hermann Klein und arbeitet als Industriekaufmann in einer Offenbacher Firma. Meine Mutter heißt Karin Klein, geborene Meier, und ist Hausfrau. Ich habe noch zwei schulpflichtige Geschwister.

Von September 19.. bis Juli 19.. besuchte ich in Frankfurt die Brüder-Grimm-Grundschule. Anschließend wechselte ich auf die Carl-Schurz-Realschule über. Zur Zeit bin ich in der 9. Klasse und werde meine Schulzeit im kommenden Juli mit der mittleren Reife abschließen.

Meine Lieblingsfächer in der Schule sind Mathematik, Chemie, Englisch und Sport. Kürzlich absolvierte ich einen Schreibmaschinenkursus an der Volkshochschule. Ich lese gerne Bücher über Wirtschaft und Technik.

In den zurückliegenden Oster- und Sommerferien hatte ich Gelegenheit, aushilfsweise in einer Firma mitzuarbeiten. An Ort und Stelle konnte ich mich durch zahlreiche Gespräche mit den Angestellten über die Tätigkeit eines Industriekaufmanns informieren.

Peter Klein

Persönliche Daten:

Name: Peter Klein
Geburtsdatum und -ort: 25. Juli 19.. in Frankfurt am Main
Eltern und Geschwister: Vater: Hermann Klein, Industriekaufmann
                                           in Offenbach
                                   Mutter: Karin Klein, geb. Meier, Hausfrau
                                   zwei schulpflichtige Geschwister
Wohnort: Grünebergstraße 22, 6000 Frankfurt 1,
                                   Tel.: 0611/71 00 01
Familienstand: ledig
Staatsangehörigkeit: deutsch

Schulausbildung: September 19.. bis Juli 19..
                                   Brüder-Grimm-Grundschule
                                   in Frankfurt am Main
                                   seit September 19..
                                   Carl-Schurz-Realschule
                                   in Frankfurt am Main
                                   z. Zt. in der 9. Klasse

Lieblingsfächer: Mathematik, Chemie, Englisch, Sport

Schulabschluß: mittlere Reife

Besondere Kenntnisse
und Erfahrungen: gute Englisch- und Französisch-Kenntnisse,
                                   Teilnahme an einem Schreibmaschinenkursus
                                   der Volkshochschule;
                                   insgesamt dreiwöchige Tätigkeit in einem
                                   Industriebetrieb während der Ferien

Hobbys: Lesen, vor allem Bücher über Wirtschaft
                                   und Technik

Berufswunsch: Industriekaufmann

Frankfurt, 8. September 19..   *Peter Klein*

Nomen

Wortschatz

das Abitur high school diploma, (granted for completing the **Gymnasium/Oberschule**)
der Beruf, -e profession
die Bildung education
das Büro, -s office
die Dreckarbeit, -en dirty work
der Feierabend, -e leisure time after work
das Gefängnis, -se prison
das Gehalt, ¨er salary
das Kaufhaus, ¨er department store
die Klasse, -n class *(in grade schools)*
der Kurs, -e course, class *(in higher education)*
der Lebenslauf, ¨e biography, *curriculum vitae*
das Lehrgeld wages *(for an apprentice)*
die Lehrstelle, -n apprenticeship
die Meinung, -en opinion
die Stelle, -n [or **die Stellung, -en**] job, position
das Wochenende, -n weekend
♦ **die Schule, -n** school*

> **die Hochschule, -n** college or university
> **die Oberschule, -n** high school
> **die Schulbank, ¨e** desk, school bench
> **der Schulkamerad, -en** classmate
> **der Schüler, -** male pupil, student
> **die Schülerin, -nen** female pupil
> **die Einschulung** entering a pupil in school
> **die Umschulung** changing schools

Verben

(sich) ändern change
♦ **halten** hold, keep

> **aus·halten** stand, bear
> **behalten** keep
> **enthalten** contain
> **vorenthalten** keep secret
> **sich verhalten** act, behave
> **sich heraus·halten** not get involved

aus·nutzen exploit, take advantage of
aus·wandern emigrate
bei·bringen teach
beneiden envy
bestehen pass (a test)
besuchen visit; attend (school)
ein·stellen hire
erledigen take care of, do
sich fühlen feel
sich interessieren interest
kündigen give notice, quit
sparen save money
verdienen earn money
verlassen leave, depart
(sich) vor·bereiten prepare

Adjektive, Adverben etc.

anständig decent
arbeitslos unemployed
armselig pitiful
bisherig previous, up to now
daneben in addition
einfach simple
hilfsbereit helpful
jetzig present, current
notwendig necessary
unerträglich unbearable
ungelernt untrained
zufrieden satisfied
zunächst at first, to begin with

* Remember that **die Schule** is never used in German to refer to higher education—only to the first 13 grades.

AUSDRÜCKE UND REDEWENDUNGEN

zur Zeit (*often abbreviated:* **z. Zt.**)	at present
(keine) Lust haben	to (not) want to do something
etwas vermitteln	to arrange for, set up, procure
etwas aushalten	to stand or bear something
von der Hand in den Mund leben	to live from hand to mouth, to be poor
in der Zwischenzeit	in the meantime
stempeln gehen	to live on unemployment (checks)
(das) Glück haben	to be lucky
auf eigenen Füßen stehen	to be independent, stand on one's own feet
der/einer Meinung sein	to be of the/an opinion
alles in allem	all in all
im Beruf stehen	to be (active) in a profession
etwas wird einem gelingen	one will succeed at something

" ▬▬▬▬▬▬▬▬▬ "

AUF DER SUCHE NACH ARBEIT

Ich möchte mich um diese Stelle bewerben.	I would like to apply for this job.
sich bewerben um (*+ Akk.*)	to apply for
Dafür braucht man ein Bewerbungsformular.	You need an application form.
Bitte vollständig ausfüllen!	Please fill it out completely!

WENN MAN DIE ARBEIT BEKOMMT (ODER NICHT BEKOMMT)

Wir stellen Sie sofort ein!	We will hire you immediately!
jemand (*Akk.*) **einstellen**	to hire someone
Es tut uns leid, die Stelle ist schon besetzt.	We're sorry, the position is already filled.

WAS KANN MAN DAZU SAGEN?

WENN MAN DIE ARBEIT VERLIERT

Ich habe gekündigt.	I quit.
Ich wurde fristlos entlassen.	I was fired without notice.
Sie ist gestern geflogen.	She was fired yesterday.
fliegen	slang for 'get fired'

BEIM STUDIUM

Ich bin bei Harvard schon zugelassen, warte aber noch auf die Zulassung in Zürich. Ich bin auf der Warteliste.

I've been admitted at Harvard, but I'm still waiting for admission in Zürich. I'm on the waiting list.

" ━━━━━━━━━━━━ "

A Übersetzen Sie die Dialoge.

MR. JÜRGENS: I'd like to apply for the job as waiter.

MISS BRAUN: Here is an application. Please fill it out.

MR. JÜRGENS: When do you think the position will be filled?

MISS BRAUN: I don't know, but we must have all applications by Friday.

SUSANNE: I think I'm never going to get a job.

ULRIKE: What happened to the last one?

SUSANNE: I was fired.

ULRIKE: And the position at the bakery?

SUSANNE: Already filled.

ULRIKE: I think you should go back to the university!

KLAUS: When do you leave for Munich?

OTTO: I'm still waiting for admission.

KLAUS: Oh! I thought you already were admitted!

OTTO: No, I'm still on the waiting list.

B Tell how you would explain the situations below to the indicated persons.

1. Tell an employee that s/he's fired immediately.

2. Tell an employee that s/he's fired at the end of the month.

3. Tell your parents that you're admitted to Oxford.

4. Tell an applicant that s/he didn't fill out the form completely.

5. Tell a friend that all the best jobs are already filled.

Wir suchen eine tüchtige (412635

Verkäuferin

zur selbständigen Führung einer Bäckerei-Filiale.

Melden Sie si

EDV-Organisator

Bankkaufmann, mit über 12 Jahren EDV-Erfahrung (IBM-System 370 und 43xx, Tandem, Nixdorf) seit 4 Jahren spezialisiert auf

Computer

realisiert kommerzielle Anwendungen, unterstützt und berät bei der Systemauswahl.

Erfahrungen mit

IBM-PC und MS-DOS — ITT 3030 u. CP M, Philips P 3500 und TurboDOS

Zuschr. unt. **G M 371107** an die Frankfurter Allgemeine, Postfach 2901, 6000 Ffm. 1.

In unser kleines Praxis-Team suchen wir per 1. August oder nach Vereinbarung

dipl. Zahnarztgehilfin

Wenn Sie einsatzfreudig sind und gerne im Team mitarbeiten, dann erwarten wir gerne Ihre Zuschrift mit Zeugniskopien. Anfragen unter Chiffre F 05-24342 an Publicitas, 3001 Bern.

A Ergänzen Sie den Text mit Wörtern von der Liste.

unerträglich	Manfred	Bäckerei
Abendgymnasium	Gefängnisse	auswandern
Lebenslauf	Grundschullehrer	arbeitslos
Arbeitsamt	Lehrmeister	Verkäufer

Der Text ist von _____, einem Schüler am

_____, geschrieben. Er beschreibt seinen

bisherigen _____. Zunächst wollte er gar nicht

mehr auf die Schule gehen. Er ging zum _____,
wo man ihm eine Lehrstelle vermittelte. Die Lehrstelle bei der

_____ hielt er aber nicht aus. Er hatte einen

tyrannischen _____. Er wollte gern nach

Amerika _____. Einige Monate lang war er

_____ und lebte von der Arbeitslosenun-

terstützung. Jetzt arbeitet er bei Quelle als _____.

Er will aber _____ werden und macht jetzt
sein Abitur. Er versteht, daß der Leistungszwang für viele

Schüler _____ ist. Er glaubt aber, daß Schulen

nicht unbedingt _____ sein müssen.

B Ergänzen Sie die Sätze mit den angegebenen Verben und
Ausdrücken.

kündigen	verdienen	beibringen
sich ändern	einstellen	bestehen
sparen	auf eigenen Füßen stehen	stempeln gehen

1. Wenn man Reisegeld braucht, muß man _____

_____ .

2. Lehrer müssen Kindern etwas _____ .

3. Wenn man eine Arbeitsstelle nicht mehr haben will, muß

man _____ .

4. Bei manchen Stellen kann man sehr gut _____

_____ .

5. Kein Mensch ist perfekt, aber jeder kann _____

_____ .

6. Leute, die eine Lehre durchmachen, statt weiter auf die
Schule zu gehen, können früher selber verdienen und _____

_____ .

7. Wenn die Arbeitslosigkeit hoch ist, müssen viele Arbeiter

_____ .

8. Auf der Schule muß man viele Prüfungen _____

_____ .

C Verbinden Sie jeden Begriff mit der richtigen Definition.

1. Grundschule _____

2. Oberschule _____

3. Reifeprüfung _____

4. Lehrstelle _____

5. Arbeitsamt _____

6. Pädagogische Hochschule

_____

a. danach macht man das
   Abitur

b. ein anderes Wort für
   Abitur

c. Alle Schüler gehen vier
   Jahre auf diese Schule

d. dort werden Lehrer aus-
   gebildet

e. hilft bei der Suche nach
   einer Arbeitsstelle

f. eine Stelle, in der man aus-
   gebildet wird

D Bringen Sie Manfreds Aussagen in die richtige Ordnung.

1. Es war mir peinlich, stempeln zu gehen.

2. Ich verbringe die Wochenenden mit meinen Büchern.

3. Zunächst ging ich aufs Arbeitsamt.

4. Ich hatte keine Lust, sechs Jahre auf die Mittelschule zu
gehen.

5. Schließlich hatte ich das Glück, meine jetzige Stelle zu
bekommen.

6. Ich verließ mit 14 Jahren die Hauptschule.

7. Ich fand eine Lehrstelle bei der Bäckerei.

8. Einige Monate lang lebte ich von der Arbeitslosenunterstützung.

E Versuchen Sie, Synonyme für die angegebenen Wörter zu finden.

1. anständig _____

2. armselig _____

3. einfach _____

4. hilfsbereit _____

5. unerträglich _____

6. zufrieden _____

7. ungelernt _____

8. notwendig _____

I SEPARABLE AND INSEPARABLE PREFIXES Grammatik

German verbs frequently carry prefixes, which may change the meanings of the verbs significantly.

1. Separable Prefixes
Various parts of speech, such as prepositions, adverbs, and other verbs, may function as separable prefixes in combination with verbs. Some common separable prefixes and approximate meanings are listed below.

an-	at, in
auf-	open, up
ein-	into
zurück-	back
wieder-	again
weiter-	on, further
hin-	toward
her-	(coming) from
um-	around, over

In the present tense and in the simple past (in a main clause), these prefixes are separated from the verb and placed at the end of the clause.

ein·sehen

• Ich **sehe** es nicht **ein**.   I don't understand it.

weiter·kommen

- So **kommst** du nicht **weiter**!   You won't get anywhere
                                        this way.

kennen·lernen

- Sie **lernte** ihn hier **kennen**.   She met him here.

Note that in infinitive constructions with **zu**, the word **zu** goes between the separable prefix and the verb. (See chapter 8).

weiterkommen + zu

- Dies ist der einzige Weg   This is the only way to
  weiterzukommen.   get ahead.

a) A separable prefix is always a stressed syllable.

b) In the chapter and end vocabularies, verbs with separable prefixes are listed in the following fashion: **aus·wandern, bei·bringen**, etc.

c) The separable prefixes **hin-** and **her-** denote motion *away from* and motion *toward* the speaker, respectively. They can also be combined with other separable prefixes, e.g. **hinaus-, heraus-, hinein-, herein-.**

hinein·gehen

- Sie **geht** in das Haus   She is going into the
  hinein. *(away from the*   house.
  speaker)

herein·kommen

- **Komm herein!** *(toward the*   *Come in!*
  speaker)

2. Inseparable Prefixes

Inseparable prefixes are never separated from their verbs. The most common ones are listed below.

be-   emp-   ent-   er-   ge-   miß-   ver-   zer-

Though the inseparable prefixes have no specific meanings of their own, they change the meaning of the verbs to which they are attached. The prefix **zer-**, for example, implies *to pieces*. Thus **brechen** means *to break*, and **zerbrechen** means *to shatter* or *break to bits*. The prefix **be-** often makes an intransitive verb transitive, as with **ant-**

worten and **beantworten**, or **reden** and **bereden**. The prefix
ent- often implies *un*, and the prefix **ver-** often intensifies
the verb.

- Hoffentlich **besteht** er die Prüfung.

  We hope he'll pass the examination.

- Wir **erreichen** hier nichts.

  We're accomplishing nothing here.

An inseparable prefix is never a stressed syllable.

A Bringen Sie die folgenden Sätze ins Präsens:

1. Der Lehrer hat mir manches beigebracht.

_____

2. Mein Lehrmeister hat mich oft ausgenutzt.

_____

3. Die Lehrstelle hat mich nicht auf den Beruf vorbereitet.

_____

4. Diese Firma hat Autos hergestellt.

_____

5. Die Bäckerei hat mich sofort eingestellt.

_____

6. Das Kaufhaus Quelle hat mir ein gutes Gehalt angeboten.

_____

7. Auf der Schule habe ich nie meine Bücher mitgebracht.

_____

8. Als junger Mensch habe ich vieles nicht eingesehen.

_____

9. Auf der Schule habe ich selten eine Arbeit fertiggeschrieben.

_____

10. Auf der Uni habe ich mich auf jede Prüfung gut vorbereitet.

_____

B Bilden Sie Sätze im Präsens aus den gegebenen Satzteilen.

1. Ich/weiterkommen/so/nicht.
2. Ich/aushalten/diese Arbeitsstelle/nicht mehr.
3. Mein/Leben/müssen/ich/verändern.
4. Ich/aufgeben/die Arbeitsstelle,/sobald/ich/die Prüfung/bestehen.
5. Jeden Abend/sich vorbereiten/ich/auf/den Beruf.
6. Im/Abendgymnasium/kennenlernen/ich/andere Menschen,/die/den Lehrberuf/vorhaben.
7. Wenn ich/Glück/haben,/einstellen/mich/eine gute Schule.

C Verbinden Sie möglichst viele Verben mit den Vorsilben aus der folgenden Liste! Nennen Sie auch die Bedeutung von jedem Verb.

VORSILBEN

an-	ent-	wieder-
be-	er-	ver-
auf-	hin-	zer-
ein-	her-	zurück-
	weiter-	

VERBEN

sprechen ⎯⎯⎯⎯⎯⎯⎯⎯⎯⎯⎯⎯⎯⎯⎯⎯⎯⎯⎯⎯⎯⎯⎯

denken ⎯⎯⎯⎯⎯⎯⎯⎯⎯⎯⎯⎯⎯⎯⎯⎯⎯⎯⎯⎯⎯⎯⎯

geben ⎯⎯⎯⎯⎯⎯⎯⎯⎯⎯⎯⎯⎯⎯⎯⎯⎯⎯⎯⎯⎯⎯⎯

stellen ⎯⎯⎯⎯⎯⎯⎯⎯⎯⎯⎯⎯⎯⎯⎯⎯⎯⎯⎯⎯⎯⎯⎯

fahren ⎯⎯⎯⎯⎯⎯⎯⎯⎯⎯⎯⎯⎯⎯⎯⎯⎯⎯⎯⎯⎯⎯⎯

kommen ⎯⎯⎯⎯⎯⎯⎯⎯⎯⎯⎯⎯⎯⎯⎯⎯⎯⎯⎯⎯⎯⎯⎯

machen ⎯⎯⎯⎯⎯⎯⎯⎯⎯⎯⎯⎯⎯⎯⎯⎯⎯⎯⎯⎯⎯⎯⎯

nehmen ⎯⎯⎯⎯⎯⎯⎯⎯⎯⎯⎯⎯⎯⎯⎯⎯⎯⎯⎯⎯⎯⎯⎯

steigen ⎯⎯⎯⎯⎯⎯⎯⎯⎯⎯⎯⎯⎯⎯⎯⎯⎯⎯⎯⎯⎯⎯⎯

reden ⎯⎯⎯⎯⎯⎯⎯⎯⎯⎯⎯⎯⎯⎯⎯⎯⎯⎯⎯⎯⎯⎯⎯

II SIMPLE PAST

The *simple past* is also known as the *imperfect*, the *narrative past*, or the *past tense*. It is used most frequently for the narration or description of an event or series of related events that took place in the past. It is not used as often in everyday conversation as it is for formal writing.

Verbs in German can be classified as weak or strong. (Remember there is no way to tell, however, except to memorize the strong ones.)

1. Weak Verbs

The simple past tense of regular weak verbs is formed by inserting **-te** between the stem and a past personal ending.

	ENDINGS	FRAGEN
ich	—	fragte
du	-st	fragtest
er/sie/es	—	fragte
wir	-n	fragten
ihr	-t	fragtet
sie/Sie	-n	fragten

If the verb stem ends with a **d** or a **t**, or with either **m** or **n** preceded by a consonant other than **l** or **r**, the syllable **-ete** (instead of just **-te**) is inserted. The personal endings are the same.

	ANTWORTEN	ATMEN
ich	antwortete	atmete
du	antwortetest	atmetest
er/sie/es	antwortete	atmete
wir	antworteten	atmeten
ihr	antwortetet	atmetet
sie/Sie	antworteten	atmeten

The simple past of **haben** is formed on the base **hatte**.

Furthermore, there are a few *irregular weak verbs* that take the same **-te** syllable and personal endings as weak verbs, but that undergo a stem-vowel change from **-e** in the infinitive to **-a** in the simple past. These verbs are listed separately in the appendix.

- kennen ich kannte, etc.

Three of these verbs undergo more extensive changes:

- bringen ich **brach**te
- denken ich **dach**te
- wissen ich **wuß**te

Formation of the past for modals also must be memorized.

- können konnte umlaut dropped
- dürfen durfte umlaut dropped
- müssen mußte umlaut dropped
- mögen mochte umlaut dropped + stem change
- wollen wollte regular
- sollen sollte regular

2. Strong Verbs
Strong verbs in the past change the stem vowel, have consonant changes, and do not add a personal ending to the first- and third-person singular forms. A list of these verbs and their derivatives is in the appendix.

GEHEN

ich ging	wir gingen
du gingst	ihr gingt
er/sie/es ging	sie gingen

Note that if the simple past stem of a verb ends in **d** or **t**, an **-e** is inserted between the stem and the personal endings **-st** and **-t**.

stehen	stand	ihr stand**et**
leiden	litt	du litt**est**

The conjugation of **werden** in the simple past must be memorized.

WERDEN

ich wurde	wir wurden
du wurdest	ihr wurdet
er/sie/es wurde	sie/Sie wurden

Remember that *all* verbs with separable prefixes—whether the verbs are weak, irregular weak or strong—are *separated* in the simple past tense when they are in a main clause.

- Er **machte** die Tür **auf**.   He opened the door.
- Er **brachte** mir Mathematik **bei**.   He taught me math.
- Das Geld **ging** uns **aus**.   Our money ran out.

A Manfred denkt zurück an sein Leben und seine Erfahrungen in der Schule. Ergänzen Sie seine Gedanken im Imperfekt (past tense).

Ich ＿＿＿＿＿＿ einige Jahre auf die Hauptschule. (gehen)

Man ＿＿＿＿＿＿ sie damals auch Volksschule. (nennen)

Ich ＿＿＿＿＿＿ aber keine Lust, auf die Mittelschule zu

gehen. (haben) Ich ＿＿＿＿＿＿ gar nicht mehr in die

Schule gehen! (wollen) Es ＿＿＿＿＿＿ mir schon genug!

(sein) Das „wirkliche Leben" ＿＿＿＿＿＿ mir viel attrak-

tiver. (erscheinen) Wie dumm ＿＿＿＿＿＿ ich damals!

(sein) Mit Lehrstellen und anderen „Jobs" ＿＿＿＿＿＿ es

natürlich auch nicht gut. (gehen) Mir ＿＿＿＿＿＿ auch

das Geld zum Auswandern, so ＿＿＿＿＿＿ ich in Deutsch-

land. (fehlen; bleiben) Es ＿＿＿＿＿＿ aber nicht ohne
Sinn, denn heute weiß ich zumindest genau, was ich will.
(sein)

B Bilden Sie Sätze im Imperfekt aus den folgenden Satzteilen.

1. Brigitte/sein/meine beste Freundin.

＿＿＿＿＿＿＿＿＿＿＿＿＿＿＿＿＿＿＿＿＿＿＿＿＿

2. Sie/sein/nett und klug,/haben/aber/furchtbare Schwierig-
keiten/in der Schule.

＿＿＿＿＿＿＿＿＿＿＿＿＿＿＿＿＿＿＿＿＿＿＿＿＿

3. Abitur/bestehen/sie/gerade.

＿＿＿＿＿＿＿＿＿＿＿＿＿＿＿＿＿＿＿＿＿＿＿＿＿

4. Danach/studieren/sie/ein Semester.

_____

5. Das/reichen/ihr!

_____

6. Sie/fahren/ein Jahr ins Ausland.

_____

7. Dort/lernen/sie, wie hart das Leben/ohne Ausbildung/sein/
können.

_____

8. Sie/zurückkehren/nach Deutschland.

_____

9. Sie/werden/Kindergärtnerin, das/sein/etwas, das/ihr/endlich/
wirklich/Spaß/machen.

_____

C Im folgenden werden im Telegrammstil zwei
Klassenkameraden von Manfred beschrieben. Schreiben Sie
mit den Stichworten jeweils eine volle Beschreibung der
beiden Bildungswege. Benutzen Sie das Imperfekt und
schreiben Sie vollständige Sätze.

GERD

arme Familie — geschiedene Mutter — böser Stiefvater —
Eltern verbieten dem Kind die Oberschule — Lehrstelle als
Automechaniker — zwei Jahre Arbeit — Unzufriedenheit —
Bewerbung bei Abendgymnasium — will Ingenieur werden

KIRSTEN

Vater erfolgreicher Geschäftsmann — häufige Umzüge der
Familie — immer andere Schulen, andere Lehrer — manchmal monatelang keine Schule besucht — zu Hause gelernt
— viel gelesen — mit 18 mit der Familie nach Amerika —
zwei Jahre später Sprachprüfung an Universität München —
Zulassung zum Studium — wird in zwei Jahren Tierärztin

III PAST PARTICIPLE

The form known as the past participle is used in conjunction
with the helping verbs **haben** or **sein** to form compound tenses (present perfect, past perfect, future perfect). In these

compound tenses, the helping verbs may change but the past participle as such remains the same. Rules for forming past participles are given below.

1. Weak Verbs

The past participle of a weak verb is formed with the prefix **ge-** and the suffix **-t** (or **-et**) plus the unchanged stem of the verb.

kündigen	ge + kündig + t	gekündigt
arbeiten	ge + arbeit + et	gearbeitet
öffnen	ge + öffn + et	geöffnet
haben	ge + hab + t	gehabt

2. Irregular Weak Verbs

The past participle of an irregular weak verb is formed with the prefix **ge-** and the suffix **-t** plus the changed stem of the verb.

kennen	ge + kann + t	gekannt
bringen	ge + brach + t	gebracht
denken	ge + dach + t	gedacht
wissen	ge + wuß + t	gewußt

All modals with an umlaut drop the umlaut in the past participle.

dürfen	**gedurft**
können	**gekonnt**
müssen	**gemußt**
mögen	**gemocht**

3. Strong Verbs

The past participle of a strong verb is formed with the prefix **ge-** and the suffix **-n** (or **-en**) plus the stem of the verb, which is usually (though not always) changed.

tun	ge + ta + n	getan
gehen	ge + gang + en	gegangen
stehen	ge + stand + en	gestanden
sehen	ge + seh + en	gesehen

The past participle of **sein** is irregular.

sein	**gewesen**

4. Separable-Prefix Verbs

The past participle of a separable-prefix verb is formed by inserting the **ge-** between the separable prefix and the stem, and adding the suffix **-t** or **-en** (depending on whether the verb is weak or strong).

einsehen	ein + ge + sehen	eingesehen
weiterkommen	weiter + ge + kommen	weitergekommen
kennenlernen	kennen + ge + lernt	kennengelernt

5. Inseparable-Prefix Verbs

The past participle of an inseparable-prefix verb is formed by adding the suffix **-t** or **-en** to the stem (depending on whether the verb is weak or strong). Remember that a strong verb stem may have a vowel change.

erreichen	erreich + t	erreicht
erkennen	erkann + t	erkannt
bestehen	bestand + en	bestanden

6. Verbs Ending in *-ieren*

The past participle of a verb ending in **-ieren** is formed by adding the suffix **-t** to the unchanged stem.

studieren	studier + t	studiert

Principal parts:

In German, as well as in English, there are three "principal parts" of any given verb. They are called principal parts because all tenses can be derived from them. They are

- the infinitive
- the simple past tense (in third person singular)
- the past participle

WEAK VERBS:

fragen	fragte	gefragt
sagen	sagte	gesagt
erzählen	erzählte	erzählt

STRONG VERBS:

sprechen	sprach	gesprochen
singen	sang	gesungen
leiden	litt	gelitten

IV PRESENT PERFECT AND PAST PERFECT

1. Present Perfect

This tense is used for events that happened in the recent past or are still going on into the present. It is preferred in conversation and informal writing over the simple past. It does *not* necessarily correspond with the English perfect tense.

- Ich **habe** ihn nicht **gesehen**.   I *didn't see* him.
- Ich **habe** es dir **gesagt**.   I *told* you.

The present perfect is formed with the present tense of an auxiliary verb (haben or sein) and the past participle of the main verb. With most verbs the auxiliary **haben** is used.

- Ich **habe** Deutsch **studiert**.   I *have studied* German.
- Sie **hat** viel **gelesen**.   She's *read* a lot.
- Wir **haben** wenig **gearbeitet**.   We *haven't worked* much.
- Sie **haben** den Plan **geändert**.   They *changed* the plan.

Remember that the past participle comes at the end of the main clause. The auxiliary **sein** is used with verbs showing movement to another place or change of condition. It is also used with **bleiben, sein,** and **werden.**

- Er **ist** schnell **gerannt**.   He *ran* fast.
- Sie **ist** nicht **weitergekommen**.   She *didn't make* any progress.
- Warum **bist** du Lehrer **geworden**?   Why *did* you *become* a teacher?
- Wo **sind** Sie gestern **gewesen**?   Where *were* you yesterday?

a) If the verb showing motion occurs with a direct object, the auxiliary **haben** is used.

- Ich **bin** mit dem Zug **gefahren**.   I *went* by train.

but:	
• Ich **habe** das Auto **gefahren.**	I *drove the car.*

b) All modals take the auxiliary **haben** in perfect tenses.

| • Ich **habe** es nicht **gekonnt.** | I *couldn't do it.* |

2. Past Perfect

The past perfect tense is used to describe an event that was completed at a time in the past prior to another past event. It is formed with the *simple past* of **haben** or **sein**, plus the *past participle* of the main verb. Except for the tense of the auxiliary verbs, all other rules are the same as those governing the present perfect.

• Sie **ist** nicht weit **gegangen.**	She *has* not *gone* far.
• Sie **war** nicht weit **gegangen.**	She *had* not *gone* far.

The past perfect is often used in conjunction with **bevor** or **nachdem** to show the relationship of one past event to the other, and is most commonly encountered as the past tense in a narrative.

• Heike **hatte** schon zu abend **gegessen, bevor** sie ins Kino ging.	Heike *had* already *eaten* dinner *before* she went to the movie.
• Manfred ging zurück zur Schule, **nachdem** er jahrelang **gearbeitet hatte.**	Manfred went back to school *after* he *had worked* for several years.

A Beim Interview des Schülers Manfred J. hat der Interviewer die folgenden Fragen gestellt. Bringen Sie das Interview ins Perfekt (present perfect).

FRAGE: Welche Schule besuchen Sie?
ANTWORT: Ich gehe auf das Abendgymnasium.
FRAGE: Und wie kommt das?
ANTWORT: Ich hielt die Schule nicht aus und verließ die Hauptschule schon mit vierzehn Jahren.
FRAGE: Haben Sie eine Arbeitsstelle?
ANTWORT: Ja, ich bekam immer Arbeit. Ich kündigte aber immer nach kurzer Zeit.
FRAGE: Also, Arbeit hielten Sie auch nicht aus.
ANTWORT: Richtig. Ich sehe jetzt ein, wie wichtig eine Ausbildung ist.

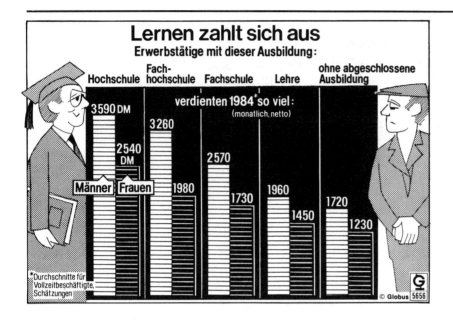

Lernen zahlt sich aus
Erwerbstätige mit dieser Ausbildung:

Hochschule · Fach-hochschule · Fachschule · Lehre · ohne abgeschlossene Ausbildung

verdienten 1984* so viel:
(monatlich, netto)

3590 DM
3260
2570
1980
2540 DM
1730
1960
1450
1720
1230

Männer Frauen

*Durchschnitte für Vollzeitbeschäftigte, Schätzungen

© Globus 5656

FRAGE: Fällt es Ihnen schwer, als Erwachsener wieder in die Schule zu gehen?

ANTWORT: Natürlich. Aber das Wichtige im Leben ist nie leicht.

B Bringen Sie die folgenden kurzen Dialoge ins Perfekt.

MARTIN: Meine Schwester geht auf diese Schule.
KARL: Gefällt es ihr da?
MARTIN: Ja, sie lernt eine Menge.

ELKE: In diesem Geschäft arbeite ich.
HEINZ: Was machst du dort?
ELKE: Ich bin Sekretärin.

BETTINA: Ich lerne im Ausland immer viele neue Menschen kennen.
KATRIN: Wirklich? Wie schaffst du das?
BETTINA: Ich fange einfach Gespräche an.
KATRIN: Wie geht das mit der Sprache?
BETTINA: Ich bringe sie mir vor der Reise durch Bücher bei.

C As a class, re-read the essay by Manfred J. that appears at the beginning of this chapter. Each student should read one or two sentences in turn, putting them into the past perfect or the present perfect.

D Work with a partner. One of you should provide infinitives of his/her choice by memory; the other provides the past participle as quickly as possible. See which pair in the class can come up with the most verbs and correct past participles in a 60-second period.

JUGEND UND BERUF

Starten mit Computer-Hilfe

Viele Schüler, die in den nächsten beiden Jahren die Schule verlassen, fragen sich heute: „Bekomme ich überhaupt einen Ausbildungsplatz?"

Einige sind noch unschlüssig, was sie werden wollen. Bei anderen ist die Entscheidung bereits gefallen, und sie sind auf der Suche nach einer Lehrstelle.

Wer sich umfassend informiert und frühzeitig aktiv wird, hat die besseren Chancen.

Testen Sie, ob Ihr derzeitiger Informationsstand ausreicht und wie gut Sie auf den Berufsstart vorbereitet sind.

Jetzt
sind Sie
an der Reihe!

A Job Interview

Student A is applying for a job at the **Kaufhaus des Westens** in Berlin. S/he must be prepared to be interviewed by the prospective employer. Student A should make up a short resumé describing his/her previous work experience, education, particular qualifications, etc.

Student B is the employer or personnel manager, who should prepare five to seven questions relevant to employment. Student B should then jot down the answers during the "interview," in order to report the results to the class.

B Zukunftspläne: Was wollen Sie werden?

Tell the other members of the class briefly what your future plans are. As in the model below, give both a *goal* and a *reason*.

- Ich will Lehrer werden, denn ich arbeite gern mit Kindern zusammen.

MÖGLICHE BERUFE

Naturwissenschaftler(in) scientist

Flugzeugpilot(in) airplane pilot

Journalist(in) journalist

Schriftsteller(in) writer

Manager(in) administrator

Verwalter(in) manager

Bankpräsident(in) president of a bank

Dolmetscher(in) interpreter

Computertechniker(in) computer technician

Arzt/Ärztin physician

Tierarzt/Tierärztin veterinarian

Kinderarzt/Kinderärztin pediatrician

Psychiater(in) psychiatrist

Klempner(in) plumber

Mechaniker(in) mechanic

C Schreiben Sie auf einer halben Seite, welche von den obenstehenden Berufen Sie nie ausüben möchten und warum. Geben Sie möglichst viele Gründe an.

D Bilden Sie Gruppen von etwa fünf Studenten. Manfred besucht die USA. Denken Sie sich so viele Fragen wie möglich aus, die Sie ihm gerne stellen würden. Benutzen Sie die folgenden Themen.

Schulzeit _____

_____

Arbeit _____

_____

Zukunft _____

_____

Wählen Sie dann die wichtigsten zwei Fragen von jeder Gruppe.

E Schreiben Sie Ihren Lebenslauf entweder in der Form einer Liste oder eines Briefes.

F If you were to study at a German University, you would receive an official **Studienbuch** listing your exact course of study. This is the equivalent of the American *transcript*. Fill out the cover and first page of the **Studienbuch** with your credentials. The words below will help you understand how to fill it out.

Staatsangehörigkeit	*citizenship*
Reifezeugnis	*high school graduation* (or any other prerequisite to university study)
Ergänzungsprüfungen	*other relevant examinations or degrees*

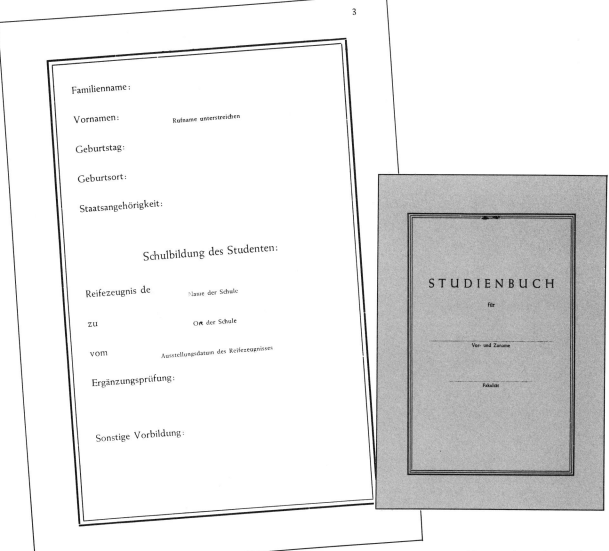

4 Zweimal Deutschland

BRD und DDR

Zweimal Deutschland
BRD und DDR

1. Skim over this chapter's reading and see how many cognates you can find within 3-5 minutes.
2. How many cognates do you know that end in **-ismus**?

Fragen zum Thema

1. Was bedeuten bei Autos die Zeichen D und DDR?
2. Erkennen Sie die beiden Fahnen?
3. Welche Länder in Europa kennen Sie? Stellen Sie eine Liste mit den Ländern Nord-, Süd-, West- und Osteuropas auf.
4. Nennen Sie einige kapitalistische und einige sozialistische Länder.
5. Kennen Sie die Hauptstädte einiger dieser Länder? Stellen Sie auch hiervon eine Liste auf.
6. Welche Städte in der Bundesrepublik kennen Sie, und wo liegen sie? Im Norden, Süden, Westen oder Osten?
7. Welche Städte in der DDR kennen Sie, und wo liegen sie?

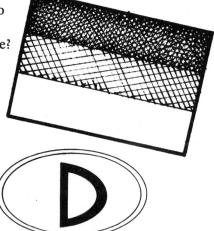

Kleines Deutschland-Quiz

FRAGE: Welche geteilten Länder kennen Sie?

ANTWORT: Ich kenne unter anderen Korea, Vietnam, Irland und natürlich Deutschland.

FRAGE: Wann und warum wurde Deutschland geteilt?

ANTWORT: Im Februar 1945, als der Zweite Weltkrieg für Deutschland schon verloren schien, trafen sich Churchill, Roosevelt und Stalin in Jalta. Dort wurde die Teilung Deutschlands in vier Besatzungszonen° beschlossen. Die Stadt Berlin bekam einen besonderen Status und wird bis heute von den vier ehemaligen Siegermächten° verwaltet°. Als Deutschland am 8. Mai 1945 kapitulierte, wurde dieses Abkommen° in Kraft gesetzt.

occupied zones

victors
administrated
agreement

FRAGE: Wie kommt es, daß es heute immer noch zwei deutsche Staaten gibt?

ANTWORT: Auf dem Boden der französischen, englischen und amerikanischen Besatzungszonen wurde am 14. August 1949 der eine deutsche Staat, die Bundesrepublik Deutschland°, gegründet.[1] Auf dem Boden der sowjetischen Besatzungszone wurde am 7. Oktober 1949 die Deutsche Demokratische Republik (DDR)° gegründet. Alle bisherigen Versuche einer Wiedervereinigung° sind gescheitert.

Federal Republic of Germany (FRG)

German Democratic Republic (GDR)

re-unification

FRAGE: Wie hat man die Grundfläche und die Grenzlinie zwischen dem Westen und dem Osten festgelegt?

ANTWORT: Die ehemalige Grenzlinie zwischen den westlichen und östlichen Besatzungszonen ist heute die Grenzlinie zwischen zwei verschiedenen Staatssystemen. Die Bundesrepublik ist mit einer Grundfläche von etwas 97.000 Quadratmeilen° ungefähr so groß wie der Staat Oregon. Die DDR ist mit einer Fläche von etwa 41.700 Quadratmeilen so groß wie der Staat Ohio.

square miles

FRAGE: Wie groß ist die Bevölkerung beider Staaten?

ANTWORT: Im Westen wohnen ungefähr sechzig Millionen Bundesbürger; im Osten wohnen etwa achtzehn Millionen Bürger.

FRAGE: Wie sehen die beiden Staatssysteme auf deutschem Boden aus?

ANTWORT: Die Bundesrepublik ist in ihrer westlichen Orientierung ein kapitalistischer Staat. Die DDR ist in ihrer östlichen Orientierung ein sozialistischer Staat. Beide Länder haben eine demokratische Verfassung. Die Bundesrepublik nennt ihre Verfassung das „Grundgesetz". Die DDR ist ein Einparteiensystem, die BDR eine pluralistische, parlamentarische Demokratie. Beide Länder sind ökonomisch die jeweils stärksten und stabilsten europäischen Mitglieder ihres Blocks, die DDR innerhalb des Warschauer Paktes[2], und die Bundesrepublik innerhalb der NATO[3].

FRAGE: Wie heißen die jeweiligen Hauptstädte der deutschen Staaten?

ANTWORT: Die Hauptstadt der Bundesrepublik ist die Stadt Bonn am Rhein. Ostberlin ist die Hauptstadt der DDR und wird dort nur Berlin genannt. Westberlin gehört offiziell nicht zur Bundesrepublik, obwohl die Stadt sich als Teil des Westens betrachtet. Sie hat auch gesetzliche und ökonomische Verbindungen mit der BRD.

Die Mauer trennt Deutsche von Deutschen

FRAGE: Wie, wann und warum wurde die Berliner Mauer gebaut?
ANTWORT: Als junger sozialistischer Staat wollte die DDR verhindern, daß zahlreiche ihrer Bürger in den Westen flüchteten. Zugleich wollte sie ihre Bevölkerung gegen westliche Einflüsse abschirmen°. Deshalb schloß die   *shield*

DDR 1961 die Grenze zwischen Ost- und Westberlin und zwischen der DDR und der BRD. Die Westmächte ließen dies ohne großen Protest zu in der Hoffnung, daß sich die Situation bald stabilisieren würde.

FRAGE: Wie sieht das heutige Verhältnis zwischen den beiden deutschen Staaten aus?

ANTWORT: Nach dem Ende der sechziger Jahre, als die Zeit des kalten Krieges[4] vorüber war, vollzog sich eine langsame Annäherung zwischen beiden Ländern. Heute arbeiten sie auf dem Gebiet der Wirtschaft, Technik und Kultur zusammen, auch wenn es noch immer Spannungen zwischen beiden Ländern gibt.

FRAGE: Was sind einige Vorzüge des Lebens in der Bundesrepublik?

ANTWORT: Nach dem Grundgesetz° der Bundesrepublik hat jeder   *constitution*
Bürger das Recht der Freizügigkeit, d.h. er kann leben, wo es ihm gefällt und, wenn er das will, ins Ausland

Berlin, Hauptstadt der DDR: Links der Dom, Fernsehturm am Alexanderplatz und Palast der Republik.

Die Ruine der Kaiser-Wilhelm-Gedächtniskirche bleibt als Mahnmal erhalten: Nie wieder Krieg!

auswandern. Hinzu kommt der relativ großzügige Lebensstandard, der den meisten Bundesbürgern seit der Zeit des Wirtschaftswunders[5] in den sechziger Jahren möglich ist.

FRAGE: Was sind einige Vorzüge des Lebens in der DDR?

ANTWORT: Die Lebenshaltungskosten° des DDR-Bürgers sind sehr gering. Der Staat sorgt dafür, daß alle Lebensnotwendigkeiten wie Essen, Miete, Bücher, Bildung und kulturelle Veranstaltungen für jeden Bürger erschwinglich sind.   *cost of living*

FRAGE: Was sind die Nachteile des Lebens in den beiden Ländern?

ANTWORT: Die Bundesrepublik teilt mit den USA Probleme der Inflation und der Arbeitslosigkeit. Die DDR dagegen reglementiert das Leben ihrer Bürger in stärkerem Maße, als westliche Länder es tun.

FRAGE: Woran ist den Bürgern beider deutscher Staaten heute am meisten gelegen?

ANTWORT: In einer Zeit der Konfrontation der Großmächte und der internationalen Krisen wünschen sich die Bürger beider deutscher Staaten vor allem die Erhaltung des Weltfriedens. Viele Deutsche können sich nur allzu gut an die katastrophalen Folgen von zwei Weltkriegen erinnern. Denkmäler wie die Westberliner Kaiser-Wilhelm-Gedächtniskirche und das Ostberliner Mahnmal für die Opfer des Faschismus und Militarismus erinnern die Bürger täglich daran: Nie wieder Krieg!

ÜBRIGENS...

1. Although the abbreviation „BRD" is frequently used both within the country and abroad, the government does not make use of it in official communications and insists on the full name, i.e., **Bundesrepublik Deutschland.**

2. The Warsaw Pact is the eastern defense alliance, founded in 1955 as a reaction to the foundation of NATO. The GDR joined in 1956.

3. NATO (North Atlantic Treaty Organization) was founded in 1949 in Washington. The FRG joined in 1955.

4. "Cold War" is the term given to developments after the end of the Second World War, when tensions between the East and the West increased rapidly. What began as a propaganda war in the struggle for a greater sphere of influence led eventually to the nuclear arms race and, in fact, has brought humanity to the brink of annihilation several times. Its major events include the first Berlin- crisis (1948-49), the Korean War (1950-53), the second Berlin-crisis (1961) and the Cuban missile-crisis (1962). After the mid 1960s, détente began.

5. "Economic miracle" is the term used to describe the rapid recovery in West Germany from the devastating consequences of the war, achieved through both the efforts of the citizens and substantial financial aid from the USA. By 1960 the country had developed into a major industrial power. Similarly, East Germany managed to rebuild its economic resources through industry and with some financial aid from the USSR. The era of prosperity began somewhat later there, around the end of the 1960s.

Wortschatz

Nomen

die Annäherung, -en approach, convergence
die Bevölkerung, -en population
der Boden, ¨ ground
das Denkmal, ¨er monument
die Erhaltung preservation
die Folge, -n result, consequence
die Grenze, -n border
die Grenzlinie, -n borderline
die Großmacht, ¨e superpower
das Grundgesetz basic law *(official name of the West German constitution)*
die Krise, -n crisis
die Miete, -n rent
das Mitglied, -er member
der Nachteil, -e drawback, disadvantage
das Opfer, - victim
die Orientierung, -en orientation
die Spannung, -en tension
die Teilung, -en division
die Verfassung, -en constitution
der Versuch, -e attempt, effort
der Vorzug, ¨e advantage

Verben

aus·sehen look like
sich betrachten (als) see oneself (as)
beschließen decide
erinnern (an + Akk.) remind (of)
sich erinnern (an + Akk.) to remember
• legen lay, put, place

> **fest·legen** establish
> **ab·legen** lay down, put away
> **verlegen** misplace, remove
> **zerlegen** take apart, dismantle
> **entlegen,** *(adj.)* remote, distant
> **verlegen** *(adj.)* embarrassed, confused

flüchten flee
gründen found
kapitulieren capitulate
reglementieren regulate
scheinen appear
scheitern fail, go awry
schließen close
teilen divide
(sich) treffen meet
verhindern prevent
verwalten administrate
(sich) vollziehen take place

Adjektive, Adverben etc.

besonders particularly
bisherig previous, up to now
zugleich at the same time
ehemalig former
erschwinglich affordable
gering small
geteilt divided
großzügig generous
heutig of today
jeweilig respective
katastrophal catastrophic
offiziell officially
stabil stable
täglich daily
ungefähr approximately
verloren lost
verschieden different
wirtschaftlich economic
zahlreich numerous

DEUTSCHE DEMOKRATISCHE REPUBLIK 12

WORT+ZUSAMMEN+SETZUNG

die Besatzungszone, -n occupied zone
    die Besatzung + die Zone

der Bundesbürger, - West German citizen
    der Bund + der Bürger

die Grundfläche, -n area
    der Grund + die Fläche

die Haupstadt, ̈e capital city
    das Haupt + die Stadt

der Lebensstandard standard of living
    das Leben + der Standard

die Lebensnotwendigkeit, -en necessity of life
    das Leben + die Notwendigkeit

das Staatssystem, -e governmental system
    der Staat + das System

der Weltfrieden world peace
    die Welt + der Frieden

AUSDRÜCKE UND REDEWENDUNGEN

unter anderen (u.a.) among other things
bis heute up to the present day
etwas wird in Kraft gesetzt something is put into effect
Wie kommt es, daß . . . ? Why is it that . . . ?
jemand (Akk.) **gegen etwas abschirmen** to shield or protect
    someone from something
etwas vollzieht sich something comes about, takes place
hinzu kommt in addition
für etwas sorgen to see to something
in stärkerem Maße to a greater degree
jemand (Dat.) **ist an etwas gelegen** someone is concerned or
    cares about something
nur allzu gut only too well

" ▬▬▬▬▬▬▬▬ "

Was wissen Sie über die Staatssysteme der BRD und der DDR?

ICH WEISS . . .

WAS
KANN MAN
DAZU
SAGEN?

so gut wie nichts.	Practically nothing.
schon einiges.	Quite a bit.
eine ganze Menge.	A great deal.

KENNEN SIE BERLIN?

Nein, ich kenne es nicht.   No, I don't know it.
    kennen: to be acquainted with

WELCHE SPRACHEN SPRECHEN SIE?

Ich kann englisch und   I know (speak) English and
deutsch.   German.
    können: to know (i.e., have a skill)

WIE GUT IST IHR DEUTSCH?

Ziemlich gut.	Pretty good.
Es ist nicht schlecht.	Not too bad.
Es könnte besser sein.	It could be better.
Es wird besser.	Improving.
Ich kann mich schon verständigen.	I can communicate.
Es ist ausgezeichnet.	It's excellent.

FRIEDEN ODER KRIEG?

Nie wieder Krieg!	Never again war!
Alle Völker wollen Frieden!	All peoples want peace.

WAREN SIE SCHON IN DER DDR?

Ja, ich bin schon dort gewesen.	Yes, I've been there.
Ja, schon zweimal.	Yes, twice.
Nein, ich war noch nie dort.	No, I was never there.
Nein, aber ich möchte gern dahin.	No, but I'd like to go there.

" ━━━━━━━━━━━━━━━━ "

A Übersetzen Sie die folgenden Dialoge.

ELLEN: Have you ever been in West Germany?
JEREMY: No, but I want to go next year.
ELLEN: I know West Germany pretty well. I was there once for three months.
JEREMY: Do you speak German?
ELLEN: My German is not bad. I can usually communicate.

SARA: How much do you know about East Germany?
BARBARA: Quite a bit. I've read a lot about it.
SARA: Oh, do you read German?
BARBARA: Of course, I know both German and English. Don't you?
SARA: Don't ask! I tried to learn German once, but I know practically nothing.

PETER: I want to go to Germany to understand the country better.

ERIC: I do too. Perhaps we can go together next year.

PETER: Do you want to go to East Germany too?

ERIC: Of course. I want to know more about that country and its governmental system.

B Work in pairs to complete the following short exchanges.

JAN: Warst Du schon in der DDR?
JULIA: Eigentlich ...
JAN: Ach, das finde ich ...

JULIA: Kannst Du andere Sprachen?
JAN: Ja, außer Englisch kann ich ...
JULIA: Wirklich! Wo hast du es gelernt?
JAN: In ...

JAN: Wie gut ist dein Deutsch?
JULIA: Na, ...
JAN: Das ist wirklich ...

Wortschatz im Kontext

A Hier finden Sie zwölf Antworten. Schreiben Sie die entsprechenden Fragen dazu.

1. Die Teilung Deutschlands in vier Besatzungszonen._____

_____

2. Am 8. Mai, 1945. _____

3. Auf dem Boden der englischen, französischen und amerikanischen Zonen. _____

4. Auf dem Boden der sowjetischen Besatzungszone._____

_____

5. Man nimmt die Abkürzung „BRD". _____

6. Ungefähr sechzig Millionen. _____

7. Die eine heißt Berlin, die andere heißt Bonn. _____

_____

8. Eine Mauer. _____

9. Daß man gehen kann, wohin man will. _____

_____

10. Eine demokratische Verfassung. _____

11. Das Wirtschaftswunder. _____

12. An der Erhaltung des Friedens. _____

B Drücken Sie die folgenden Sätze auf deutsch aus.

1. By February, 1945, WWII appeared to be lost for Germany.
2. The division of Germany was decided upon.
3. The Federal Republic of Germany was founded in 1949.
4. West Germany is both capitalistic and democratic.
5. East Germany is both socialistic and democratic.
6. The borders between East and West were closed.
7. All necessities of life are affordable in the GDR.
8. West Germany shares with the USA the problem of unemployment.
9. Germans remember all too well the catastrophic consequences of war.
10. Never again war!

C Ergänzen Sie die Sätze mit den Wörtern in der Liste. Sie können allein oder in Gruppen arbeiten.

Friedens	Nachteile	Grundfläche
betrachtet sich	reglementieren	Vorzüge
gescheitert	Denkmäler	Verfassungen
politische Orientierung	Lebensnotwendigkeiten	flüchten
	Großmächte	

Alle Länder wollen die Erhaltung des _____. Aber

jedes Land hat seine _____ und seine _____.

Amerika und die Sowjetunion sind _____. Als Sieger-

mächte beschlossen sie die _____ anderer Länder.

Beide deutschen Staaten haben demokratische _____.

Die _____ der DDR ist kleiner als die der BRD. Die

_____ sind im sozialistischen Staat meistens billig.

Aber man fragt sich, inwieweit ein Land das Leben seiner

Bürger _____ darf. Jedenfalls sind bis heute alle Versuche einer Wiedervereinigung _____. Westberlin _____ als Teil der Bundesrepublik. Dort stehen viele _____, die an den Krieg erinnern. Viele Berliner mußten während des Krieges _____ und werden das nie vergessen.

D Bilden Sie Gruppen und diskutieren Sie die folgenden Themen. Berichten Sie dann den anderen Gruppen Ihre Resultate.

ZUR THEORIE
1. Wie kommt es, daß es heute die Bundesrepublik und die DDR gibt?
2. Was sind die wichtigsten Unterschiede der Staatssysteme in der Bundesrepublik und der DDR?

ZUR PRAXIS
3. Planen Sie eine Reise durch die Bundesrepublik und die DDR. Wieviel Zeit haben Sie? Fahren Sie mit dem Auto oder Zug? Welche Städte wollen Sie besuchen?
4. Welche wichtigen Unterschiede könnte Ihrer Meinung nach ein Tourist beim Besuch der DDR und der Bundesrepublik beobachten?

Sowjetisches Ehrenmal

I. WORD ORDER IN DEPENDENT CLAUSES

Grammatik

Dependent clauses are tied or subordinated to a main clause and are incapable of standing alone.

If a dependent clause is introduced by a subordinate conjunction, dependent word order is used. In other words, the conjugated verb is at the end of the clause.

- Er sagt, **daß** die DDR ihm gefällt.   He says that he likes the GDR.

The subordinate conjunctions in the list below are frequently used.

als	when
bevor	before
bis	until
da	since *(causal)*; as
damit	so that
daß	that
nachdem	after
ob	whether
obwohl, obgleich	although
seit, seitdem	since *(temporal)*
sobald	as soon as
so daß	so that
solange	as long as
während	while
weil	because
wenn	if; when

1. If a dependent clause precedes a main clause, the word order in the main clause is inverted, producing a "verb, verb" construction.

- Obwohl Westberlin sich als Teil der BRD **betrachtet, gehört** die Stadt nicht offiziell zur BRD.   Although West Berlin *considers* itself part of the FRG, the city does not *belong* to the FRG officially.

2. Remember that the subordinating conjunction **als** is used only for single events in the past, whereas **wenn** is used to express habitual action (often with the meaning "whenever").

- **Als** sie gestern nach Bonn zurückkam, war es schon spät.

  When she returned to Bonn yesterday, it was already late.

- **Wenn** er nach Berlin fährt, ist er froh.

  Whenever he goes to Berlin he's happy.

3. If **seit** or **seitdem** is used to illustrate an action that began in the past and continues into the present, the present tense is used.

- **Seit** der Krieg zu Ende ist, **gibt** es zwei deutsche Staaten.

  Since the war ended there *have been* two Germanies.

4. The interrogatives **wann, was, warum, wer, weshalb, weswegen, wie, wieviel, wo,** etc., function as subordinating conjunctions in indirect questions. They therefore introduce dependent word order.

- Ich fragte, **wann** der Zweite Weltkrieg **angefangen hatte**.

  I asked when the second World War had started.

A Connect the two sentences with the conjunction given, making the second sentence dependent from the first one. (The **es** included in the independent clause is omitted when an introductory clause is formed).

1. Er erklärt es uns. Es gibt zwei deutsche Staaten. (warum)

2. Im Februar 1945 trafen sich die Alliierten auf Jalta. Der Krieg schien für Deutschland schon verloren. (als)

3. Die Teilung Deutschlands wurde entschieden. Der Krieg war zu Ende. (bevor)

4. Das Abkommen wurde in Kraft gesetzt. Deutschland kapitulierte. (nachdem)

5. Alle bisherigen Versuche einer Wiedervereinigung sind gescheitert. Die Probleme sind zu groß. (weil)

6. Ich weiß es nicht. Die DDR ist ein starkes und stabiles Mitglied des Warschauer Paktes. (ob)

7. Wir wohnen in Berlin. Die Stadt ist geteilt. (seitdem)

8. Viele Leute sagen es. Die Bundesrepublik teilt mit den USA Probleme der Inflation und der Arbeitslosigkeit. (daß)

9. Aber wir sind glücklich. Wir haben Frieden. (solange)

B Now put the dependent clauses of exercise A at the beginning of the sentence. Work with a classmate, and take turns.

II RELATIVE CLAUSES

There are two sets of relative pronouns: **der, die, das,** and **welcher, welche, welches.** Both mean *who, which,* or *that.* The **welch-** forms are rarely used; they are *not* necessarily equivalents for English *"which".*

The declension of these pronouns is shown below.

	Masculine	Singular Feminine	Neuter	Plural
Nominative	der (welcher)	die (welche)	das (welches)	die (welche)
Accusative	den (welchen)	die (welche)	das (welches)	die (welche)
Dative	dem (welchem)	der (welcher)	dem (welchem)	denen (welchen)
Genitive	dessen	deren	dessen	deren

Note that the forms of the relative pronoun **der** are the same as those of the definite article, except for the dative plural and all genitive forms. The relative pronoun agrees in gender and number with its antecedent, while its case is determined by its function in the relative clause.

- Jeder Bürger, **der** in der
  masculine   subject of the
  singular   relative clause

  BRD wohnt, hat das Recht der Freizügigkeit.

  Every citizen living in the FRG has the right of free movement.

- Die DDR, **deren**
  feminine   genitive func-
  singular   tion in the rel-
               ative clause

  Hauptstadt Berlin ist, ist so groß wie Ohio.

  The GDR, whose capital is Berlin, is as large as Ohio.

a) All relative clauses are dependent; the conjugated verb is at the end of the clause.

b) Relative clauses in German are always set off by commas.

c) Relative clauses immediately follow the noun they modify, unless only one or two words remain in the sentence.

Wer and was

The indefinite relative pronouns **wer** (for persons) and **was** (for things) are used when the clause has no specific antecedent. They function in the same way as regular relative pronouns.

Nominative	wer	was
Accusative	wen	was
Dative	wem	—
Genitive	wessen	(wessen)

- Ich sage ihm immer, **was** er hören will.

  I always tell him *what* he wants to hear.

- Sie weiß nicht, **wen** sie anrufen kann.

  She doesn't know *whom* she can call.

- Ich weiß nicht, mit **wem** er geflüchtet ist.

  I don't know with *whom* he fled.

Was is also used after a neuter adjectival noun, an indefinite numerical adjective (**alles, nichts, viel, wenig,** etc.) or after a complete clause.

- Das Beste, **was** man in einer Zeit der Konfrontation sagen kann, ist, daß wir keinen Krieg haben.

  The best thing one can say in times of confrontation is that we are not at war.

- Manches, **was** man hier hört, ist in Wirklichkeit ganz anders.

  Some things that one hears here are in reality quite different.

- Wir sagen nicht immer, **was** wir denken.

  We don't always say what we think.

III DEMONSTRATIVE PRONOUNS

The most common demonstrative pronouns are **dieser, mancher, welcher** and **jener**. All are declined like **der**-words. (For the use of demonstrative adjectives see chapter 2.)

- **Manche** sind größer als **diese**.

  Some are larger than *these*.

- **Welchen** kennst du?

  Which one do you know?

Used together as a pair, **dieser** and **jener** may also mean *the latter* and *the former*.

- Churchill und Roosevelt trafen sich in Jalta; **dieser** war Präsident, **jener** Premierminister.

  Churchill and Roosevelt met in Jalta; *the latter* was president, *the former* prime minister.

The neuter nominative and accusative form, **dieses**, is frequently shortened to **dies**.

- **Dies** ist mir ganz neu.

  That's quite new to me.

Before „ist" and „sind", **dies** is used irrespective of the gender or number of the thing or person referred to.	
• **Dies** ist die größte Stadt Deutschlands.	*This* is the largest city in Germany.
• **Dies** sind die vier Besatzungszonen.	*These* are the four occupied zones.

Forms of **der, die,** and **das** may function as demonstrative pronouns to point out someone or something. They are declined like the corresponding relative pronouns.

- **Denen** kann man nicht helfen!

  One can't help *them [those people]*.

- **Dem** glaube ich nichts!

  I don't believe a thing *he [that person]* says!

A Setzen Sie das richtige Relativpronomen ein.

Die Länder, _____ geteilt sind, heißen Korea, Vietnam, Irland und Deutschland. Das Abkommen,

_____ 1945 in Kraft gesetzt wurde, führte zu zwei
deutschen Staaten. Die Stadt Berlin, _____ ich gut
kenne, ist auch geteilt. Diese Stadt, _____ mitten
in der DDR liegt, war damals Teil der sowjetischen Besatzungszone. Die Bundesrepublik, _____
Hauptstadt Bonn ist, hat etwa die Größe von Oregon. Und
Deutschland, _____ Hauptstadt einmal Berlin war,
hat jetzt zwei Hauptstädte. Das Land, _____ der
BRD nach dem Krieg finanziell half, war die USA. Manche
Menschen finden das westliche System das beste System,
_____ man haben kann. Jedenfalls soll man in dem
Land leben dürfen, _____ System einem am besten
gefällt.

Polizisten vom Bundesgrenzschutz patrouillieren an der deutsch-deutschen Grenze.

B Setzen Sie das passende Demonstrativpronomen ein.

1. _____ habe ich schon lange gewußt. *(that)*

2. _____ helfen wir immer gerne. *(her)*

3. _____ glaube ich nicht immer. *(him)*

4. _____ kennst du denn? *(which [country])*

5. _____ ist bestimmt besser als _____. *(this ... that [system])*

6. _____ wurde im Osten festgelegt. *(this one [border])*

7. _____ wollen wissen, warum es so ist. *(some [people])*

8. _____ haben wir nichts gesagt. *(them)*

C Work in pairs. Have one person give a cue word from the following list, and the other respond by constructing a sentence using a relative pronoun. Suggestions for the dependent clause are given in list 2. Follow the model below.

> BEISPIEL: Der Politiker
> Der Politiker, den ich wirklich gut finde, ist Willy Brandt.

1	2
der Bundesbürger	gut finden
der Nachteil	schlecht finden
das System	viel wissen
die Geschichte	nicht verstehen können
das Land	nicht kennen
die Stadt	nach ... aussehen
die Menschen	einen stören

III DA- AND WO-COMPOUNDS

These are formed with the prefixes **da(r)-** or **wo(r)-** plus a preposition.

da + bei = dabei	wo + mit = womit
da + auf = darauf	wo + in = worin

If the preposition refers to an idea or object (not a person), a **da**-compound replaces the preposition + noun construction.

- Erinnerst du dich **an den Krieg**? Ja, ich erinnere mich **daran**.

  Do you remember *the war*? Yes, I remember *it*.

In the same manner, a **wo**-compound replaces a preposition + **was**-construction in questions.

- **An was** denkst du? **Woran** denkst du?

  What are you thinking *about*?

A **da**- or **wo**-compound may refer to a whole idea.

- Ich kann mich **daran** erinnern, **wie der Krieg anfing.**

  I can remember *how the war started*.

- **Worüber** sie geschrieben hat, weiß ich nicht.

  What she wrote *about* I do not know.

a. Da- and **wo**-compounds cannot be used to refer to people.

- Wir sprechen **darüber**.

  We're talking about it.

but:

- Wir sprechen **über ihn**.

  We're talking about him.

b. Da- and **wo**-compounds may refer to a singular or plural object without undergoing any changes.

- Habt ihr **von der Krise/den Krisen** gehört? Wir haben **davon** gehört.

  Did you hear *about the crisis/crises*? We have heard about *it/them*.

A Ersetzen Sie mit **da-** oder **wo-** plus Präposition.

1. **Auf dem Boden der westlichen Besatzungszonen** wurde die Bundesrepublik gegründet.

2. Es gibt eine Grenzlinie **zwischen dem Westen und dem Osten.**

3. Die DDR ist **mit einer Fläche von etwa 41.700 Quadratmeilen** so groß wie der Staat Ohio.

4. **Über was** sprechen Sie gerade?

5. **An was** glaubt die Bevölkerung im Osten und im Westen?

6. Es ist allen Bürgern **an Frieden** gelegen.

7. Westberlin gehört offiziell nicht **zur Bundesrepublik.**

8. **Nach dem Ende der sechziger Jahre** vollzog sich eine langsame Annäherung.

9. Der Staat muß **für die Lebensnotwendigkeiten** sorgen.

10. Viele Deutsche können sich **an die katastrophalen Folgen des Zweiten Weltkrieges** erinnern.

V POSITION OF *NICHT*

As a rule of thumb it can be said that, in modern German, **nicht** usually precedes whatever it negates. Below are some additional guidelines.

1. **Nicht** goes at the end of the sentence, if the whole sentence is negated and is expressed in the present tense or the simple past.

Ich kenne dieses Buch **nicht.**   I don't know this book.

2. **Nicht** precedes an infinitive, a past participle, a prepositional phrase, an adverb, a predicate adjective, a separable prefix, and a predicate noun.

before an infinitive:	Krieg darf **nicht beginnen.**
before a past participle:	Der Krieg hat **nicht begonnen.**
before a prepositional phrase:	Der Krieg beginnt **nicht in Europa.**
before an adverb:	Die Bevölkerung der DDR wächst **nicht schnell.**
before a predicate adjective:	Die DDR ist **nicht groß.**
before a predicate noun:	Konfrontation ist **nicht Friede.**
before a separable prefix:	Die BRD schirmt sich gegen den Westen **nicht ab.**

3. **Nicht** precedes any word in a sentence that is specifically or exclusively negated.

- Wir wollen **nicht** Krieg, sondern Frieden.   We don't want war but peace.

Staatliche Jugendorganisationen wie die *Jungen Pioniere* und die *Freie Deutsche Jugend* sind ein wichtiger Bestandteil der Erziehung in der DDR.

In a sentence with both a prepositional phrase and an infinitive or a past participle, **nicht** precedes both.

- Die Bundesrepublik wurde **nicht** von den USA gegründet.

The Federal Republic was *not* founded by the USA.

A Setzen Sie in jeden Satz des folgenden Berichts **nicht** ein.

Zwei meiner Klassenkameraden kennen Deutschland. Sie wollen auch mehr darüber wissen. Sie wollen wissen, wie groß die Städte sind, und wie man dort lebt. Das ist für sie interessant. Sie lernen mehr über europäische Geschichte als über alles andere. Sie behaupten, das Leben in der Bundesrepublik sei teuer. Trotzdem gefällt es ihnen. Auch in der DDR gefällt es ihnen. Das kulturelle Leben, das sich dort vollzieht, finden sie großartig. Sie betrachten das reglementierte Leben als erträglich. Sie sehen die Vorteile davon. Es ist wichtig, andere Länder zu kennen, meinen sie. Das erhält den Frieden.

A Bilden Sie Gruppen von 3 bis 5 Studenten und beantworten Sie schriftlich die folgenden Fragen. Versuchen Sie das ohne Bücher zu tun.

1. Welche geteilten Länder kennen Sie, und wo sind sie?

2. Wann und warum wurde Deutschland geteilt?

3. Wie groß sind die beiden deutschen Staaten? (Quadratmeilen und Bevölkerung). Gibt es amerikanische Staaten von ungefähr derselben Größe?

4. Warum wurde 1961 die Grenze zwischen Ost- und Westberlin geschlossen?

5. Was sind die Vor- und Nachteile eines kapitalistischen und eines sozialistischen Staates?

B Stellen Sie in Gruppenarbeit an der Tafel eine Liste von allem auf, was Sie über Berlin (Ost und West) wissen.

C Pretend you are a person from (a) West Germany who has emigrated to East Germany, or (b) from East Germany who has recently defected to West Germany. Tell your "story" and the reasons for your decision. Then write your "story" out in essay form.

D Draw on the board a map of both East and West Germany. How many cities and rivers can you place? What are the names of the bordering countries?

E Diskutieren Sie mit einem Partner, warum Sie nicht in der Bundesrepublik oder in der DDR leben möchten. Stellen Sie eine Liste Ihrer Gründe auf.

F Was ist Ihre Meinung? Wählen Sie a., b. oder c. Geben Sie fünf Gründe an.

a. Ich möchte immer im Westen leben, weil . . .

b. Ich möchte gern im Osten leben, weil . . .

c. Es ist mir egal, unter welchem System ich lebe, weil . . .

Viele Deutsche
sind gar nicht
„deutsch"

Lebensläufe aus Österreich und der Schweiz

Viele Deutsche sind gar nicht „deutsch"

1. Wie viele der abgebildeten Personen können Sie erkennen, ohne nachzuschauen? (Ihre Namen stehen in der Lösung auf S.131).

2. Können Sie zu jedem, den Sie kennen, etwas erzählen?

F

G

H

I

J

K

L

M

N

O

P

4. Wie heißt auf englisch . . .

das Chorwerk
der Chor
die Kammermusik
die Oper
protestantisch
das Postulat
die Religion
introvertiert
extravertiert
die Symphonie

der Philosoph
der Psychotherapeut
der Politiker
der Friedensnobelpreis
das Wunderkind
die Klavierkomposition
das Internationale Rote Kreuz
die Genfer Konvention
das Theaterstück
der Dramatiker

3. Beschreiben Sie die Fahnen möglichst genau in jeweils einem Satz.

Die Fahne Österreichs

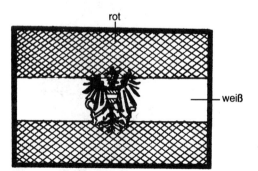
rot — weiß

Die Fahne der Schweiz

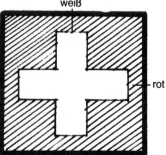
weiß — rot

Berühmte Personen und ihre Zukunft

Rot-Weiß-Rot[1]

1. 1571 komme ich zur Welt und werde schon 1594 Professor in Graz, wo ich die Lehren von Kopernikus studiere. 1612 werde ich dann nach Linz ziehen und dort die Geschwindigkeit und die Bewegung der Planeten beobachten. Später, im März 1618, finde ich das Gesetz der Planetenbewegung. 1630 werde ich in Armut sterben, aber mein Name wird weiterleben als Bezeichnung für die Gesetze, die ich gefunden habe.[2]

2. Die römisch-deutsche Kaiserin°, Königin von Ungarn und Böhmen und Erzherzogin° von Österreich, wird als Tochter Kaiser Karls VI. 1717 in Wien geboren. Sie wird während ihres Lebens zahlreiche Reformen auf dem Gebiet der Bildung, des Rechtswesens° und des Finanzwesens° durchführen. Im Krieg gegen Friedrich den Großen von Preußen[3] wird sie ihr Reich behalten. Zehn ihrer sechzehn Kinder überleben sie, darunter Marie Antoinette[4], spätere Königin von Frankreich. Sie stirbt 1780. — *empress* / *archduchess* / *justice* *finance*

3. Im Jahre 1762 schreibt er als sechsjähriges Wunderkind seine ersten Klavierkompositionen. Diese wird man 200 Jahre später noch immer spielen. Sein Vater Leopold und seine Schwester Nannerl machen bald mit ihm die ersten Konzertreisen. Später wird er Konzertmeister° am Hof in Salzburg. Die Opern „Figaros Hochzeit" und „Die Zauberflöte[5]" wird man als seine bekanntesten Opernwerke bezeichnen können. In Armut und Elend stirbt er im 36. Lebensjahr 1791 in Wien. — *concertmaster*

4. Ich erblicke 1797 in Wien als Sohn eines armen Lehrers das Licht der Welt. Mein Leben endet früh und mein Werk bleibt unvollendet: bis zu meinem Tod im 31. Lebensjahr werde ich Kammermusik, über 500 Lieder, Chorwerke und neun Symphonien geschrieben haben. In meiner Geburtsstadt werde ich 1828 sterben.

5. 1860 in Böhmen geboren, wird er später ein berühmter Dirigent und Komponist. 1907 reist er nach New York, wo er stürmischen Erfolg erlebt. Er hinterläßt zehn Symphonien. Seine Wiederentdeckung als Komponist beginnt um 1960 in Amerika, nachdem er nach seinem Tod im Jahr 1911 fast 50 Jahre lang vergessen sein wird.

6. 1873 komme ich in Wien zur Welt, 1929 sterbe ich in Rodaun (in der Nähe von Wien). Mein Freund Stefan George[6] wird mich in die Künstlerkreise einführen. Später schreibe ich

zahlreiche Gedichte und auch Libretti[7] für Richard Strauss[8]. Die bekanntesten sind „Elektra" und „Der Rosenkavalier".

7. Ich bin in Prag im Jahr 1875 geboren. Nach längeren Reisen nach Rußland, Paris und Italien werde ich zu einem der bekanntesten Lyriker° des frühen 20. Jahrhunderts. Nach meinem Tod im Jahr 1926 werden meine Gedichte immer mehr Einfluß auf andere Dichter ausüben.

poets

8. Dieser vielleicht bekannteste Deutsche der modernen Weltgeschichte ist tatsächlich ein Österreicher. 1889 in Braunau geboren, wird er zunächst Landstreicher°, dann Anstreicher° und später schließlich Politiker. 1939 wird er den größten Krieg beginnen, den die Menschheit kennt. Durch seine Schuld werden 6 Jahre später viele Millionen Menschen ums Leben gekommen sein. 1945 begeht er Selbstmord in Berlin.

hobo   painter

Helvetia[9]

9. Dieser Nationalheld° der Schweiz wird im Jahr 1307 zunächst einen Apfel vom Kopf seines Sohnes schießen und dann den bösen Landvogt° Geßler töten. Er gilt als einer der Begründer des Schweizer Staates. Schiller[10] wird ihn in seinem gleichnamigen Drama verewigen, Rossini in einer Oper mit einer berühmten Ouvertüre.

national hero

governor (of a royal province)

10. 1509 komme ich in Frankreich zur Welt. Als protestantischer Theologe wohne ich ab 1536 in Genf, wo ich als Prediger° meine eigene Religion begründe und sie anderen Menschen aufzwinge. Nach meinem Tod im Jahre 1564 übernehmen viele Schweizer meinen Glauben.

preacher

11. 1712 in Genf als Sohn eines Uhrmachers geboren, wird er 1741 nach Paris kommen und dort den Ruf eines der größten Philosophen der Weltgeschichte erlangen. Sein Postulat „zurück zur Natur" kennt fast jeder. Er schreibt ein berühmtes Buch über Erziehung, wird aber seine eigenen Kinder nicht erziehen können: er gibt sie ins Waisenhaus°. Er stirbt 1778 in Frankreich.

orphanage

12. 1819 bin ich in Zürich geboren. Zunächst studiere ich Malerei, dann werde ich Schriftsteller und verfasse den berühmten Roman „Der grüne Heinrich". Ich gelte als einer der wichtigsten Autoren des Realismus[11]. 1890 sterbe ich in Zürich.

13. Sie wird 1827 in der Nähe von Zürich geboren. Ihr Mädchenname ist J. Heußer. Sie zählt zu den größten Jugendschriftstellern. Ihr Roman „Heidi" wird später auf der ganzen Welt berühmt sein. Sie stirbt 1902 in Zürich.

14. 1820 komme ich in Genf als Erbe° eines großen Ver- *heir*
mögens zur Welt. Mein Lebenswerk ist die Arbeit zum Wohl
der Menschheit. Ich begründe das Internationale Rote Kreuz und
rege die Genfer Konvention[12] an. Ich erhalte den ersten
Friedensnobelpreis 1901. Mein Tod fällt ins Jahr 1910.

15. Er wird 1875 in Basel geboren. Später ist er Schüler
von Sigmund Freud und Psychotherapeut sowie Erfinder der
„Archetypen"[13] und Autor zahlreicher Werke. Er wird auch als
erster die Theorie der „introvertierten" und „extravertierten" *personality types*
Persönlichkeitstypen° formulieren.

16. Ich bin 1921 in Konolfingen (Schweiz) geboren und der
Verfasser von erfolgreichen Theaterstücken, darunter „Der Be-
such der alten Dame" (1956) und „Die Physiker" (1962).
Daneben werden Sie mich vielleicht auch als Maler und Essay-
ist kennen. Ich wohne in Neuchâtel und gelte als der größte
Schweizer Dramatiker. ■

Lösung

Bild	Beschreibung	von
E	3	Wolfgang Amadeus Mozart
N	7	Rainer Maria Rilke
B	1	Johannes Kepler
A	2	Maria Theresia
P	8	Adolf Hitler
F	4	Franz Schubert
K	6	Hugo von Hofmannsthal
G	5	Gustav Mahler
O	9	Wilhelm Tell
D	10	Johannes Calvin
H	14	Henri Dunant
I	16	Friedrich Dürrenmatt
J	15	Carl Gustav Jung
M	13	Johanna Spyri
C	11	Jean-Jacques Rousseau
L	12	Gottfried Keller

Moment mal! Wo sind die Frauen?

Only two of the 16 famous persons named above are women.
Why? Both Austria and Switzerland are, like Germany, traditionally patriarchal countries, from which it was difficult for a
woman to emerge to international fame. It was not until 1971, for
example, that a constitutional amendment in Switzerland allowed
women to vote in federal elections and to hold federal office.

ÜBRIGENS...

1. The colors of the Austrian flag are red-white-red.

2. The so-called Kepler's laws describe the motion of the planets.

3. Frederick II, called "The Great," was king of Prussia (1712-86). He invaded Maria Theresia's province of Silesia, thereby beginning the War of Austrian Succession (1740-48). In 1748 Silesia was surrendered to Prussia, but Maria Theresia retained her inherited empire.

4. Marie Antoinette (1755-1793), queen of France and wife of Louis XVI, was guillotined by the tribunal of the French Revolution.

5. "The Marriage of Figaro" and "The Magic Flute" are just two of many operas.

6. George (1868-1933) was an influential German lyric poet whose disciples formed the celebrated **Georgekreis.**

7. A libretto is the story and words that a composer sets to music.

8. Richard Strauss (1864-1949) was a German composer of orchestral works and operas.

9. *Helvetia* is the Latin name for Switzerland. The *Helvetii* were the ancient Swiss people.

10. Friedrich von Schiller (1759-1805) was a German author who ranks with Goethe and Lessing; he wrote the drama "Wilhelm Tell" in 1804. Rossini's opera is based on Schiller's drama.

11. **Realismus** is a period in 19th century literature.

12. The Geneva Convention, or Red Cross Convention, was held in Geneva in 1864 and established rules for the humane treatment of the sick or wounded in wartime. In April, 1929, and again in August 1949, the rules were revised in light of the events of two world wars.

13. Jung described human behavior as being influenced, perhaps even controlled, by certain *archetypes*.

Nomen

die **Armut** poverty
der **Anstreicher, -** painter *(of buildings)*
der **Begründer, -** founder
die **Bewegung, -en** movement
die **Bezeichnung, -en** designation, term
der **Dichter, -** author or poet
der **Dirigent, -en; -in** conductor
der **Einfluß, ̈sse** influence
das **Elend** misery, squalor
der **Erfinder, -** inventor
der **Erfolg, -e** success
die **Erziehung** education, upbringing
das **Gebiet, -e** field
das **Gedicht, -e** poem
die **Geschwindigkeit, -en** speed
das **Gesetz, -e** law
der **Glaube** faith, belief
der **Komponist, -en; -in** composer
die **Lehre, -n** lesson, teachings
die **Menschheit** humanity
die **Oper, -n** opera
das **Reich, -e** kingdom, empire
der **Ruf** reputation
der **Verfasser, -** author
das **Vermögen, -** fortune
das **Wohl** well-being

Verben

begründen found
behalten keep, retain
beobachten observe
bezeichnen designate, describe
durch·führen carry out, enact
erziehen educate, raise children
gelten be valid
gelten als be recognized as
töten kill
♦ **leben** live

> **überleben** survive
> **überleben** *(+ Akk.)* outlive someone
> **weiter·leben** live on
> **erleben** experience
> **langlebig** long-lived
> **kurzlebig** short-lived

Adjektive, Adverben etc.

bekannt well-known
berühmt famous
gleichnamig of the same name
unvollendet unfinished
zahlreich many, numerous

Ortsnamen

Basel Basle, *(Swiss city)*
Böhmen Bohemia *(part of Czechoslovakia)*
Genf Geneva *(Swiss city)*
Graz Graz *(Austrian city)*
Linz Linz *(Austrian city)*
Österreich Austria
Prag Prague *(Capital of Czechoslovakia)*
Preußen Prussia
die **Schweiz** Switzerland
Ungarn Hungary
Wien Vienna *(Capital of Austria)*
Note that Switzerland is called **die Schweiz** — a feminine noun that is always used *with* its definite article.

Wortschatz

WORT+ZUSAMMEN+SETZUNG

die Geburtsstadt, ¨e place of birth
  die Geburt + die Stadt

die Kammermusik chamber music
  die Kammer + die Musik

die Konzertreise, -n concert tour
  das Konzert + die Reise

der Künstlerkreis, -e artistic circle
  der Künstler + der Kreis

das Lebenswerk, -e life's work
  das Leben + das Werk

der Mädchenname, -n maiden name
  das Mädchen + der Name

der Selbstmord, -e suicide
  das Selbst + der Mord

die Weltgeschichte world history
  die Welt + die Geschichte

die Wiederentdeckung, -en rediscovery
  wieder + die Entdeckung

das Wunderkind, -er child prodigy, child genius
  das Wunder + das Kind

AUSDRÜCKE UND REDEWENDUNGEN

zur Welt kommen to be born
man kann etwas als . . . bezeichnen one can describe something
  as . . .
das Licht der Welt erblicken to first see the light of day, i.e., to
  be born
einen (stürmischen) Erfolg erleben to meet with (raving) success
jemand *(Akk.)* **einführen** to introduce someone *(into a group)*
Einfluß ausüben auf *(+ Akk.)* to have influence on
ums Leben kommen to be killed
jemand *(Dat.)* **etwas aufzwingen** to force something on someone
einen Ruf erlangen to gain a reputation
einen Roman verfassen to write a novel
etwas zählt zu something is counted among
im Laufe von in the course of
u.a. [unter anderem] among other things

Waren Ihre (Ur)Großeltern Schweizer oder Österreicher?

Meine Vorfahren kamen aus Österreich.	My ancestors came from Austria.
Ich habe Schweizer/ österreichische Vorfahren.	I have Swiss/Austrian ancestors.

Wann kamen sie nach Amerika?

Meine Familie emigrierte im neunzehnten Jahrhundert.	My family emigrated in the 19th century.
Meine Eltern kamen nach dem Krieg herüber.	My parents came over after the war.
Sie wohnten im Kanton Bern.	They lived in the canton of Berne.
Ihre Sprache nannten sie „Schwyzerdütsch."[1]	They called their language Swiss German.

Wie klingt dieses Schweizerdeutsch? Ist es wirklich deutsch?

Ja, aber es klingt völlig anders.	Yes, but it sounds totally different.

Und wenn man nichts versteht?

Ich verstehe kein Wort!	I don't understand a word!
Etwas langsamer bitte!	A little slower, please.
Es tut mir leid, ich kann nur hochdeutsch!	I'm sorry, I only know High German!
Entschuldigung, ich verstehe leider kein Schweizerdeutsch.	Excuse me, unfortunately I don't understand Swiss German.
Ich komme einfach nicht mit!	I just can't follow!

Aber einkaufen will man doch.

Und dazu braucht man weder Dollar noch D-Mark, sondern . . .

Sfr. und ö.S. (Schweizer Franken und österreichische Schillinge)[3]	Swiss francs and Austrian shillings

Was ist so besonders an diesen beiden Ländern?

Diese Länder sind neutral und blockfrei.[4]	These countries are neutral and non-aligned.

" ▬▬▬▬▬▬▬▬▬▬ "

1. **Schwyzerdütsch** is Swiss for **Schweizerdeutsch**, the language spoken in parts of Switzerland. The two other official languages of Switzerland are French and Italian.
2. The Swiss currency. 1 Franken equals 100 Rappen.
3. The Austrian currency. One Schilling equals 100 Groschen.
4. Nonaligned, i.e. they belong neither to the Warsaw Pact nor to NATO.

A Look up in the business section of a newspaper the current exchange rate for Austrian and Swiss currency; note the information in the spaces provided and use it in exercise C.

$1.00 = ungefähr SFr. _____
$\quad$ = ungefähr ö.S. _____

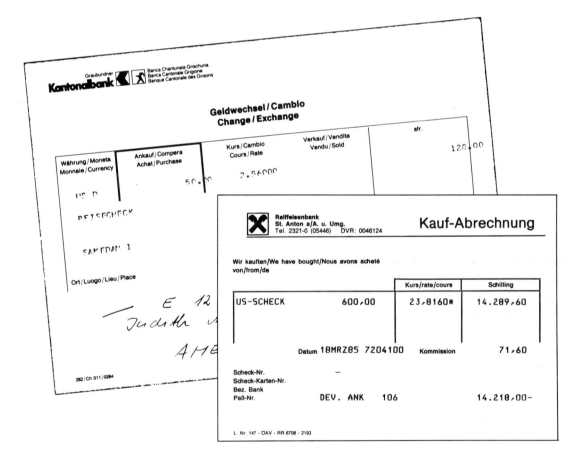

B Übersetzen Sie das Gespräch.

JOHANNA: Next summer we're going to Switzerland.

JENS: Really? Have you been there before?

JOHANNA: No, but my grandparents are Swiss. They still live there.

JENS: When did your parents come over?

JOHANNA: 1950.

JENS: Will you speak German with your family in Switzerland?

JOHANNA: If I can. It's really Swiss German. It sounds very different.

JENS: Good luck! By the way, what kind of money do they use there?

JOHANNA: Swiss francs, don't you know that? Swiss banks are world famous.

JENS: No, I don't know much about Switzerland at all — only that it's a neutral country.

C Read the following dialogue, completing the unfinished sentences with a sum of your choice to be changed. Take the exchange rate from the table you completed in Exercise A. Try acting out the completed dialogue with a classmate.

In der Wechselstube

ANGESTELLTER: Kann ich Ihnen behilflich sein?

TOURIST: Ja, ich möchte etwas Geld wechseln. Ich habe amerikanische Dollar, brauche aber sowohl Schweizer Franken als auch österreichische Schillinge.

ANGESTELLTER: Gut. Wie viele Dollar möchten Sie wechseln?

TOURIST: Ungefähr _____

ANGESTELLTER: Sollen das halb Schillinge, halb Franken sein?

TOURIST: Ja bitte. Wie ist heute der Kurs?

ANGESTELLTER: Sie sehen ja *(deutet auf die Tafel)*, für einen Dollar bekommen Sie _____ Franken

beziehungsweise _____ Schillinge.

TOURIST: Also, hier sind die _____ Dollar.

ANGESTELLTER: Vielen Dank. Und Sie bekommen von mir

_____ Franken und _____ Schillinge. Hier ist Ihr Beleg. Gute Reise!

TOURIST: Vielen Dank. Auf Wiedersehen!

A Richtig oder falsch? Wenn falsch, warum?

1. Gustav Mahler schrieb über 500 Lieder. _____

2. Mozart schrieb zehn Symphonien. _____

3. Johanna Spyri schrieb den berühmten Roman „Der grüne Heinrich". _____

4. Der Landvogt Geßler schoß den Apfel vom Kopf Tells.

_____

5. Die Gesetze der Planetenbewegung weiß man heute noch nicht. _____

6. Fast jeder kennt den Spruch „zurück zur Natur".

_____

7. Rousseau gab seine eigenen Kinder ins Waisenhaus.

_____

8. Carl Gustav Jung war eine extravertierte Persönlichkeit.

_____

9. Das bekannteste Werk Dürrenmatts ist „Heidi".

_____

B Was paßt wozu?

1. Wolfgang _____
2. Reformen _____
3. Lieder _____
4. zehn Symphonien _____
5. Anstreicher _____
6. Apfel auf dem Kopf _____
7. Religion _____
8. Zurück zur Natur _____
9. Realismus _____
10. Johanna Spyri _____
11. Genfer Konvention _____
12. Archetypen _____
13. Nationalheld _____

a. Gottfried Keller
b. Rousseau
c. Wilhelm Tell
d. Maria Theresia
e. Gustav Mahler
f. Franz Schubert
g. Nannerl
h. Adolf Hitler
i. Calvin
j. Heidi
k. Internationales Rotes Kreuz
l. Rossini
m. C.G. Jung

C Umschreiben Sie die folgenden Vokabeln, entweder mit einem deutschen Synonym oder mit einem erklärenden Satz.

1. die Armut _____

2. das Elend _____

3. die Erziehung _____

4. die Geschwindigkeit _____

5. die Komponistin _____

6. das Vermögen _____

7. der Mädchenname _____

8. das Wunderkind _____

9. die Geburtsstadt _____

10. beobachten _____

11. berühmt _____

12. zahlreich _____

D Ergänzen Sie die Lebensläufe mit drei Personen Ihrer Wahl.

Name _____

Geboren in _____

im Jahr _____

Ausbildung _____

Beruf _____

Besondere Leistungen _____

Gestorben _____

Name _____

Geboren in _____

im Jahr _____

Ausbildung _____

Beruf _____

Besondere Leistungen _____

Gestorben _____

Name _____

Geboren in _____

im Jahr _____

Ausbildung _____

Beruf _____

Besondere Leistungen _____

Gestorben _____

I. PREPOSITIONS

Grammatik

The lists below provide a quick overview of German prepositions and the case(s) they are used with.

Accusative	Dative	Accusative or Dative	Genitive
bis	aus	an	an(statt)
durch	außer	auf	trotz
entlang	bei	hinter	während
für	entgegen	in	wegen
gegen	gegenüber	neben	um . . . willen
ohne	mit	über	
um	nach	unter	
wider	seit	vor	
	von	zwischen	
	zu		

A preposition indicates relation of a noun or pronoun to some other word or words in the sentence. Prepositions usually *precede* the noun or pronoun, but some can *follow*. In German, all prepositions govern a specific case.

1. Accusative Prepositions
a. bis   until; as far as; by *(time)*

- Mozart lebte **bis** 1791.   Mozart lived *until* 1791.

- Heute fahren wir **bis** München.   Today we'll drive *as far as* Munich.

- **Bis** nächsten Januar werden wir fertig sein.   *By* next January we'll be ready.

Frequently **bis** is followed by another preposition; the second preposition then determines the case of the succeeding noun. If the object of the preposition is preceded by a **der-** or **ein-**word, another preposition *must* be used with **bis**.

• **Bis zu seinem** Tod schrieb Schubert über 500 Lieder.	Before his death Schubert composed over 500 Lieder.
• Er ging **bis an die** Ecke.	He walked as far as the corner.

b. durch   through; by

• Sie ging **durch** den Vorort.	She walked through the suburb.
• Spyri wurde **durch** ihren Roman „Heidi" weltberühmt.	Spyri was made world famous *by* her novel „Heidi."

c. entlang   along

• Der Zug fuhr den Rhein **entlang**.	The train traveled *along* the Rhine.

Note that **entlang** usually follows its object.

d. für   for

• Keplers Name lebte weiter als Bezeichnung **für** seine Gesetze.	Kepler's name lived on as the designation *for* his laws.

Für cannot be used everywhere English *for* occurs. It is almost never used in time phrases, for example.

• I'm here *for* the summer.	Ich bin **den ganzen** Sommer hier.
• I've known him *for* years.	Ich kenne ihn **seit** Jahren.

Many common verbal expressions like *look for* or *ask for* use an altogether different preposition in German.

• **Bitte den Kellner um** die Rechnung.	*Ask the waiter for* the check.
• Ich **suche** meine Schlüssel.	I'm *looking for* my keys.

e. gegen against; about *(time)*

- Im Krieg **gegen** Friedrich den Großen ist er ums Leben gekommen.

He lost his life in the war *against* Frederick the Great.

- Sie kam **gegen** zehn Uhr zu Hause an.

She arrived at home *about* ten o'clock.

f. ohne without

- Preußen ist **ohne** Friedrich den Großen unvorstellbar.

Prussia *without* Frederick the Great is unimaginable.

g. um around; at *(time)*

- Die Straße führt **um** das Opernhaus.

The road leads *around* the opera house.

- Mahler wurde **um** 1960 in Amerika wiederentdeckt.

Mahler was rediscovered *around* 1960 in America.

- **Um** elf Uhr bin ich da.

At eleven o'clock I'll be there.

Um *around* is frequently re-inforced by **herum,** which follows the noun.

- Er rannte um den See **herum.**

He ran *around* the lake.

h. wider against

- Er kam **wider** meinen Willen.

He came *against* my will.

Both **wider** and **gegen** mean *against*, but **wider** is generally used only in special idiomatic expressions; **gegen** is preferred for all other (in other words, most) cases. When in doubt, use **gegen.**

There are several contractions of accusative prepositions with the following definite article. Try to use these contractions, especially in spoken German. Doing so will help give your German an idiomatic sound.

an das	ans	in das	ins
durch das	durchs	um das	ums
für das	fürs		

A Using the cues, form complete sentences.

1. ich gehe durch / Park / bis zur Goethestraße

_____

2. dort will ich ein Buch für / mein Freund / kaufen

_____

3. ohne / er / ist das nicht leicht, weil er wenig liest

_____

4. ich finde ein Buch über / Krieg / gegen / Friedrich der

Große _____

5. auf dem Weg nach Hause gehe ich um / Park

_____

2. Dative Prepositions

a. aus   out of; from; made of

• Sie kommt gerade **aus** dem Theater.	She is just coming *out of* the theater.
• Mozart kommt **aus** Österreich.	Mozart comes *from* Austria.
• Der Ring ist **aus** Gold.	The ring is *made of* gold.

b. außer   except *(for)*, but *(for)*; besides, in addition to; beside

• **Außer** ihm lese ich kaum Lyriker.	*Except [but] for* him I hardly read any poets.
• **Außer** Keller kennt sie noch Dürrenmatt.	*Besides [in addition to]* Keller she knows Dürrenmatt.
• Er war **außer** sich vor Angst.	He was *beside* himself with fear.

c. bei   at; near; with; at the home of; while

• Er arbeitet **beim** Internationalen Roten Kreuz.	He works *at the* International Red Cross.
• Fritz wohnt **bei** der Oper.	Fritz lives *near* the Opera.
• Ich habe kein Geld **bei** mir.	I have no money *with* me.

- Bis zu seinem Tod wohnte er **bei** seiner Mutter.

Until his death he lived *with* [*at the home of*] his mother.

> When **bei** is used in the sense of *while*, it is always contracted and followed by a verbal noun (gerund).
>
> - Man singt nicht **beim Essen**.
>
>   One mustn't sing *while eating*.

d. entgegen   toward

- Renate kommt mir **entgegen**.

Renate is coming *toward* me.

e. gegenüber   across from (opposite)

- Peter sitzt seinem Bruder **gegenüber**.

Peter is sitting *opposite* his brother.

> Both **entgegen** and **gegenüber** usually follow the object, if it is a noun. They *must* follow if the object is a pronoun.

f. mit   with; by *(means of transportation)*

- Wir haben nach der Vorlesung **mit** dem Professor gesprochen.

After the lecture we talked *with* the professor.

- Sie fahren **mit** dem Schiff nach Amerika.

They are traveling *by* ship to America.

g. nach   to *(cities, neuter and masculine countries, direction)*; after; according to, in

- 1612 zog Kepler **nach** Linz.

In 1612 Kepler moved *to* Linz.

- **Nach** seinem Tod wurde er berühmt.

After his death he became famous.

- Meiner Meinung **nach** ist das Werk Jungs sehr wichtig.

According to my opinion Jung's work is very important.

> **Nach** used in the sense of *according to* (or *in*) often follows its object.

h. seit since, for *(both temporal)*

- **Seit** 1945 hat es in Europa keinen Krieg gegeben.

  Since 1945 there hasn't been a war in Europe.

- Ich kenne sie schon **seit** vielen Jahren.

  I have known her *for* many years.

The present tense is used with **seit** to describe an action that began in the past and has not yet come to an end.

i. von of; from; by

- Marie Antoinette war die Königin **von** Frankreich.

  Marie Antoinette was the queen *of* France.

- **Von** wem hat Mozart Klavier gelernt?

  From whom did Mozart learn piano?

- Die Oper „Der Rosenkavalier" ist **von** dem Komponisten Richard Strauss.

  The opera "Der Rosenkavalier" is *by* the composer Richard Strauss.

j. zu to; at; for

- Heute gehe ich **zum** Laden.

  I'm going *to the* store today.

- **Zu** Weihnachten essen wir immer Braten.

  At Christmas we always eat a roast.

- Heute abend sind wir nicht **zu** Hause.

  We won't be *at* home this evening.

- Er trinkt Kaffee **zum** Frühstück.

  He drinks coffee *for* breakfast.

While English *to* followed by a person is rendered in German by the dative case without any preposition (i.e. as an indirect object), English *to* with a verb expressing motion towards a person or a thing is expressed by **zu** with the dative case.

- Peter is giving money *to his brother*.

  Peter gibt **seinem Bruder** Geld.

- The child is *running to(ward) his mother*.

  Das Kind **läuft zu seiner Mutter**.

The following contractions occur with dative prepositions. These are, in fact, standard German and should be used both in speaking and writing.

bei dem	**beim**
von dem	**vom**
zu dem	**zum**
zu der	**zur**

A Describe a city, using the cues below to form complete sentences:

Kirche/gegenüber/Schule _____

Schule/aus/Stein _____

Straßen/aus/Asphalt _____

Kinder gehen/mit/ihre Eltern/zu/Schule _____

Häuser/mit/große Fenster _____

außer/die Kirche/wenige hohe Gebäude _____

viele Menschen/bei/Bahnhof _____

Autos fahren/von/alle Seiten _____

Bibliothek/gegenüber/die Bank _____

Die nächste Auffahrt zur Autobahn.

Der Autoreisezug. Das Angebot für clevere Autofahrer. Die bequemsten Routen in den Urlaub mit Verladebahnhöfen in vielen europäischen Ländern. Autoreisezüge fahren zu jeder Jahreszeit.

DB Die Bahn

3. Accusative or Dative Prepositions

These prepositions take the *accusative* when the verb indicates *motion toward a destination*; they take *dative* when the verb indicates a *location* or motion within a specified place. Further, if no motion is involved, the very general rule applies that (a) time expressions usually take dative and (b) purely idiomatic expressions often take accusative e.g., „**Das geht mir auf die** *(Akk.)* **Nerven**." - That gets on my nerves.

a. an   at *(adjacent)*; to; on *(vertical)*; about *(something)*

* Sie geht **an** das Fenster

    She is walking to the window.

* **Am** Fenster stehen Blumentöpfe.

    At the window there are flowerpots.

* Sein Bild hängt **an** der Wand.

    His picture is hanging on the wall.

An, auf, in, hinter, neben, über, unter, vor: Beschreiben Sie das Bild.

Note that when **an** means *about*, it takes the dative.

- Das Gute **an** der Schweiz ist ihre Neutralität. — The good thing *about* Switzerland is its neutrality.

- Was mir **an** Österreich am besten gefällt, ist das Essen. — The thing I like best *about* Austria is the food.

With expressions of time, **an** takes the dative.

- **Am Nachmittag** bin ich nicht hier, und **am Montag** gar nicht. — I won't be here *in the afternoon*, and not at all *on Monday*.

b. auf   on *(horizontal)*; on top of; to

- Er **setzt sich auf** den Stuhl. — He *is sitting down on* the chair.

- Er **sitzt auf** dem Stuhl. — He *is sitting on* the chair.

- Gisela geht seit September **auf** die Oberschule. — Gisela has been going *to* high school since September.

c. hinter   behind

- Sie **läuft hinter** den Baum. — She *is running behind* the tree.

- Sie **steht hinter** dem Baum. — She *is standing behind* the tree.

d. in   in(to); to

- Wir **gehen in** den Garten. — We *are going into* the garden.

- Wir **sind im** Garten. — We *are in* the garden.

- Heidi geht **in** die Kirche. — Heidi is going *to* church.

Note that, just as with **an**, expressions of time using **in** require the dative.

- **Im Sommer** fahren wir in die Schweiz. — *In the summer* we are going to Switzerland.

Motion within a specified place takes the dative.

- Sie geht **im** Büro auf und ab. — She is walking back and forth in the office.

e. neben beside, next to

- Sie **setzt sich neben** mich.   She *is sitting down next to* me.

- Sie **sitzt neben** mir.   She *is sitting beside* me.

f. über over, above; about, concerning

- Wir sprechen **über** die österreichische Politik.   We're talking *about* Austrian politics.

- **Er hängt** ein Schild **über** die Tür.   He *is putting* up a sign *over* the door.

- **Über** der Tür **hängt** ein Schild.   *Over* the door is a sign.

When **über** is used figuratively in the sense of *about* or *concerning*, it takes the accusative.

- Wir sprechen oft **über** dich.   We often talk *about* you.

g. unter under; among

- Der Hund **legt sich unter** den Tisch.   The dog *is lying down under* the table.

- Der Hund **liegt unter** dem Tisch.   The dog *is lying under* the table.

- Ich kenne niemand **unter** ihnen.   I don't know anyone *among* them.

h. vor before, (in front of)

- Er **fährt vor** das Haus.   He *drives up to the front of* the house.

- Vor dem Haus **steht** ein Baum.   *In front of* the house *is* a tree.

a) With expressions of time the dative is used.

- **Vor dem Essen** bin ich zurück.   I'll be back *before* we eat.

b) **Vor** in time expressions often has the idiomatic meaning *ago*.

- **Vor** vielen Jahren wohnte er in Wien.   He lived in Vienna many years *ago*.

i. zwischen   between

- Sie setzt sich **zwischen meinen Bruder und mich.**   She sits down *between my brother and me.*

- Sie sitzt **zwischen meinem Bruder und mir**.   She is sitting *between my brother and me.*

The following contractions occur frequently. Make an effort to use them when the occasion arises.

an das	ans
in das	ins
auf das	aufs
an dem	am
in dem	im

There are numerous verb phrases and special expressions that contain accusative/dative prepositions. Since neither the meaning nor the case is predictable, they need to be memorized. For example:

- glauben an (+ *Akk.*)   to believe in
- an der Reihe sein   to be next in line

A list of the most common such expressions can be found in Kapitel 10.

A Was ist wo? You are in a very messy kitchen trying to find things. Use the cues below to tell a partner, in complete sentences, where things are.

1. Brot/auf/Tisch _____

2. Tragetaschen/neben/Schrank _____

3. Einkaufsliste/auf/Boden _____

4. Äpfel/neben/Brötchen _____

5. ein Liter Milch/auf/Kühlschrank _____

6. Bratwurst/hinter/Käse _____

7. Butter/zwischen/die Bierflaschen _____

8. Joghurt/auf/Päckchen Wurst _____

9. Zigaretten/unter/Apfelsinen _____

B Wo soll es sein? Now tell your partner where to put things in order to clean the kitchen up. (*To put* is **stellen** if the object stands upright, and **legen** if it lies flat.)

4. Genitive Prepositions

a. (an)statt instead of

- **(An)statt** einer Oper sehen wir ein Schauspiel.

  Instead of an opera we'll see a play.

b. trotz in spite of

- **Trotz** seines kurzen Lebens komponierte Schubert viele Lieder.

  In spite of his short life Schubert composed many songs.

c. während during

- **Während** ihrer Regierung führte Maria Theresia viele Reformen durch.

  During her reign Maria Theresia carried out many reforms.

d. wegen on account of, because of

- Kepler wurde berühmt **wegen** seiner Gesetze.

  Kepler became famous *on account of* his laws.

a) In *colloquial* German these prepositions also sometimes occur with the dative.

- **Trotz seinem** kurzen Leben . . .

b) **Wegen** may precede or follow the object.

- . . . **seiner Gesetze wegen.**

See also Kapitel 2 under "Personal and Indefinite Pronouns" for **meinetwegen** etc.

e. um . . . willen for the sake of (*occurs only in a few idioms*)

- **Um** Himmels **willen**, sei doch ruhig!

  For heaven's *sake*, be quiet!

Below is a list of other genitive prepositions that occur somewhat less frequently.

außerhalb	outside of
innerhalb	inside of
oberhalb	above
unterhalb	below
diesseits	on this side of
jenseits	on that side of

- **Innerhalb** der Stadt Wien ist viel Verkehr.

  Inside the city of Vienna there is a lot of traffic.

- **Jenseits** des Flusses liegt eine Stadt.

  On the other side of the river there is a city.

Note that a preposition governing a relative pronoun always immediately precedes it, and that the relative pronoun must take the case required by the preposition being used.

- **Mit wem** bist du ausgegangen?

  With whom did you go out?

- Der Roman, **von dem** ich spreche, wurde vor Jahren geschrieben.

  The novel *of which* I'm speaking was written years ago.

- Die Stadt, **in der** Dürrenmatt wohnt, heißt Neuchâtel.

  The city *in which* Dürrenmatt lives is Neuchâtel.

A Bilden Sie mit den angegebenen Wörtern vollständige Sätze.

1. Anstatt/eine Stelle/ich/wollen/studieren

_____

2. Trotz/der Ärger/mit/das Geld/ich/das/vorhaben

_____

3. Während/mein Studium/ich/können/teilzeitig/arbeiten

_____

4. Meine Wohnung/liegen/außerhalb/die Stadt/und/sein/billig

_____

5. Wegen/ein Auto/machen/ich/mir/keine Sorgen

_____

6. Während/der Sommer/ich/laufen _____

7. Während/der Winter/ich/fahren _____

8. Wegen/diese Pläne/sein/meine Eltern/froh

_____

9. Innerhalb/die nächsten fünf Jahre/ich/werden/viel lernen

_____

B Ergänzen Sie die folgenden Sätze jeweils mit der richtigen Form der Wörter in Klammern.

Letztes Jahr waren wir in _____ (die Hauptstadt)

Österreichs, in Wien. Wir hatten lange von _____ (diese Reise) geträumt! Wir fuhren Anfang Juli mit

_____ (unsere Eltern) zusammen und blieben bis

zu _____ (der Herbst) da. Mensch, war das schön!

Mit _____ (das Wetter) hatten wir allerdings etwas

Pech, aber trotz _____ (der Regen) haben wir wirklich alles gesehen. Wir waren vor allem sehr oft in

_____ (die Innenstadt). Während _____ (der Sommer) machten wir dann auch einen langen Ausflug

nach Salzburg, _____ (die Geburtsstadt) Mozarts,

zu _____ (die berühmten Salzburger Festspiele).

Die Reise nach Hause geschah nur gegen _____ (mein Wille)! Wegen _____ (das gute Essen),

_____ (die Landschaft) und _____ (die net-

ten Menschen) würde ich jederzeit gern in _____ (dieses Land) wohnen!

C Ergänzen Sie jetzt diese zweite Geschichte in derselben Weise.

Ich war während _____ (die letzten Ferien) in

_____ (die Schweiz). Bevor ich über _____ (die Grenze) fuhr, hatte ich an _____ (meine

Sprachkenntnis *[Dat.]*) keinen Zweifel. Aber innerhalb

_____ (eine Stunde) war das vorbei. Plötzlich verstand ich nichts; alles ging ohne _____ (ich)! Ich war außer _____ (ich)! Ich ging _____ (die Hauptstraße) entlang, kam in _____ (der Bahnhof), und bat um _____ (eine Auskunft). Ich konnte aber von _____ (die Antwort) höchstens jedes fünfte Wort verstehen. Hinter _____ (ich) schimpften Leute, weil ich so langsam war. Der Beamte hinter _____ (der Schalter) grinste. Neben _____ (ich) standen zwei Schweizer und rollten die Augen. Es war furchtbar! Auch nach mehreren Tagen hatten sich meine Ohren nicht an _____ (diese Sprache) gewöhnt. Seit _____ (jene Reise) bin ich unsicher, ob ich je wieder in _____ (ein deutschsprachiges Land) Urlaub machen will. Vielleicht fahre ich in _____ (der kommende Sommer) auf _____ (die Britischen Inseln).

D Übersetzen Sie die folgenden Texte ins Deutsche.

1. Mozart was a child genius. He lived for music. And through his music he became world famous. But the times were against him. He spent many years without a paying position. He lived in poverty. He died around the end of the year 1791, shortly before his thirty-sixth birthday.

2. Mahler, like Mozart, was also an Austrian. He traveled to New York in 1907. There he met with [erlebte] great success. By his death in the year 1911 he had written ten symphonies. Fifty years after his death, his music was rediscovered.

3. Heidi, in the book of the same name, is an orphan who lives with her grandfather in the Alps. Later she lives in the city in her uncle's house. She can't be happy in the city, and finally returns to the mountains. The book _Heidi_ is famous around [auf] the whole world. It is by Johanna Spyri, who is recognized as one of the greatest authors of juvenile books.

E Often articles can be omitted in prepositional phrases. The noun is still governed by the required case. Are the boldfaced nouns in the following phrases in the dative or accusative case?

1. in **Armut** leben _____

2. ein Buch von **Gottfried Keller** _____

3. Menschen ohne **Einfluß** _____

4. eine Frau mit **Erfolg** _____

5. wir sind für **Erziehung** _____

6. an **Selbstmord** denken _____

7. ich verstehe viel von **Kammermusik** _____

8. er starb ohne **Vermögen** _____

9. nach **Wien** ziehen _____

10. bis **Monatsende** bitte bezahlen _____

11. kurz nach **Kriegsende** gestorben _____

F Ergänzen Sie die Artikel bzw. die Endungen in der folgenden Geschichte.

Vor viel _____ Jahr _____ lebte ich in _____ Nähe von Bern. Ich ging oft in _____ Stadt, spazierte an _____ Ufer der Aare entlang oder lief durch _____ Stadtpark. Jenseits _____ Park _____ wohnte ich in _____ klein _____ Zimmer. In _____ Zimmer gegenüber wohnte ein alter Mann, mit dem ich mich oft unterhielt. Wir waren beide allein in _____ Stadt. Wir gingen oft zusammen in _____ Oper oder in _____ Bibliothek. Gegenüber unser _____ Haus war ein kleines Café zwischen _____ groß _____ Häuser _____, da konnte man spät abends nach _____ Kino immer einen Kaffee bekommen. Ich denke gern an _____ Zeit zurück.

G Schauen Sie sich in Ihrem Klassenzimmer um. Bilden Sie einfache Sätze, die das Zimmer beschreiben. Gebrauchen Sie die folgenden (und weitere) Nomen und Präpositionen.

> BEISPIEL: Hefte/unter, auf, neben
> Die Hefte sind auf dem Schreibtisch.
> Neben den Heften sind meine Bücher.
> Unter dem Tisch liegen noch mehr Hefte.

1. Fenster/links von, rechts von, vor, neben
2. Schreibtisch/bei, um, zwischen
3. Die Tafel/an, vor, gegenüber
4. Die Studentin/hinter, neben, zwischen, vor

II. FUTURE AND FUTURE PERFECT

1. Future

The future tense is used primarily to express events taking place in the future. Remember, however, that in conversation and informal writing, the present tense is usually substituted for the future. This is especially true with an adverb indicating future.

- **Morgen werde** ich nach Zürich **fahren.**
- **Morgen fahre** ich nach Zürich.

Tomorrow I'll travel to Zurich.

The future tense is also used to talk about the probability of something happening in the future, especially with adverbs like **bestimmt, hoffentlich, sicher, vielleicht, wahrscheinlich,** and **wohl.** However, probability in the future can also be expressed with these adverbs plus the present tense.

- Er **wird** wohl **bald ankommen.**
- Er **kommt** sicher **bald an.**
- Er **kommt** wohl **bald an.**

He'll probably *arrive soon.*

The future is formed by combining the present tense of the verb **werden** with the infinitive of the main verb. The infinitive is placed at the end of the clause.

Note the variety of ways in which both a future event and the probability of such an event can be expressed with the aid of adverbs indicating future.

2. Future Perfect

The future perfect tense is used to talk about future events that will be completed before a specific time or occurrence in the future. (The present perfect plus an adverb indicating future is often substituted, however.)

- **Nächste Woche wird** er uns **geschrieben haben**.

  By next week he *will have written* to us.

- **Bis Freitag wird** er **zurückgekehrt sein**.

  By Friday he *will have returned*.

- **Bis Donnerstag abend habe** ich alles **getippt**.

  By Thursday night I *will have typed* the whole thing.

Another use of the future perfect is to talk about the probability of an event having taken place. This is generally done with adverbs like those used for probability of a future event.

- Sie **werden wohl** lange **gearbeitet haben**.

  They *probably worked* for a long time.

- Sie **wird wahrscheinlich** schon hier **gewesen sein**.

  She *probably was* here already.

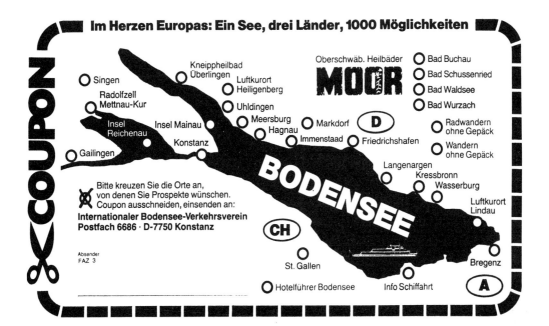

Im Herzen Europas: Ein See, drei Länder, 1000 Möglichkeiten

Singen
Radolfzell
Mettnau-Kur
Insel Reichenau
Gailingen
Insel Mainau
Konstanz
Kneippheilbad Überlingen
Luftkurort Heiligenberg
Uhldingen
Meersburg
Hagnau
Markdorf
Immenstaad
Friedrichshafen
Langenargen
Kressbronn
Wasserburg
Luftkurort Lindau
Bregenz

Oberschwäb. Heilbäder
MOOR
Bad Buchau
Bad Schussenried
Bad Waldsee
Bad Wurzach
Radwandern ohne Gepäck
Wandern ohne Gepäck

D

CH
St. Gallen
Hotelführer Bodensee
Info Schiffahrt

A

BODENSEE

Bitte kreuzen Sie die Orte an, von denen Sie Prospekte wünschen. Coupon ausschneiden, einsenden an:
Internationaler Bodensee-Verkehrsverein Postfach 6686 · D-7750 Konstanz

Absender
FAZ 3

COUPON

The future perfect is formed by combining the present tense of the verb **werden**, the past participle of the main verb plus the infinitive of **haben** or **sein**. Note that this corresponds to English (where it is also very rarely used.)

A You are thinking about your future and what you might like to study or become. Form sentences in the future to indicate your plans. Form sentences in the future perfect to indicate what you hope to have done by some specified time in the future. Use the suggestions below, or ideas of your own.

BEISPIEL: *Future*
Ich werde Medizin studieren und dann Tierarzt werden.

Future perfect
In acht Jahren werde ich Tierarzt geworden sein.

Europa besuchen	in Deutschland studieren
um die Welt reisen	ein eigenes Haus kaufen
Rechtsanwalt/Rechtsanwältin werden	ein Restaurant eröffnen

B You are a fortuneteller living at the time of Mozart's birth. Based on the sentences below, and using the future perfect tense, tell what will have happened by the year 1791, the year of Mozart's death.

1. Den Namen Wolfgang Amadeus Mozart hört jeder.
2. Mozart schreibt schon als sechsjähriges Kind Kompositionen.
3. Seine Schwester spielt mit ihm das erste Duett.
4. Sein Vater macht mit ihm die ersten Konzertreisen.
5. Leopold Mozart sieht, daß sein Sohn ein Genie ist.
6. Das Leben Wolfgangs ist aber nicht einfach.
7. Die Symphonien 39, 40 und 41 hört er selber nicht.
8. Seinen Freund Haydn sieht er 1791 zum letzten Mal.
9. Bis 1789 macht er große Schulden.
10. Das Requiem ist sein letztes Werk.

A Beschreiben Sie eine berühmte Person in drei Sätzen oder Satzteilen. Geben Sie Geburtsort und -jahr an, etwas über die Person oder ihre Leistungen und das Sterbejahr. Wissen Sie sonst noch etwas dazu?

> BEISPIEL: Franz Schubert wurde 1797 in Wien geboren; er schrieb viele Lieder und starb im Jahr 1828. Er war der Sohn eines armen Lehrers.

Wählen Sie dafür

Mozart	Johannes Kepler
Hitler	Franz Schubert
Wilhelm Tell	C.G. Jung
Jean-Jacques Rousseau	Sigmund Freud
Gustav Mahler	Henri Dunant
Hugo von Hofmannsthal	Marie Antoinette

. . . oder andere bekannte Persönlichkeiten, die Sie kennen.

B Bilden Sie zwei Gruppen. Jemand aus der ersten Gruppe nennt eine der folgenden Vokabeln. Jemand aus der zweiten Gruppe reagiert darauf mit einer sinnvollen Assoziation. Gruppe 2 wählt dann weiter.

> BEISPIEL: 1. Gruppe: Der Komponist
> 2. Gruppe: Brahms
> 2. Gruppe: Chorwerk
> 1. Gruppe: Beethovens Neunte.

MÖGLICHE VOKABELN:

das Chorwerk	die Oper	Österreich
der Erfinder	der Planet	ein berühmter Schweizer
das Gedicht	die Symphonie	meine Lieblingsstadt
das Wunderkind	der Roman	Frankreich
die Weltgeschichte	der Philosoph	die Religion
die Psychotherapie	die Oper	meine Lieblingsmusik

C You are a group of students touring Europe. You are quite proud of your German until you reach Switzerland. How do you react when you understand almost nothing of what is being said? A tour guide admits that he also speaks high German but insists, since you are in Switzerland, on speaking Schweizerdeutsch. What arguments can you use to politely persuade him otherwise, being careful not to offend him?

D Wieviel wird das in ö.S. kosten? Wie viele Schweizer Franken?

$1.00 =   ö.S.   =   SFr.

(Look up the current exchange rate in a daily newspaper).

1. Der Pulli kostet in der Schweiz _____ und in Österreich _____ .

2. Die Stifte kosten in der Schweiz _____ und in Österreich _____ .

3. Die Eintrittskarten zur Oper kosten in der Schweiz _____ und in Österreich _____ .

4. Die Sonnenbrille kostet _____ und in Österreich _____ .

5. Die Schokolade kostet _____ und in Österreich.

6. Das Haus kostet _____ und in Österreich _____ .

7. Die Stiefel kosten _____ und in Österreich _____ .

E Choose one of the two writing assignments below.

1. Choose any one of the figures mentioned in this chapter, and write a half-page biography of her/him in German. Use an encyclopedia, if you wish, and see whether you can roughly translate the biographical facts into written German.

2. Choose a prominent figure from the current national cultural/political scene. Compose a half-page biography compiling whatever facts you know about her/his life.

F One student assumes the role of a given famous person and begins to describe him/herself. How many sentences are necessary before the rest of the class can guess the identity?

Ich will
anders leben

Alternative Lebensformen

Ich will anders leben

The texts and pictures in this chapter contain terms and expressions commonly used in the context of an alternative life style. This list will help you understand what is going on.

neinsagen   to say no

nicht mehr mitmachen   not to go along anymore

aussteigen   to drop out (*lit.*: to climb out)

kein Mitläufer sein   not to be a conformist

aus der Reihe tanzen   to step out of turn, not fit the mold

abweichen   to deviate from the norm

Widerstand leisten   to oppose, resist

anders sein, anders leben   to be different, have a different life style

Was kann man dagegen tun?   What can one do about/against it?

aufmucken (*slang*)   to protest

protestieren   to protest

der Protest, -e   protest

demonstrieren   to demonstrate

die Demonstration, -en   demonstration

der Demonstrant, -en   to demonstrator

1. What caption might you find under this photo in a conservative newspaper? What caption might it carry in a progressive or alternative publication?

2. What might be said to describe such a picture? Would you expect positive or negative descriptions? Compose about five sentences giving (a) a negative, offended impression, and five sentences giving (b) a positive, supportive description.

Fragen zum Thema

Stellen Sie zusammen an der Tafel zu den folgenden Fragen eine Liste auf.

1. Wozu sagen Sie oft nein?

2. Wollen Sie manchmal nicht mehr mitmachen? Denken Sie daran auszusteigen? Warum? Oder warum nicht?

3. Wogegen kann man Widerstand leisten?

4. Haben Sie schon einmal an einer Demonstration teilgenommen? Wenn ja, wann und warum? Wenn nein, warum nicht?

Es geht auch anders!

Was bedeutet es, anders zu leben, als die Gesellschaft es von einem erwartet? Es gibt viele Ausdrücke im Deutschen für diesen Wunsch, anders zu leben, weil viele Deutsche aller Altersstufen° *age groups* Alternativen suchen. Alternativen wozu? Nicht nur zum bürgerlichen° Leben, in dem alle ordentlich gekämmt sind, sich gut *bourgeois* benehmen und „ja" sagen. Durch schlechtes Benehmen°, Jeans und *behavior* lange Haare ist noch nicht viel erreicht. Vielmehr versucht man, in allen wesentlichen Lebensbereichen° alternativ zu denken. Das *areas of life* zeigt sich täglich in der deutschen Presse. ■

Alternativen zum Leistungsdenken

„Wie kein anderes Schlagwort hat das Wort Frieden sich voll-
gesogen° mit durchaus individuellen Lebensbedürfnissen. In
Frieden gelassen zu werden, das heißt, keinem Streß, keinem
Leistungszwang unterworfen° zu sein, Freiheit als Freizeit zu
erleben, keine überflüssigen° Konventionen und Bindungen°
anzuerkennen, heißt einfach leben und bei alledem nicht einsam sein . . . Frieden ist das Wunschbild° einer sanften Kultur,
die die Menschen in Ruhe wiegt°, anstatt sie immer neuen
Herausforderungen, Anpassungszwängen und Machtkämpfen°
auszusetzen. Das darf . . . nicht nur ein Traum sein. Der Friede
auf Erden ist eine politische Herausforderung . . . hier und
jetzt: Macht Schwerter zu Pflugscharen[1]!" ■

soaked up

to be subject to
superfluous   obligations

ideal
rocks
power struggles

(leicht veränderter Auszug aus *Frankfurter Allgemeine Zeitung* vom 10. September
1983)

Alternativen zur Rüstung

„Es ist schon ein gutes Gefühl, so viele Menschen für die gute
Sache auf die Straße zu bringen . . . . Josef Leinen, der Sprecher
der Friedensbewegung,[2] hat dafür das Zauberwort geprägt: ‚Wir
werden dieses Land unregierbar° machen!' . . . . Tatsächlich ist
das Selbstbewußtsein der Pazifisten in kurzer Zeit drangvoll°
gewachsen. Es werden mehr als eine Million, vielleicht sogar
drei Millionen Menschen . . . . in den Städten und auf dem
Lande demonstrieren, Kasernen° und Raketenarsenale° blok-
kieren. Sie gehören allen Klassen und Parteien an, lassen sich
nicht nach Alter und Konfession° eingrenzen—eine breite, un-
berechenbare Volksbewegung, die an der ehernen° Logik von
Macht- und Rüstungspolitik° irre geworden ist." ■

ungovernable
powerfully

army bases   missile
*   arsenals*
religion
iron
defense politics

(Auszug aus *Die Zeit* vom 21. Oktober 1983)

Frieden schaffen ohne Waffen!

**Entweder schaffen wir die Rüstung ab — oder
die Rüstung schafft uns ab!**

Alternativen in der Energieversorgung und Umweltverschmutzung

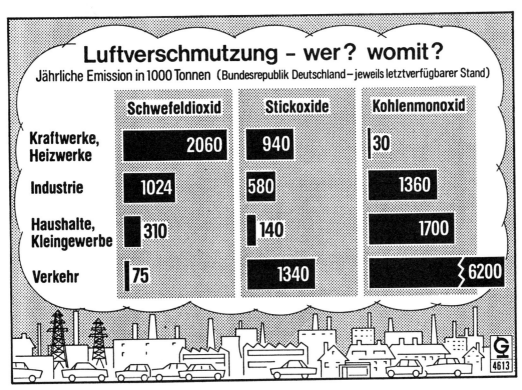

Luftverschmutzung – wer? womit?

Jährliche Emission in 1000 Tonnen (Bundesrepublik Deutschland – jeweils letztverfügbarer Stand)

	Schwefeldioxid	Stickoxide	Kohlenmonoxid
Kraftwerke, Heizwerke	2060	940	30
Industrie	1024	580	1360
Haushalte, Kleingewerbe	310	140	1700
Verkehr	75	1340	6200

GIFTIGE GASE UND SAURER REGEN. Kohlenmonoxid, Schwefeldioxid° und Stickoxide wirken in höherer Konzentration als Gifte. Schwefeldioxid verbindet sich mit Luft und Wasser zu Schwefelsäure und verursacht° so den sauren Regen. Dieser wiederum° steht in dem Verdacht, die Hauptursache für das Baumsterben zu sein.

sulfur dioxide

causes
in turn

(Auszug aus *Süddeutsche Zeitung* vom 5./6. März 1983)

„Im Zeichen° des teuren Öls wird eine alte Errungenschaft° wiederentdeckt: der sogenannte Holzgaskocher, bei dem Holz für die Energie sorgt, die das Fahrzeug antreibt°.³ 1940 gab es in Deutschland etwa 500.000 Fahrzeuge, die mit Holz gefüttert wurden. Heute sind in Europa zwar erst zehn Fahrzeuge dieser Art im Einsatz°, aber ihre Zahl steigt, zumal° man ihre Sparsamkeit auch in der Landwirtschaft° entdeckt. Mit einer ‚Tankfüllung' erreicht man immerhin eine Arbeitsleistung von zwei Stunden." ■

as a result of   device

propels

in use   especially since
agriculture

(Auszug aus *Scala* vom Juni 1982)

Ich will anders leben **167**

Alternativen zur Haftstrafe

„Immer mehr Bundesländer geben in jüngster Zeit° verurteilten Straftätern°, die ihre Geldstrafen nicht zahlen können und deshalb eigentlich eine Freiheitsstrafe absitzen müßten, die Möglichkeit, ersatzweise gemeinnützige° Arbeit zu leisten. . . . Angesichts° der überfüllten Gefängnisse und der überall angespannten Haushaltslage° erinnerten sich mehrere Bundesländer einer Initiative des Stadtstaates Hamburg. Hier konnten Straftäter, die ihre Strafe nicht zahlen konnten, schon seit 1969 wählen, ob sie lieber Friedhöfe° pflegen oder Stadtparks hegen° wollen. . . . In den letzten Monaten sind mehrere Bundesländer auf breiter Front° dem Beispiel Hamburgs gefolgt." ■

prison sentence
recently
convicted lawbreakers

useful for the community
in view of
budget situation

cemeteries   care for

on a large scale

(leicht veränderter Auszug aus *Die Zeit* vom 14. Oktober 1983)

Alternativen in der Freizeitgestaltung

„Unweit der bayrischen Grenze in Vielbrunn-Bremhof hat eine Münchnerin in einem alten Forsthaus eine Werkstatt° für kreative Freizeitgestaltung eingerichtet°. Liselotte Hirt bietet Kurse für Spinnen, Weben, Wollefärben°, Batik, Stoffdruck°, Keramik, Vollwertkost°, Wildkräuterküche° und Brotbacken an. . . . Hinweise auf wertvolle Nährstoffe° in Wildpflanzen werden in einem Kurs geboten. . . . Beim Kurs „Brotbacken" werden Hefe und Sauerteigbrot, Fladen°, Knäckebrot, Brötchen und Kuchen gebacken. . . . Handgesponnene Wolle wird nach alten Rezepten licht- und waschecht° gefärbt. Hierzu werden heimische Pflanzen gesammelt. Auch auf Webrahmen° und Webstühlen wird gearbeitet. . . . Frau Hirt sieht ihre Arbeit nicht als Konkurrenz zur Arbeit der Volkshochschule des Kreises°. Im Gegenteil, sie soll eine Ergänzung hierzu sein und neue Kursgebiete erschließen°." ■

leisure activities

studio
set up
dying wool   printing fabric
natural foods   cooking
with wild herbs   nutrients

flatbread

colorfast
looms

district

introduce

(Auszug aus *Odenwälder Heimatzeitung* vom 13. April 1982)

Als „alternativ" gelten auch die vielen Menschen, die in Wohngemeinschaften° leben, die „Ehepartner", die zusammen leben, ohne „auf dem Papier" zu heiraten und die Eltern, die sich entschließen, ihre Kinder in eine nicht traditionelle, „anti-autoritäre" Schule zu schicken. Auch die traditionellen Schulen denken alternativ: besondere Textbücher für die mehr als 28.000 türkischen Kinder in den deutschen Schulen werden jetzt hergestellt, und seit 1985 wird Türkisch in allen deutschen Schulen als Fremdsprache unterrichtet.

communes

Parlamentarier ohne Schlips und Kragen: Grüne Politiker denken nicht nur anders, sie kleiden sich auch anders.

Viele alternative Denker unterstützen die politische Partei der „Grünen", die seit März 1983 im deutschen Bundestag ihren Platz hat. Die Grünen stehen für Umweltschutz°, Pazifismus, Abrüstung° und überhaupt für Alternativen zur alten Ordnung.

environmental protection
disarmament

Wer alternative Lebensformen sucht, wagt, von der Mehrheit abzuweichen und anders zu sein. „Anders" heißt nicht besser und nicht schlechter, sondern eben, daß man den Status quo kritisch betrachtet und bereit ist, ihn zu ändern. Das ist vielleicht besonders wichtig in Deutschland, wo während des Dritten Reichs viele „brave"° Bürger sich der Diktatur angepaßt haben. Wenn man sich über diese historische Epoche äußert, benutzt man oft abschätzige Wörter wie: Anpasser, Mitläufer, Radfahrer[4], Mitmacher, Konformist. Man meint damit: niemand soll sich blindlings an den Status quo gewöhnen, nur weil er so ist. Sondern man muß immer fragen: was könnte man tun, um es besser und menschenfreundlicher zu machen? ∎

"good", docile

Ich soll mich nicht gewöhnen

Erich Fried

Ich soll nicht morden
ich soll nicht verraten
Das weiß ich
Ich muß noch ein Drittes lernen:
Ich soll mich nicht gewöhnen

Denn wenn ich mich gewöhne
verrate ich
die die sich nicht gewöhnen
denn wenn ich mich gewöhne
morde ich
die die sich nicht gewöhnen
an das Verraten
und an das Morden
und an das Sich-gewöhnen

Wenn ich mich auch nur an den
Anfang gewöhne
fange ich an mich an das Ende zu gewöhnen.

ÜBRIGENS. . .

1. "Beat swords into plowshares" is a Biblical reference (Isaiah 2:4), which has become a popular slogan of the peace movement.

2. This article was written when the West German peace movement, which has been gaining strength ever since the mid-1960s, reached a highpoint in its 1983 protest of U.S. deployment of missiles in West Germany. The deployment did take place, despite massive protests.

3. During World War II, when gasoline was scarce or totally unavailable, many a German vehicle was equipped with a wood-burning stove attached to the hood, which powered the motor.

4. "Bicycle rider," metaphorical expression for someone who bows to those above him, and kicks or steps on those below him. In German: „Nach oben buckeln, nach unten treten."

Lieber heute aktiv, als morgen radioaktiv!

Spaltet Holz und keine Atome!

Nomen

die **Alternative, -n** alternative
der **Anpasser, -** conformist, one
  who adapts
der **Ausdruck, ⁚e** expression
das **Benzin** gasoline
die **Diktatur, -en** dictatorship
die **Ergänzung, -en** complement
der **Friede(n)** peace
die **Gesellschaft, -en** society
die **Herausforderung, -en**
  challenge
die **Konkurrenz, -en** competition
der **Mitläufer, -** conformist; one
  who runs with the crowd
der **Mitmacher, -** conformist;
  one who goes along with things
  as they are
die **Möglichkeit, -en** possibility
die **Partei, -en** political party
die **Rüstung** armament
die **Sparsamkeit** economy, frugality
der **Sprecher, -** speaker
der **Streß** stress

Verben

ab·weichen differ, deviate
an·erkennen give recognition to
sich äußern speak, express an
  opinion
aus·steigen get out; (fig.: drop
  out)
sich benehmen behave
betrachten look at, regard
blockieren block
demonstrieren demonstrate
ein·grenzen narrow down, define
entdecken discover
sich entschließen decide
erleben experience
erreichen achieve, reach
erwarten expect
füttern feed
sich gewöhnen an (+ Akk.) get
  used to

♦ **stellen** put, place, set

> **her·stellen** manufacture,
> produce
> **ab·stellen** switch off
> **aus·stellen** exhibit
> **bestellen** order
> **hin·stellen** put down, set
> down
> **sich** (Dat.) **vor·stellen**
> imagine
> **vor·stellen** (+ Akk.)
> introduce
> **weg·stellen** put away

heiraten marry
leisten achieve
mit·machen participate
pflegen take care of
sammeln gather, collect
unterstützen support
wagen dare
wählen choose, vote

Adjektive, Adverben etc.

abschätzig disparaging, degrading
angespannt strained, tense
brav good, i.e., well-behaved
ersatzweise as a substitute
heimisch local, indigenous
menschenfreundlich humane
sanft gentle
täglich every day, daily
tatsächlich actually, in fact
unberechenbar unpredictable
ungefähr approximately
unweit (+ Gen.) not far from
verurteilt condemned, sentenced
wertvoll valuable
wesentlich essential

WORT+ZUSAMMEN+SETZUNG

der Anpassungszwang, ¨e pressure to conform
    die Anpassung + der Zwang

die Geldstrafe, -n fine
    das Geld + die Strafe

das Lebensbedürfnis, -se necessity of life
    das Leben + das Bedürfnis

das Leistungsdenken achievement mentality
    die Leistung + das Denken

der Leistungszwang, ¨e pressure to achieve
    die Leistung + der Zwang

das Selbstbewußtsein self-confidence
    das Selbst + das Bewußtsein

die Tankfüllung, -en a tankful (of gas)
    der Tank + die Füllung

die Umweltverschmutzung, -en environmental pollution
    die Umwelt + die Verschmutzung

der Umweltschutz environmental protection
    die Umwelt + der Schutz

die Volksbewegung, -en people's movement
    das Volk + die Bewegung

das Zauberwort, ¨er magic word
    der Zauber + das Wort

AUSDRÜCKE UND REDEWENDUNGEN

etwas zeigt sich something manifests itself, is evident
jemand *(Akk.)* **etwas** *(Dat.)* **aus·setzen** to expose or leave some-
    one at the mercy of something
ein Wort prägen to coin a phrase
einer Partei an·gehören to be a member of a party
irre werden an to become maddened by
etwas sorgt für something provides for
einem Beispiel folgen to follow an example
sich etwas *(Dat.)* **an·passen** to conform to something

Wie kann man anders oder alternativ leben?

weniger Streß
weniger Leistungszwang und Leistungsdenken
weniger überflüssige Konventionen
weniger Dinge wollen
weniger Raketen und Atombomben
weniger Umweltverschmutzung
weniger Abgase und saurer Regen°
weniger Beton° und Plastik
weniger Slums, Gettos und Müll°
weniger Alkohol und Tabak
mehr Umweltschutz
mehr Bäume
gesund leben und essen
„Trimm dich" Pfade benutzen
Friedensbewegung
kreative Freizeitgestaltung
abrüsten°
natürlich leben
sich nicht an alles gewöhnen
(sich) zu ändern wagen°
kritisch gegenüber den Medien° sein

**WAS
KANN MAN
DAZU
SAGEN?**

acid rain
concrete
garbage

to disarm

to dare to change (oneself)
with respect to the media

" ━━━━━━━━━━ "

A Ergänzen Sie die folgenden Sätze.

wagen	aussteigen
die Gesellschaft	Umweltverschmutzung
der Umweltschutz	herstellen
Abrüstung	Diktatur
sich anpassen	Herausforderung

1. Wer bei etwas nicht mitmachen will, kann immer

_____ .

2. Wer aber doch wie die anderen sein will, kann

_____ .

3. Die Grünen stehen für _____ .

4. Der Friede auf Erden ist eine politische _____ .

5. Viele Bürger im Dritten Reich paßten sich der

_____ an.

6. Das Gegenteil von Rüstung ist _____ .

7. Das Gegenteil von Umweltschutz ist _____ .

8. Alternativ leben heißt, anders leben, als _____ es
von einem erwartet.

9. Für die deutschen Schulen will man türkische Bücher

_____ .

10. Man soll immer _____ , anders zu sein.

B Wie kann man die folgenden Sätze mit Gedanken aus dem
Kapitel ergänzen? Arbeiten Sie in Gruppen von 3 bis 4
Personen.

1. Die beste Alternative zum Leistungsdenken ist . . .
2. Eine Alternative zur Rüstungspolitik wäre . . .
3. Wenn ich an alternative Schulen denke, dann denke ich
an . . .
4. Konstruktive Alternativen zur Haftstrafe sind . . .
5. Alternativen zur Energieversorgung, die ich kenne, sind . . .
6. Wenn ich meine Freizeit etwas alternativer verbringen
könnte, dann würde ich . . .

C Was haben Sie aus dem Text gelernt? Arbeiten Sie mit 2 Personen und beantworten Sie die folgenden Fragen.

1. Warum ist alternatives Denken in Deutschland besonders wichtig?
2. Was wollen die Grünen überhaupt?
3. Worin zeigt sich täglich die Tendenz zum alternativen Denken?
4. Was erreicht man durch Jeans und lange Haare?
5. Ist Nonkonformismus etwas Gutes oder Schlechtes?
6. Warum sollten Straftäter nicht einfach ihre Zeit absitzen?
7. Was macht man zum Beispiel, um die Freizeit alternativ zu verbringen?
8. Was wissen Sie über Autos, die kein Benzin brauchen?

D Umschreiben Sie die folgenden Vokabeln, entweder mit einem deutschen Synonym oder mit einem erklärenden Satz.

1. aussteigen _____

2. anders sein _____

3. aufmucken _____

4. der Mitläufer _____

5. der Frieden _____

6. die Gesellschaft _____

7. das Lebensbedürfnis _____

8. die Konkurrenz _____

9. angespannt _____

10. demonstrieren _____

E Lesen Sie das Gedicht von Erich Fried auf Seite 170 noch einmal sorgfältig durch, und stellen Sie an der Tafel eine Liste von den Dingen auf, an die man sich nicht gewöhnen soll. Andere Dinge, die nicht im Gedicht sind, dürfen auch auf Ihrer Liste stehen.

F Welche Kurse, die Frau Hirt in ihrer Werkstatt für kreative Freizeitgestaltung bietet, interessieren Sie besonders? Warum?

Gibt es noch andere Kurse, an denen Sie gern teilnehmen würden? Stellen Sie eine Liste auf.

G Stellen Sie das Kursverzeichnis für Frau Hirts Schule auf. Beschreiben Sie jeden Kurs in zwei bis drei Sätzen und geben Sie an, wann und wo der Kurs stattfindet.

H Geben Sie einige Beispiele für das Leistungsdenken in unserer Gesellschaft.

I Sie möchten Ihren Nachbarn (Ihre Nachbarin) davon überzeugen, daß es besser ist, mit Holz zu heizen anstatt mit Heizöl. Er oder sie ist aber skeptisch. Welche Argumente bringen Sie vor?

Bauen mit Lehm: Rückkehr zu natürlichen Baustoffen und altertümlichen Methoden

1. Reflexive verbs consist of a verb and a reflexive pronoun that refers back to the subject of the sentence.

a. Most verbs have an accusative reflexive pronoun; some have a dative reflexive pronoun instead. You must simply learn which are which as you go along. The forms of the reflexive pronoun are identical to the personal pronouns in the accusative and dative cases except in the third-person and second-person formal, when it becomes **sich**.

Accusative

- Ich erinnere **mich** an den Sprecher.

  I remember the speaker.

- Er entschließt **sich**, an der Demonstation teilzunehmen.

  He decides to participate in the demonstration.

Dative

- Du kannst **dir** gar nicht vorstellen, wie teuer Öl geworden ist.

  You can't imagine how expensive oil has become.

- Er sieht **sich** das Haus an.

  He is looking at the house.

Note that German reflexive verbs are not necessarily reflexive in English.

b. Some verbs are used reflexively as a logical extension of the regular verb.

waschen to wash **sich waschen** to wash oneself
erinnern to remind **sich erinnern** to remember

- Ich **wasche** meine Strümpfe.

  I *wash* my socks.

- Ich **wasche mich**.

  I *wash myself*.

- Sie **erinnert** ihn an die Geldstrafe.

  She *reminds* him of the fine.

- Sie **erinnert sich** an seine Geldstrafe.

  She *remembers* his fine.

In both of the above examples the reflexive pronouns are in the accusative. If the verb already has a direct object, however, the reflexive pronoun is in the dative.

- Ich wasche **mir** die Hände.   I wash my hands.

c. Some reflexive verbs are always used with a preposition.

- Wir **interessieren uns für** den Kurs.   We *are interested in* the course.
- **Freuen** Sie **sich auf** das Wochenende?   Are you *looking forward to* the weekend?

> All reflexive verbs take the auxiliary **haben** in the perfect tenses. In normal word order, a reflexive pronoun follows the auxiliary verb.
>
> - Ich **habe mir** weh getan   I *have hurt* myself.

d. For emphatic purposes, **selbst** or **selber** (completely interchangeable and not declined) may follow the reflexive pronoun.

- Ich kenne **mich selbst [selber]** am besten.   I know *myself* best.

In order to avoid ambiguities, **einander** (not declined) may be used in the plural.

- Wir helfen **uns selber.**   We help *ourselves.*
- Wir helfen **einander.**   We help *each other.*

> There are relatively few frequently used reflexive verbs that take the dative. The most common are listed below.
>
> | | |
> |---|---|
> | sich (etwas) an·sehen | look at (something) |
> | sich (etwas) besorgen | get (something) for oneself |
> | sich (etwas) bestellen | order (something) for oneself |
> | sich (etwas) ein·bilden | imagine (something) |
> | sich (etwas) leisten | afford (something) |
> | sich Sorgen machen um | worry about |
> | sich (etwas) vor·stellen | imagine (something) |
> | sich weh tun | hurt oneself |

A Put the following text first into the **du**-form, then the **sie**-form *(singular)*, the **wir**-form, and finally the **ihr**-form.

Meine Eltern sagen, ich soll mich ändern. Ich soll mir die Haare nicht so lang wachsen lassen. Ich soll mich öfter waschen. Aber ich wasche mir doch oft die Hände. Ich kann mich an diesen Streß einfach nicht gewöhnen. Meine Eltern haben sich seit Jahren nicht mehr geändert. Aber ich habe mich geändert. Sie sagen, ich soll mich besser benehmen, aber ich will mich nicht anpassen. Ich mache mir Sorgen um meine Eltern. Oder bilde ich mir das ein?

B Translate the following text, using the **du**-form. Then change it from the second person to the third person, using the **er**-form; to the first-person plural, using the **wir**-form; and finally to the second-person plural, using the **ihr**-form.

You must help yourself. You have to change. But you cannot get used to the pressure to achieve. Can you imagine how I felt? You have to decide to become different. Can you remember how I used to be? When you have become different you will have helped yourself.

2. The reflexive construction of **sich an·hören** is usually used to express *to sound (like)*.

- Der Kurs **hört sich** sehr interessant **an**.

  The class *sounds* very interesting.

- Es **hört sich** nach viel Arbeit an.

  It *sounds like* a lot of work.

To feel is also expressed reflexively. Here you have two options:
sich fühlen — when a person feels some way

- Ich **fühle mich** heute ganz schlecht.

  I *feel* terrible today.

sich an·fühlen — when an object feels some way to a person

- Die Tasche **fühlt sich an** wie Leder.

  The purse *feels like* leather.

- Handgesponnene Wolle **fühlt sich** warm und weich **an**.

  Handspun wool *feels* warm and soft *(to the touch)*.

A Sagen Sie auf deutsch . . .

1. I feel tired. _____

2. Don't feel bad. _____

3. We don't feel well. _____

4. Don't you feel well? _____

5. That sounds bad. _____

6. A warm meal sounds good. _____

B Bilden Sie Sätze.

1. Holz statt Benzin / sich anhören / praktisch

_____

2. Protestieren / sich anhören / in diesem Fall richtig

_____

3. Der Sprecher / sich anhören / sehr müde

_____

4. Die Arbeit / sich anhören / anstrengend

_____

5. Die Alternativschule / sich anhören / sehr interessant

_____

6. Der Sprecher / sich fühlen / nicht wohl

_____

7. Jeans tragen / sich anfühlen / nicht richtig

_____

II EXPRESSIONS OF TIME

1. When modified by adjectives designating *specific* days, months, seasons, years and with the words **Tag, Woche, Monat,** and **Jahr** expressions of time are in the accusative case.

jeden Tag	every day
jeden Montag	every Monday
nächsten Februar	next February
letzten Herbst	last fall
vorige Woche	last week
diesen Monat	this month
letztes Jahr	last year

2. When modified by a definite article, an expression of time designating *duration* requires the accusative case.

den halben Tag	half the day
die ganze Woche	the whole week

3. In conjunction with an expression of time the prepositions **an, in,** and **vor** take the dative case.

am Abend	in the evening
am Sonntag	on Sunday
in einer Stunde	in an hour
in acht Tagen	in a week, a week from today
im Frühling	in spring
im Jahr 1948	in the year 1948, in 1948
in der Nacht	at night
vor zwei Tagen	two days ago
vor einem Monat	one month ago

a) Never use the word **in** with a year date in German! *In [the year] 1984* is rendered in German simply as **1984** or as **im Jahr 1984.**
b) It is possible to delete **am** before a weekday: **am Montag = Montag.**

4. An *indefinite* expression of time takes the genitive case.

eines Tages	one day
eines Sonntags	one Sunday

5. To express *reoccurring moments* in time, an **-s** is added to the noun. The nouns are then not capitalized, because they are being used as adverbs.

abends (= am Abend)	in the evening
frühmorgens (= am frühen Morgen)	early in the morning
mittags (= am Mittag)	at noon
um 9 Uhr morgens (= um 9 Uhr am Morgen)	at nine o'clock in the morning
nachts (= in der Nacht)	at night
sonntags (= am Sonntag)	on Sunday
spätabends (= spät am Abend)	late in the evening
vormittags (= am Vormittag)	before noon

6. *Specific* time is expressed by an element of time preceded by a time of day or a day of the week. The nouns are in this case also not capitalized, because of their function as adverbs.

gestern morgen	yesterday in the morning
heute abend	tonight
Mittwoch vormittag	on Wednesday before noon
übermorgen nachmittag	the day after tomorrow in the afternoon
morgen früh	tomorrow morning

7. In connection with time, *for* is not translated as **für**. It is usually translated as **seit** (for the past) or without a preposition.

- Ich bin **seit Wochen** in Berlin   I've been in Berlin *for weeks.*

- Ich bin **nur einige Minuten** weg.   I'll be gone *for only a few minutes.*

A Ergänzen Sie den folgenden Text mit den richtigen Endungen.

Vorig_____ Woche erzählte mir mein Freund von Karl.

Karl will seit Monat_____ nicht mehr mitmachen.

Letzt_____ Monat, vor drei Woch_____, hat er an einer

Demonstration teilgenommen, und nun redet er jed_____

Tag darüber. A_____ Montag in acht Tag_____ will er
nach Berlin fahren, um bei einer anderen Demonstration

mitzumachen. Er glaubt, daß wir ein _____ Tag_____
wieder Krieg haben werden, wenn wir nicht Widerstand

leisten. Seit Monat_____ arbeitet er abend_____ auch für

eine politische Partei. Die Partei wurde vor einig_____

Jahr _____ gegründet, ich glaube 1973, und heißt „die
Grünen."

B With a partner, make as complete a list as possible of
one week's activities. What are you going to do on Monday
in the morning, at noon, etc.? You will find many ideas in
the first three chapters of this book. Several examples are
listed below.

Am Sonntag gehe ich um elf Uhr in die Kirche.
Jeden Morgen stehe ich um sieben Uhr auf.
Nachmittags trinke ich gerne eine Tasse Kaffee.
In acht Tagen fahren meine Freundin und ich nach Köln.
usw.

Organischer Kartoffelanbau
ohne Pestizide und Ma-
schinen

C List what you do regularly; then add what you plan to do differently the next time around. Follow the model below.

> BEISPIEL: Normalerweise habe ich montags Klavierunterricht, aber diesen Montag ist mein Klavierlehrer verreist.

1. morgens
2. Dienstag abends
3. im Sommer
4. im Winter
5. am Wochenende
6. sonntags
7. nach der Arbeit
8. Montag morgens
9. zur Weihnachtszeit
10. zu meinem Geburtstag

III INFINITIVES WITH OR WITHOUT *ZU* AND THE DOUBLE-INFINITIVE CONSTRUCTION

1. In most situations infinitives are used with the preposition **zu.**

a. Separable prefix verbs take **zu** between the prefix and the verb.

wegstellen   weg**zu**stellen

b. Infinitives with **zu** come at the end of a clause, not — as they do in English — at the beginning.

- Er hoffte, bald **anzukommen** und lange **zu bleiben**.

   He hoped *to arrive* soon and *to stay* for a long time.

c. The infinitive with **zu** is not set off by a comma unless it is expanded by a modifier.

- Das ist schwer zu sagen.

   That's difficult to say.

- Es ist schwer, mit wenigen Worten viel zu sagen.

   It is difficult to say a lot with few words.

2. There are some verbs that are followed by an infinitive *without* **zu**. The most important of these are **hören, lassen,** and **sehen,** and the modal auxiliaries.

- Er hört sie **kommen**.

   He hears her *coming*.

- Wir sehen sie **arbeiten**.

   We see them *working*.

The prepositions listed below frequently function as conjunctions with **zu**.

(an)statt zu	instead of
ohne zu	without
um zu	in order to
• **Anstatt zu fahren**, gingen wir zu Fuß.	*Instead of driving* we walked.

3. A number of common expressions call for phrases that use the *infinitive* + **zu** construction.

Ich habe keine Lust . . .	I don't feel like . . .
Ich verspreche . . .	I promise . . .
Ich verbiete dir . . .	I forbid you . . .
Es ist leicht für mich . . .	It's easy for me . . .
Es macht Spaß . . .	It's fun . . .
Ich versuche . . .	I'm trying . . .
Ich bin bereit . . .	I'm willing/ready . . .
Es ist wichtig . . .	It's important . . .
Es ist ein gutes Gefühl . . .	It's a good feeling . . .

4. If a modal auxiliary or **hören, sehen,** or **lassen** occurs with an infinitive and the sentence is in a perfect tense, they form a so-called *double infinitive*. Such a construction is placed at the end of the clause.

• Frau Hirt hat Kurse für Keramik **anbieten wollen**.	Mrs. Hirt *wanted to offer* courses in ceramics.
• Ich habe ihn oft **sprechen hören**.	I *heard* him *speak* often.

If the double-infinitive construction occurs in a dependent clause, the finite verb (always a form of **haben**) precedes the double infinitive.

• Ich weiß, daß Frau Hirt Kurse für Keramik **hat anbieten wollen.**	I know that Mrs. Hirt *wanted to offer* courses in ceramics.

In conversational German, the past tense is usually used in lieu of the double-infinitive construction.

• Frau Hirt **wollte** Kurse für Keramik **anbieten**.

A Verbinden Sie die folgenden Sätze entsprechend den Beispielen.

 BEISPIEL: Sie hört ihn. Er spricht. Sie hört ihn sprechen.

 BEISPIEL: Sie geht schnell. [um zu] Sie will pünktlich sein. Sie geht schnell, um pünktlich zu sein.

1. Er sieht sie. Sie geht zu Fuß in die Stadt.

_____

2. Sie hört Studenten. Sie demonstrieren.

_____

3. Sie hat keine Zeit zu demonstrieren, sie arbeitet täglich. [um zu] Sie verdient Geld.

_____

4. Der Laden, wo sie einkauft, bietet viele Waren. [ohne zu] Er will sich nicht als Konkurrenz des Supermarktes sehen.

_____

5. Sie kauft sehr viel. [anstatt zu] Sie spart Geld.

_____

6. Sie verläßt den Laden. [um zu] Sie geht nach Hause.

_____

7. Sie sieht dieselben Studenten. Sie demonstrieren immer noch.

_____

8. Sie sucht nach Alternativen. [ohne zu] Sie will nicht von der Mehrheit abweichen.

_____

B Schreiben Sie die Sätze von A noch einmal, aber im Perfekt.

C Übertragen Sie den folgenden Text ins Perfekt.

Wir sind alternative Denker und wollen die politische Partei der Grünen unterstützen. Wir fragen uns, wie man es besser machen kann, wie man anders leben kann. Die Politiker prägen nur Zauberworte. Wir müssen Widerstand leisten, weil man so nicht leben kann. Sind die Alternativen nur ein Traum? Nein! Man kann so wie früher nicht leben.

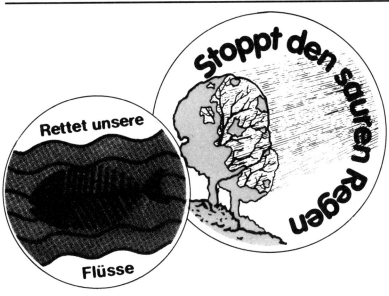

Aber durch schlechtes Benehmen läßt sich auch nicht viel erreichen. Wir müssen kritisch denken, auch gegenüber den Medien. Wir sind menschenfreundlich und wollen natürlich leben.

D Übertragen Sie das Gedicht *Ich soll mich nicht gewöhnen* von Erich Fried (S.170) ins Perfekt.

E Schreiben Sie die folgenden Sätze zu Ende, indem Sie **anstatt zu, ohne zu** oder **um zu** benutzen.

Wir sagen nein, —————————————————

Ich steige aus, —————————————————

Sie tanzt aus der Reihe, ———————————————

Wir demonstrieren, ——————————————

Er leistet Widerstand ——————————————

Ich protestiere, ——————————————————

Wir mucken auf, ———————————————————

Sie lebt anders, ———————————————————

F Schreiben Sie die Sätze von E noch einmal, aber im Perfekt.

A Meinungsumfrage: Was betrachten Sie als die größten Probleme unserer Gesellschaft und warum? Stellen Sie eine Liste auf.

B Diskutieren Sie die folgenden Fragen.

1. Kann der Einzelne noch helfen, die Gesellschaft zu bessern? Wenn ja, wie? Wenn nicht, warum?
2. Können traditionelle politische Parteien noch helfen? Wenn ja, wie? Warum nicht?

C Was können Sie selber tun, um alternativ zu leben? Stellen Sie eine Liste auf.

D Bilden Sie zwei Gruppen. Die eine bespricht die Vorteile des alternativen Lebensstils, die andere die Nachteile. Jede Gruppe berichtet über ihre Ergebnisse.

E Bilden Sie Gruppen von drei oder vier Studenten, und planen Sie eine Demonstration. Einigen Sie sich auf ein Thema oder ein Ziel. Dann denken Sie sich drei bis vier Slogans aus.

_____

_____

_____

_____

F Form four groups. Each writes a speech on one of the issues raised below. Then select one member of each group to give the speech to the class.

1. Was kann man gegen die Energiekrise tun? Stellen Sie eine Liste mit möglichen Lösungen auf.
2. Was sind die wesentlichen Jugendprobleme? (Drogenkonsum: Heroin, Haschisch, Alkohol, Tabak; Kriminalität; Arbeitslosigkeit) Was kann man dagegen tun? Stellen Sie eine Liste der Probleme mit möglichen Lösungen auf.
3. Gibt es in Ihrer Gegend schon sauren Regen? Wenn ja, woran kann man es sehen? Was kann man dagegen tun?

4. Wie kann man dem Streß und Leistungszwang unserer Gesellschaft Widerstand leisten?

G Pretend you are a radio or television reporter and describe a demonstration in progress. When? How? Why? Where?

H Ask for some volunteers to give a "show and tell" performance of an alternative life style. They can talk about food (eating habits), for instance, and bring in pieces of clothing, jewelry, pictures, etc.

I As a group, put on the board a list of tips for a healthier life style.

J Interview your neighbor on what he or she does to avoid stress.

oder
„süßes
Nichtstun"?

Arbeit macht das Leben süß

oder „süßes Nichtstun"?

Achten Sie auf Bekanntes und Verwandtes

der Computer, -   die Computerisierung
der Automat, -en   die Mikroelektronik
die Automation   der Roboter, -
der Textcomputer   die Technik, -en
das Programm, -e

Jetzt geht's an die Arbeit:

Verbinden Sie die deutschen Wörter mit ihrer englischen Bedeutung.

1. die Arbeitslosigkeit   _____   a. labor market

2. der Arbeitsplatz, ̈e   _____   b. unemployed

3. die Arbeitsgesellschaft _____   c. assistant

4. arbeitslos   _____   d. employer

5. der Arbeitsmarkt   _____   e. unemployment

6. der Arbeitgeber, -   _____   f. labor-oriented society

7. der Arbeitnehmer, -   _____   g. job

8. der Hilfsarbeiter, -   _____   h. employee

Überfliegen Sie den Text   *scan*

Each of the following sentences condenses one paragraph of this
chapter's reading into a single sentence. By quickly scanning
the reading page by page, try to match each topic sentence with
its paragraph (the paragraphs are numbered I-X to help you).

a. The expansion of computers into every field can no longer be
held in check.

b. Many people are already predicting disaster, if things con-
tinue going as they are.

c. Technology in offices could destroy two-and-a-half million
jobs.

d. Labor unions want a 35-hour work week.

e. Soon computers will be "intelligent" and will be able to
make decisions.

f. Robots are harmless compared to computers.

g. Many workers are aggressive and destructive to computers.

h. We have to exercise control over this trend.

i. Computers will replace people in virtually every profession, at a minimal cost.

j. Microelectronics can be helpful, but also harmful.

Roboter und Computer statt Arbeiter?

Bilder von Robotern, die mit ihren stählernen Armen in menschenleeren Fabriken Autos schweißen° oder Reifen montieren, gehören fast schon zum Alltag. Sie sind zum Symbol dafür geworden, daß unserer Arbeitsgesellschaft die Arbeit ausgeht. Aber die Roboter sind harmlos im Vergleich zu den Computern, die sich langsam aber sicher überall breitmachen.

Durch Roboter werden in den kommenden Jahren „nur" noch einige hunderttausend Arbeitsplätze vernichtet werden. Der Gipfel° der Automation in den Fabriken ist vorbei. Roboter, die „sehen", „tasten", „hören" und „sprechen" können, lassen noch auf sich warten. Bedrohlicher ist der Einzug° moderner Technik in die Büros. Dort, wo „Kopfarbeit" geleistet wird—diese letzte und für nie ersetzbar gehaltene Domäne° des Menschen—, schlummert ein Rationalisierungspotential[1] von 2,5 Millionen Arbeitsplätzen.

Von all den Möglichkeiten, die Mikroelektronik zu verwenden, nutzen wir bisher nur einen winzigen Bruchteil°: fünf Prozent, sagen die Experten. Und noch° sind die Mikroprozessoren nur Hilfsarbeiter, die sich gut aufs Sortieren und Kalkulieren verstehen. Aber sie klettern die Karriereleiter° empor, ihre Verbreitung° ist nicht mehr zu stoppen. Journalisten, Schriftsteller tippen ihre Werke schon direkt in den Textcomputer, elektronische Orgeln und Klangerzeuger (Synthesizer) lassen nie zuvor Gehörtes ertönen. Ob in der Schlagerbranche° oder beim Vertonen° von Filmen—zunehmend macht der Computer und nicht mehr der Musiker die Musik.

Doch das ist, wie gesagt, erst die Morgendämmerung°. 1990 wollen die Japaner mit der „fünften Generation" der Computer alle bisherigen in den Schatten stellen. Sie werden „künstliche Intelligenz" besitzen, werden komplizierte Zusammenhänge° begreifen und selbständig Entscheidungen treffen.

Gefüttert mit dem Wissen der Menschheit werden sie Steuerberater°, Architekten und Juristen° brotlos machen, sogar ärztliche Diagnosen stellen und die jeweils passende Therapie

I
weld

II

peak

invasion

domain

III
fraction
so far

career ladder
expansion

popular music business
setting to music

IV   *dawn*

ideas
V
tax consultants   lawyers

Stählerne Arme montieren Reifen in menschenleeren Fabriken.

vorschlagen. Sie werden unsere natürliche Sprache verstehen, nicht mehr auf Tastendruck°, sondern alle aufs (gesprochene) Wort gehorchen und mit eigener—synthetischer—Stimme antworten. Alles zu einem Preis von nicht mehr als dem Jahreslohn° eines Akademikers.

Auch in der Bundesrepublik wird Geld in Forschung und Anwendung° der neuen Technologie gepumpt. Dagegen ist nichts einzuwenden, denn ein Ausstieg° aus dem fahrenden Zug wäre Selbstmord². Nur: Wer bezahlt den Lebensunterhalt der vier Arbeiter, die durch jeden Roboter ersetzt werden? Wer kommt für die Krankenkassen°- und die Rentenversicherungsbeiträge² der arbeitslosen Bankangestellten, Musiker und Akademiker auf? Solange es darauf keine Antworten gibt, ist die viel beklagte° Technikfeindlichkeit der um ihre Arbeitsplätze bangenden

push of a button

yearly salary

VI
application
to jump off
suicide

health insurance

much bemoaned

Menschen verständlich. Die Meldungen über Computersabotage und mutwillige° Zerstörung teurer, hochkomplizierter Programmsysteme häufen sich°. Angst und Ungewißheit über die eigene Existenz schlagen um in Aggression—aber offenbar wird dies von Arbeitgebern und Politikern als ein unvermeidliches Übel in Kauf genommen.

deliberate
are piling up

    Es mangelt nicht an dicken Studien und Prognosen, in denen von menschenleeren Fabriken und automatisierten Verwaltungszentralen° die Rede ist. Sie prophezeien Massenarbeitslosigkeit, Elend und offenen Widerstand, wenn der Einzug der neuen Technik weiterhin so ungebremst und hemmungslos verläuft° wie gegenwärtig.

VII

administrative centers

goes on

    Mit aller Macht setzen die Gewerkschaften nun auf die 35-Stunden-Woche[3] als die „vielleicht letzte historische Chance, die Katastrophe abzuwenden°".

VIII

avert

    Die Mikroelektronik könnte uns, wenn sie richtig angewandt würde, mehr Freizeit, eine bessere Umwelt und lebenswertere Städte geben. Doch sie hat auch ihre negativen Konsequenzen: Die Arbeitslosigkeit wird sich verschärfen, die Entwicklung unserer Gesellschaft noch mehr von wirtschaftlichen Zwängen° bestimmt werden, und der Mensch wird mehr vereinsamen. Die Menschen werden immer mehr mit Geräten° und immer

IX

pressures
machines

Arbeitszeitverkürzung: „Die letzte historische Chance, die Katastrophe abzuwenden."

weniger mit Menschen zu tun haben. Und der totale Über-
wachungsstaat° droht, in dem Computer sogar über Krieg und *surveillance state*
Frieden mitbestimmen.

Wir sollten uns bewußt werden, welche Herausforderung X
die Mikroelektronik bedeutet: Wir dürfen uns ihr nicht ausliefern,
sondern müssen sie lenken, das Tempo selbst bestimmen und ihre
Chancen nutzen. ■

Christa Kölblinger/Der Stern (leicht verändert)

ÜBRIGEN_S...

1. The potential replacement of human workers with machines is of
concern to many people. In Germany, as in all industrialized countries,
probably the biggest enemy of the work force in the coming decades will
be computerization, through which millions of jobs can be eliminated in
the process of "efficiency streamlining."

2. Workers under a certain income level receive medical insurance
through the publically financed **Krankenkasse**; all workers pay into the
retirement system (**Rentenversicherung**). A reduction in the number of
workers is a threat to these systems.

3. Concerted efforts are being made in Germany to reduce the standard
work-week from 40 to 35 hours—a move that would presumably make
room for more workers to enter the labor force.

Nomen

der Akademiker, -; -in
  academician, person in or with
  higher education, professional
das Elend misery, poverty
die Entwicklung, -en
  development
die Forschung, -en research
die Gewerkschaft, -en union
das Tempo speed, pace
die Ungewißheit, -en insecurity
das Wissen knowledge
das Übel, - evil

Verben

sich aus·liefern *(+ Dat.)* put
  oneself at the mercy of
bangen um fear for
begreifen understand
sich breit·machen spread out,
  take over
◆ **setzen** set

⎧ **ersetzen** replace
⎪ **versetzen** shift, transfer
⎨ **besetzen** occupy
⎪ **entsetzen** horrify
⎪ **aus·setzen** abandon
⎩ **voraus·setzen** presume

ertönen sound out
lenken direct, steer
montieren assemble
prophezeien prophesy, predict
pumpen pump
schlummern slumber
stoppen put a stop to
tasten feel *(with one's fingers)*,
  grope
tippen type
vereinsamen become isolated
  and lonely
sich verschärfen intensify
vernichten destroy, eliminate
vor·schlagen suggest, propose

Adjektive, Adverben etc.

ärztlich medical
bedrohlich threatening
brotlos unemployed, with no
  livelihood
ersetzbar replaceable
gefüttert fed
gegenwärtig current
hemmungslos uninhibited, unchecked
jeweils respectively, each in its
  turn
künstlich artificial
lebenswert worth living
menschenleer empty of human
  beings
passend appropriate
selbständig independent
ungebremst unchecked
unvermeidlich unavoidable
weiterhin furthermore, continu-
  ing on
winzig tiny
wirtschaftlich economic
zunehmend more and more

Wortschatz

WORT+ZUSAMMEN+SETZUNG

die Massenarbeitslosigkeit mass unemployment
   die Masse + die Arbeitslosigkeit
der Lebensunterhalt livelihood, living
   das Leben + der Unterhalt
die Technikfeindlichkeit hostility toward technology
   die Technik + die Feindlichkeit

Außerdem: Können Sie die Zusammensetzungen mit „Arbeit" in den Lesetips in ihre Teile zerlegen und erklären?

AUSDRÜCKE UND REDEWENDUNGEN

etwas geht jemand *(Dat.)* **aus** someone is running out of something

etwas gehört zum Alltag something is a routine, everyday occurrence

langsam aber sicher slowly but surely

etwas läßt auf sich warten something is slow in coming

sich auf etwas verstehen to be competent or versed in something

die Karriereleiter emporklettern to climb up the career ladder

etwas in den Schatten stellen to outdo or outshine something

eine Entscheidung treffen to make a decision

eine Diagnose stellen to make a diagnosis

aufs Wort gehorchen to obey to the letter

dagegen ist nichts einzuwenden one cannot object to that

für etwas auf·kommen to come up with the money for something

etwas schlägt um in etwas anderes something turns into something else or is transformed

etwas in Kauf nehmen to put up with, make allowance for

es mangelt an etwas *(Dat.)* there is a lack of something

mit aller Macht with all (one's) might

auf etwas setzen to pin one's hopes on, believe in

über etwas mit·bestimmen to take part in a decision

sich *(Dat.)* **bewußt werden** to become aware of

Wir wissen nicht, was wir wollen — doch das mit ganzer Kraft.

“ ▬▬▬▬▬▬▬▬▬ ”

Fast jeder hat eine feste Meinung über Computerisierung. Wie sagt man am besten seine Meinung? Zur Frage, ob man mit Computern arbeiten möchte, kann man verschieden reagieren.

WAS KANN MAN DAZU SAGEN?

STARKES JA

Richtig!	Right!
Ich bin absolut dafür.	I am completely for it.
Das hat meine volle Un-terstützung!	That has my full support.
Das leuchtet mir ein.	That makes sense to me.
Ich bestehe darauf.	I insist on it.

STARKES NEIN

Falsch!	Wrong!
Ich bin absolut dagegen.	I am completely against it.
Ich denke nicht daran.	I will not even consider it.
Das leuchtet mir überhaupt nicht ein!	That doesn't make sense to me at all.
Ich weigere mich.	I refuse.

WIE KANN MAN ANDEUTEN, DASS MAN DIE MEINUNG GEÄNDERT HAT?

Warten wir ab.	Let's wait and see.
Ich habe nichts mehr dagegen einzuwenden.	I don't object anymore.
Na gut, ich bin überstimmt.	Well, I am outvoted.
Schon gut, Ihr habt mich überzeugt.	All right, you have convinced me.
Ich habe es mir jetzt anders überlegt.	I changed my mind.

“ ▬▬▬▬▬▬▬▬▬ ”

A Übersetzen Sie!

FRAU SCHLINGEL: Next week we get the computer.
HERR MARKUS: I'm still against it.
FRAU SCHLINGEL: But why? I thought we had convinced you!
HERR MARKUS: Wrong. I can see I'm outvoted. So I have no more objections. But really . . .
FRAU SCHLINGEL: But really you haven't changed your mind?
HERR MARKUS: Well . . . Let's wait and see. Maybe it will go all right.

Oder „süßes Nichtstun"   **199**

Polizist am Computer: Die Verbreitung der Computer ist nicht mehr zu stoppen.

B Role play the situation outlined here, in groups of three students.

An office manager with two employees announces that a computer is being purchased and all employees will have to use it. One employee is enthusiastic. The other is strongly against the idea. What arguments can be used? Use as many as possible of the statements above.

A Können Sie den folgenden Paragraphen akkurat ins Englische übersetzen?

Unserer Arbeitsgesellschaft geht die Arbeit aus, und der Roboter ist zum Symbol dafür geworden. Die Kopfarbeit ist eine für nie ersetzbar gehaltene Domäne des Menschen. Zunehmend macht aber der Computer und nicht der Musiker die Musik. Viel Geld wird in die Mikroelektronik gepumpt. Die Technikfeindlichkeit der um ihre Arbeitsplätze bangenden Menschen ist verständlich. Angst schlägt in Aggression um. Die Menschen werden immer mehr mit Geräten und immer weniger mit Menschen zu tun haben.

B Ergänzen Sie die sechs Sätze mit den unten angegebenen Phrasen.

1. Es gehört schon zum Alltag, daß . . .
2. Ich hätte gern einen Computer für meinen eigenen Gebrauch, aber . . .
3. Es ist nichts dagegen einzuwenden, daß . . .
4. Ich verstehe mich sehr gut auf . . .
5. Es war schon lange abzusehen, daß . . .
6. Ich bange jetzt schon um . . .

    . . . die Arbeit mit Computerprogrammen.
    . . . Menschen durch Computer ersetzt werden.
    . . . durch Maschinen Geld gespart wird.
    . . . viele Arbeiter böse werden gegen die Technik.
    . . . wer kommt dafür auf?
    . . . meine Arbeitsstelle.

C Welche Fragen wurden gestellt? Hier sind die Antworten!

1. Vor allem die Gewerkschaften.
2. Das bedeutet, daß Menschen die Technik als einen Feind ansehen.
3. Sie sind ein unvermeidliches Übel.
4. Mit dem Wissen der Menschheit, womit sonst?
5. Niemand kommt für ihre Beiträge auf.
6. Die Kopfarbeit.
7. Es bedeutet immer, daß die Arbeitslosigkeit sich verschärft.
8. Nein, stoppen nicht mehr, aber vielleicht noch lenken.

Lieblingsberufe der Lehrlinge

Jugendliche in den am stärksten besetzten Ausbildungsberufen Anfang 1982

Jungen

Beruf	Anzahl
Kfz-Mechaniker	86 724
Elektriker	57 515
Maschinenschlosser	45 602
Tischler	41 708
Maurer	38 219
Maler	34 938
Gas- u. Wasserinstallateur	33 134
Groß- u. Außenhandelskaufmann	28 005
Bäcker	24 125
Werkzeugmacher	22 060
Schlosser	21 927
Bankkaufmann	21 733

Mädchen

Anzahl	Beruf
107 555	Verkäuferin
62 041	Friseurin
40 463	Bürokauffrau
37 936	Arzthelferin
35 397	Industriekauffrau
27 323	Einzelhandelskauffrau
27 092	Zahnarzthelferin
26 299	Bankkauffrau
23 714	Rechtsanwaltsgehilfin
20 453	Groß- u. Außenhandelskauffrau
18 310	Bürogehilfin
18 108	Steuerberatergehilfin

G 4552

JUNGEN PRODUZIEREN, MÄDCHEN VERKAUFEN: *Eine Million Jungen und 600 000 Mädchen hatten 1982 eine Lehrstelle. Insgesamt lernten Mädchen vorwiegend in kaufmännischen und Büroberufen. Bei den Jungen findet sich nur der Groß- und Außenhandelskaufmann auf Platz acht und der Bankkaufmann auf Platz zwölf. Alles andere sind Produktions- oder Wartungsberufe.* (SZ)

D Schreiben Sie—in Prosa oder in Stichworten—eine Zusammenfassung des Lesestücks. Was sind die Vor- und Nachteile der Computerisierung?

E Wenn Sie eine der obengenannten Lehrstellen wählen müßten, welche wäre Ihre erste Wahl? Welche Ihre zweite Wahl? Stellen Sie auf der Tafel eine Tabelle der bevorzugten Berufe für die ganze Klasse auf.

F Die oben abgebildete Tabelle behauptet: Jungen produzieren, Mädchen verkaufen. Wie steht es damit in unserer Gesellschaft? Was halten Sie davon? Kennen Sie Mädchen oder Frauen, die „produzieren"? Kennen Sie Jungen oder Männer, die verkaufen?

I PASSIVE

Grammatik

The passive voice draws attention to a person or an object that is *acted upon* rather than taking action. This change of emphasis is accomplished by making the direct object of an active sentence the subject of a passive sentence, while the subject of the active sentence becomes a prepositional object.

The passive is formed with the auxiliary **werden** and the past participle of the main verb. The chart below shows examples of different tenses in the passive in use.

Passive Constructions

Present	Der Arbeitsplatz **wird vernichtet**.
	The job *is being eliminated*.
Simple Past	Die Menschen **wurden** durch Roboter **ersetzt**.
	People *were replaced* by robots.
Present Perfect	Die Arbeitslosigkeit **ist prophezeit worden**.
	Unemployment *has been predicted*.
Past Perfect	Die Arbeiter **waren ersetzt worden**.
	The workers *had been replaced*.
Future	Die Arbeit **wird** effizient **geleistet werden**.
	The work *will be done* efficiently.
Future Perfect *(rarely used)*	Bis 1990 **werden** viele Arbeitsplätze **vernichtet worden sein**.
	By 1990 many jobs *will have been eliminated*.

Note that in the perfect tenses, the past participle of the auxiliary **werden** is **worden**.

• Die Arbeit **ist** geleistet **worden**.	The work *has been* done.

Note also that the auxiliary of **werden** in the perfect tenses is always a form of **sein**.

• Der Arbeitsplatz **ist** vernichtet worden.	The job *has* been eliminated.

The acting person or thing may be omitted, as is shown by the above examples. However, if mentioned, it must be in conjunction with a preposition. The list below shows the prepositions used in passive constructions.

a. **von** *(+ dative):* **Von** is the preposition most commonly used; it can always be used for living beings.

b. **durch** *(+ accusative):* **Durch** is generally used for a force or means by which something is accomplished.

c. **mit** *(+ dative):* **Mit** sometimes takes the place of **von** and **durch**, especially where "with" could be used in English.

- Die Arbeit ist **von Angestellten** geleistet worden. — The work has been done *by employees*.

- Die Arbeitsplätze wurden **durch Automation vernichtet**. — The jobs were eliminated *through automation*.

- Die Arbeiter werden **mit Robotern/durch Roboter/ von Robotern** ersetzt. — The workers are being replaced *by [with] robots*.

At times the passive voice is expressed without a subject. In such situations an *impersonal construction* is used.

- **Es ist** während des Krieges viel **vernichtet worden**. — Much *has been destroyed* by the war.

- **Es wird** hier schwer **gearbeitet**. — Hard work *is done* here.

If an adverb of time or any other expression occurs at the beginning of a sentence with such a construction, **es** is omitted.

- Während des Krieges **ist** viel **vernichtet worden**.

- Hier **wird** schwer **gearbeitet**.

In German (unlike English), only the direct (i.e., accusative) object, not the indirect (i.e., dative) object, of an active sentence may become the subject of a passive sentence. *Verbs requiring the dative* must therefore keep the dative object in the passive. They may, however, be introduced by the impersonal **es**.

- **Dem Arbeiter** wurde geholfen. — *The worker* was being helped.

- **Es** wurde **dem Arbeiter** geholfen.

Passive constructions may occur with *modal auxiliaries* in the present and simple past.

- Dieser Arbeitsplatz **darf** nicht **vernichtet werden**.

  This job *must* not *be eliminated*.

- Der Arbeiter **konnte** nicht von einem Roboter **ersetzt werden**.

  It *wasn't possible to replace* the worker with a robot.

a) The so-called statal passive expresses a *condition* and is constructed with a form of **sein** plus the past participle. In such situations the participle functions as an adjective.

- Der Arbeitsplatz **ist vernichtet**.

  The job *is eliminated*.

b) When using the passive to express that a person was born at a certain time or place, German differentiates between a deceased and a living person.

- Goethe **wurde** 1749 **geboren**.

  Goethe *was born* in 1749.

- Ich **bin** 1938 **geboren**.

  I *was born* in 1938.

c) Sentences with **haben** as the main verb cannot be put into the passive voice.

- Ich **habe** keine Zeit.

- Wir **hatten** kein Geld.

- Du **hattest** eine Frage.

All must be left in the active voice.

A You have a house guest and are explaining how things get done around the house in your family. Use the passive to explain.

1. Die Großmutter macht die Wäsche.
2. Meine Geschwister erledigen den Einkauf.
3. Der Bäcker bringt zweimal in der Woche frisches Brot.
4. Mein Onkel putzt einmal in der Woche die Wohnung.
5. Meine Mutter repariert kaputte Haushaltsmaschinen.
6. Die Brauerei liefert uns einmal im Monat Bier.
7. Alle teilen die Arbeit.
8. Ich führe den Hund spazieren.

B Schreiben Sie den folgenden Text im Passiv.

Roboter leisten noch keine Kopfarbeit. Aber Computer vernichten hunderttausende von Arbeitsplätzen. Und wir nutzen von solchen Möglichkeiten nur einen Bruchteil. Journalisten tippen Berichte schon direkt in den Textcomputer. Computer und nicht Musiker machen die Musik. Die Experten füttern die Computer mit dem Wissen der Menschheit. Dicke Studien prophezeien Massenarbeitslosigkeit. Ein Roboter ersetzt vier Arbeiter. Politiker nehmen dieses unvermeidliche Übel in Kauf. Die Gewerkschaften sagen aber: wir wenden die Katastrophe noch ab.

C Setzen Sie die Passivsätze von Übung B ins Perfekt.

D A friend tells you that the company he works for is in trouble and wants to streamline its costs. You ask the questions below. Give his answers using the statal passive:

BEISPIEL: **Wird man die Gehälter kürzen?**
Die Gehälter sind schon gekürzt.

1. Wird die Firma Stellen vernichten?
2. Könnte man nicht die Arbeitswoche kürzen?
3. Werden Sie Computer kaufen?
4. Kann man nicht irgendwie Verschwendung stoppen?
5. Wollen Sie den Kollegen ersetzen?
6. Man muß doch alles versuchen!?

E You are a negotiator trying to convince coworkers that computerization won't drastically affect their lives.
Translate the following arguments, using the future passive.

1. The computer will be bought.
2. A high price will be paid.
3. It will be used by all of us.
4. But workers will not be replaced.
5. Certain things cannot be done by a computer.
6. Brainwork will not be done by machines.
7. Computerization will not be stopped.
8. But computers will always be directed by humans.

F A bossy employee likes to bark out the rules to the newcomers in the youth hostel. Often they are given as passive „**es wird**" constructions, probably to make them seem less personal. Reformulate the rules as simple statements or direct commands.

> BEISPIEL: Hier wird geschwiegen. *Sie müssen hier schweigen.*

1. Hier wird um 18 Uhr die Tür versperrt!

_____

2. Um 22 Uhr wird das Licht ausgemacht!

_____

3. Es wird hier abends geschwiegen und geschlafen!

_____

4. Gestört wird nicht! _____

5. Es wird in der Jugendherberge nicht geraucht!

_____

6. Außerdem: wenn gegessen wird, wird auch weggeräumt!

_____

7. Geschirr wird vom Benutzer gewaschen!

_____

8. Morgens wird um 6 Uhr aufgestanden!

_____

9. Decken werden beim Empfang gefaltet zurückgebracht!

_____

10. Regelwidriges Verhalten wird nicht geduldet!

_____

Seid realistisch — fordert alles!

Ich geh' kaputt — wer kommt mit?

G Der Computer, der Sätze ins Passiv setzen soll, hat die Aufgabe falsch gemacht. Können Sie helfen, die Fehler zu berichtigen? Können Sie erklären, warum der Sprachcomputer hier Schwierigkeiten hatte?

```
* * * SYNTAX ERROR * * * SYNTAX ERROR * * * SYNTAX ERROR * * *
1. * Ein Fehler ist von Dieter gemacht geworden. *
2. * Die richtige Idee ist zwar von ihm gehabt worden. *
3. * Aber die Aufgabe hat von ihm falsch verstanden worden. *
4. * Sie wurde ihm vielleicht von dem Lehrer falsch gebeibracht worden. *
5. * Ute wird durch die Aufgabe endlich richtig gelöst. *
6. * Die anderen in der Klasse wurden von Ute geholfen. *
7. * Sie wurden von Ute erklart, wie es geht. *
8. * Alle werden von der Prüfung bestanden. *
* * * SYNTAX ERROR * * * SYNTAX ERROR * * * SYNTAX ERROR * * *
```

Die Menschen haben immer mehr mit Geräten und immer weniger mit Menschen zu tun.

H What was the original active-voice sentence from which the computer arrived at the wrong answers in G?

1. _____
2. _____
3. _____
4. _____
5. _____
6. _____
7. _____
8. _____

II ALTERNATIVE WAYS TO EXPRESS THE PASSIVE

The following alternatives are frequently preferred to the passive.

1. The impersonal pronoun **man** can be used with an active construction.

Man half den Arbeitern.
replaces:
Den Arbeitern **wurde geholfen.**
}
The workers *were being helped.*

Man arbeitet schwer.
replaces:
Es wird schwer **gearbeitet.**
}
They work hard.

2. The possibility of something happening can be expressed with **sich lassen** plus an infinitive (instead of the passive with **können**).

Diese Roboter **lassen sich** nicht leicht **ersetzen.**
replaces:
Diese Roboter **können** nicht leicht **ersetzt werden.**
}
These robots *can't be replaced* easily.

3. Reflexive constructions can be used with inanimate objects (never with people!).

Der Bericht über Computer **versteht sich** leicht.
replaces:
Der Bericht über Computer **kann** leicht **verstanden werden.**
}
The article about computers *can be* easily *understood.*

4. A form of **sein** plus an infinitive with zu can be used in lieu of a passive construction with a modal auxiliary (especially **können**).

Da **ist** wenig **zu machen.**
replaces:
Da **kann** wenig **gemacht werden.**
}
Little *can be done.*

Die Arbeit ist noch **zu leisten**.
replaces:
Die Arbeit **muß** noch **geleistet werden**.

The work still *needs to be done*.

Er **ist zu bedenken**, daß Computer uns mehr Freiheit bescheren könnten.
replaces:
Es **sollte bedacht werden**, daß Computer uns mehr Freiheit bescheren könnten.

We ought to consider that computers could offer us more freedom.

A Ersetzen Sie in den folgenden Sätzen das Passiv durch **man** mit dem Aktiv.

1. Die Verbreitung von Computern kann nicht mehr gestoppt werden.
2. Das Übel muß in Kauf genommen werden.
3. Aber das Tempo sollte genau bestimmt werden.
4. Die Roboter könnten in den Fabriken eingesetzt werden.
5. Aber die Arbeitsplätze sollten nicht vernichtet werden.
6. Menschenfreundliche Lösungen sollten gefunden werden.

B Bilden Sie die Sätze mit einer Alternativkonstruktion wie angegeben.

1. Der Bericht wurde endlich geschrieben. (man)
2. So wird das Problem erklärt. (sein + zu + Infinitive)
3. Die Gehälter der Arbeiter können nicht mehr bezahlt werden. (sich lassen)
4. Ein Computer kann recht billig gekauft werden. (sich lassen)
5. Die Arbeitsstellen könnte man dann eliminieren. (sich lassen)
6. Das kann man natürlich leicht sagen. (sich)
7. Aber wir wollen es nicht wirklich machen. (man)
8. Es kann anders gelöst werden. (sein + zu + Infinitiv)
9. Eine andere Lösung kann gefunden werden. (sich lassen)

C A friend is a chronic worrier. Respond to his worries using a reflexive construction.

BEISPIEL: **Ich kann das Buch nicht lesen.** (leicht) *Das Buch liest sich aber ganz leicht!*

1. Diese Frage kann ich einfach nicht lösen. (leicht)
2. Wie kann man das bloß erklären! (ganz einfach)
3. Ich kann meinen Autoschlüssel nicht finden! (sicher)
4. Ich werde nie meine Notizen finden! (ganz bestimmt)
5. Meine Probleme kann ich einfach nicht lösen. (von selbst)
6. Das Auto kann ich nie fahren! (ganz leicht)

A In welchen Lebensbereichen sollte man Ihrer Meinung nach Computer verwenden? In welchen nicht? Begründen Sie Ihre Meinung.

in Bibliotheken
in der Architektur
beim Einschreiben an Universitäten
für Spionage
zum Lernen in Schulen
um Flugzeuge zu dirigieren
für die wissenschaftliche Datenverarbeitung
zur Überwachung und Reglementierung der Bevölkerung
für Rechnungen
bei der Polizei
um Verkehrsampeln zu koordinieren

Jetzt sind Sie an der Reihe!

B Ist Ihr Leben einfacher oder komplizierter geworden durch die Computerisierung von . . .

Schallplattenmusik (Digitalaufnahmen)
Banken
Raumfahrt (Satelliten, etc.)
Läden, die Rechnungen schicken
Zeitschriftenabonnements
Bibliotheken

C Ergänzen Sie die folgenden Gesprächsanfänge.

MARIANNE: Ich hasse Computer!

KARIN: Aber warum denn? Computer sind doch gut! Sie

können _____

MARIANNE: Ja, aber sie können uns auch viel Ärger machen.

Zum Beispiel _____

KARIN: _____

MARIANNE: _____

KARIN: _____

COMPUTER: Guten Tag. Ich bin Dein freundlicher Computer. Wie heißt Du bitte?

THOMAS: Thomas.

COMPUTER: Thomas. Das ist ein schöner Name. Kein großartiger Name, wie Napoleon oder Alexander, aber ein ganz netter Name.

THOMAS: Vielen Dank. KATALOG bitte.

COMPUTER: GIGO.

THOMAS: Was!

COMPUTER: Das ist eine Abkürzung. Sie bedeutet: ich verstehe Dich nicht.

THOMAS: Du mußt mich verstehen! Ich will Deinen KA-TALOG sehen!

COMPUTER: Dummkopf, ich verstehe das nicht!

THOMAS: Du nennst mich Dummkopf! Ich werde Dich

_____

COMPUTER: Das bringt Dir nichts. Du mußt einfach

_____

THOMAS: _____

COMPUTER: _____

D Role play the following situation with another student. One is a salesperson representing a computer company. The other is the owner of a small business, with three full-time employees. The computer system would cost around DM 10.000, —. The owner is reluctant to make the investment. See who can be more persuasive! Work in categories of advantages and disadvantages for each side.

Heiter
ist die
Kunst

Musik, Malerei, Literatur

Heiter ist die Kunst

Wie steht's mit dem Wortschatz?

Ordnen Sie die Begriffe in die Kategorien **Musik, Malerei** oder **Literatur** ein: manche passen mehr als einmal!

der Bariton
die Skulptur
das Quartett
das Paperback*
das Gemälde
die Violine
klassisch
der Rockstar
modern
die Solistin
die Erzählung
live-Gruppe*
das Drama

die Zeichnung
der Komponist
das Klavier
das Gedicht
malen
das Orchester
der Schlager
der Jazz
der Solist
Oper
der Sänger
der Autor
zeichnen

die Dirigentin
die Grafik
der Roman
romantisch
das Lied
die Rockgruppe
das Konzert
der Kriminalroman
  (Krimi)
das Museum
der Musik-Freak
der Bestseller*

Musik:	Malerei:	Literatur:

* You'll notice that, in addition to the many cognates in the vocabulary of culture and art, English words such as "paperback," "live," "bestseller," "star," etc., have been integrated into modern German.

Köln und Düsseldorf: Zwei malerische Kunststädte

Wie jeder Schriftsteller unbedingt nach Paris fahren muß, wie jeder Musiker des 19. Jahrhunderts in Wien sein mußte, so gelten seit dem Zweiten Weltkrieg die beiden Städte Köln und Düsseldorf als *die* Kunst-Zentren Deutschlands, die ohne weiteres mit New York, Paris und London konkurrieren können. Beide liegen am Rhein, etwa 45 km voneinander entfernt. Köln nennt sich die „Stadt der Künste", Düsseldorf wird die „Stadt der Künstler" genannt — dort steht die berühmte Düsseldorfer Kunstakademie seit dem 18. Jahrhundert.

Beide Städte besitzen eine lange Tradition und einen wichtigen Platz in der Geschichte der Künste. Düsseldorf wird schon seit dem Dreißigjährigen Krieg[1] als Kunst-Zentrum anerkannt. In Köln wurde 1879 die Kunstschule gegründet, die heute „Kölner Werkschule" heißt. Das künstlerische Leben in beiden Städten florierte° während der zwanziger und dreißiger Jahre unseres Jahrhunderts bis zum Einschnitt° des Nationalsozialismus. Die Nazis entließen 1934 den Maler Paul Klee aus seiner Stelle an der Düsseldorfer Akademie. In Köln wurden moderne Gemälde, die die Nationalsozialisten als „entartet"[2] bezeichneten, aus den Museen entfernt. Doch das Künstlerleben blühte nach Kriegsende schnell wieder auf. Während der turbulenten sechziger Jahre spielten beide Städte eine führende Rolle in der Entwicklung der *Avantgarde*-Malerei.

Abwechselnd in Köln und in Düsseldorf findet jedes Jahr der Internationale Kunstmarkt statt. Dort werden Kunstwerke vom Altertum° bis zur Moderne ausgestellt. Diese beiden rheinischen Städte sind somit unter den wichtigsten Schauplätzen in ganz West- und Mitteleuropa für den Handel° mit Gemälden, Grafiken, Antiquitäten und anderen Kunstwerken. Nicht nur viele Künstler, sondern zahlreiche Galeristen° und Kunstliebhaber sind ins Rheinland gezogen, um dort „am Pulsschlag" des Künstlerlebens zu sein.

antiquity

trade

gallery owners

Weltberühmter Dirigent,
weltberühmtes Orchester

Die Berliner Philharmoniker

Auch wenn viel populäre Musik in Deutschland hergestellt und auch aus Amerika „importiert" wird, bleibt die klassische Musik im Lande Beethovens, Wagners, und Brahms' von höchster Wichtigkeit.

Im Jahr 1982 feierte das Berliner Philharmonische Orchester seinen hundertsten Geburtstag. Damit ist es allerdings keineswegs das älteste Orchester der Welt. Schon 1629 wurde das Orchester der Oper in Paris gegründet, 1841 die Wiener Philharmoniker, ein Jahr später das New York Philharmonic Orchestra. In den deutschsprachigen Ländern existieren gegenwärtig etwa 110 Sinfonieorchester. Das Berliner Orchester ist eins der berühmtesten.

Der internationale Ruf dieses Orchesters gründet sich auf ein großes Repertoire an klassischer Musik, vor allem der Werke der sogenannten Wiener Klassik (Haydn, Mozart, Beethoven), und auf zahllose glanzvolle Interpretationen romantischer Musik. Unter dem Dirigenten Artur Nikisch wurde das Orchester zuerst in aller Welt anerkannt. Bis 1954 stand es dann unter der Leitung von Wilhelm Furtwängler. Ab diesem Zeitpunkt wurde es — bis heute — von Herbert von Karajan geführt. Von Karajan, der berühmte österreichische Dirigent, wurde 1983 fünfundsiebzig Jahre alt. Er ist durch hunderte von Schallplattenaufnahmen und zahlreiche Gastspiele in vielen Ländern der Erde bekannt geworden. Mit gutem Grund gilt er als einer der größten Dirigenten der Musikgeschichte.

Die Berliner Philharmoniker sind heute in der von dem Architekten Hans Scharoun nach dem Krieg neu erbauten Philharmonie zu Hause. Für viele Musikfreunde gehören sie zu den wichtigsten kulturellen Institutionen Mitteleuropas. Ihre künstlerische Leistung macht Berlin zu einer der Musikmetropolen Europas, die sich mit anderen Musikzentren wie Dresden, Leipzig, London, Prag und Wien in einem Atemzug nennen läßt. Kein Besucher der Stadt Berlin wird sich einen Abend in der Philharmonie entgehen lassen. Wer den Weg nicht weiß, braucht nur nach dem „Zirkus Karajani" zu fragen: so nennen die echten Berliner das eigenwillige Gebäude der Philharmonie. ■

Frankfurt: Stadt der Buchmesse

Das Buch ist ein Freund, der dich nie verrät: so lautet ein beliebter Spruch der bücherliebenden Deutschen. Man hat festgestellt, daß in Deutschland die meisten Menschen lieber ein Buch geschenkt bekommen als Blumen oder Schokolade. Der Buchdruck° wurde von Johannes Gutenberg in Mainz um 1453 erfunden; heute existieren etwa 6300 Verlage in Westdeutschland. Dort ließen sich 1983 über 16650 Buchhandlungen zählen. Einmal im Jahr kommen Bücherliebhaber und -hersteller zusammen: auf der Frankfurter Buchmesse, der größten Buchmesse der Welt, die jedes Jahr im Herbst in Frankfurt am Main stattfindet. Dort wurden 1983 fast 300 000 Titel vorgeführt, darunter Kochbücher, Sachbücher, Kinder- und Jugendbücher, Romane, Dramen, Kriminalromane, Textbücher, Lexika und Enzyklopädien. Wenn die Ausstellungsregale° dieser Messe aneinandergereiht werden könnten, hätten sie eine Länge

book printing

exhibit shelves

Die Internationale Halle der Frankfurter Buchmesse

von neun Kilometern. Jährlich besuchen mehr als 170 000
Menschen diese berühmte Buchmesse. In der DDR ist Leipzig das
Zentrum des Buchhandels und Verlagswesens.° Eine der größten
Bibliotheken auf der Welt ist die Bayerische Staatsbibliothek° in
München, die etwa 4 Millionen Bände besitzt.

publishing
Bavarian State Library

    Auch die Bücherproduktion sieht sich in der nahen Zukunft
von anderen Medien bedroht. Das Fernsehen und vor allem das
neueste Medium, die Video-Technik, konkurrieren mit dem Buch
um die Käufer. Video-Kassetten waren bereits auf den letzten
Frankfurter Buchmessen vertreten. Doch der befürchtete Rückgang
der Lesefreunde fand noch nicht statt: es gibt jedes Jahr mehr
Buchhändler, und jedes Jahr werden mehr Bücher produziert.
Literatur bleibt Hobby und Beruf für viele Deutsche und läßt sich
nicht durch den Bildschirm ersetzen.

ÜBRIGENS. . .

1. The Thirty Years' War, fought 1618-1648 in Europe over political and
religious issues related to the Protestant Reformation, brought with it
many cultural upheavals.

2. The National Socialists, as a totalitarian government, strictly controlled all forms of art, and forbade or destroyed the works of artists
whose views differed from the regime — and, of course, the work of
Jewish artists. These works were called **entartet** (*degenerate*).

Bücherlesen

von Günter Kunert

Bücherlesen ist vonnöten°,   *necessary*
soll euch nicht die Dummheit töten:
Wer nicht gerne Bücher liest,
ist für mich ein blödes Biest!

Wer liest, hat mehr vom Leben.

Aphorismen

Die Kunst ist eine Vermittlerin des Unaussprechlichen. (Goethe)

Die Kunst ist das Ins-Werk-Setzen der Wahrheit. (Heidegger)

Die Kunst ist das Gewissen der Menschheit. (Hebbel)

Kunst: Verzierung dieser Welt. (W. Busch)

Die Kunst ist zwar nicht das Brot, aber der Wein des Lebens.
(Jean Paul)

Wir haben die Kunst, damit wir nicht an der Wahrheit
zugrunde gehen. (Nietzsche)

Literatur ist Unsterblichkeit der Sprache. (A.W. Schlegel)

Literatur ist soziale Erscheinung. (Heinrich Mann)

Literatur ist gedruckter Unsinn. (Strindberg)

Malerei verwandelt den Raum in Zeit, Musik die Zeit in Raum.
(Hofmannsthal)

Musik ist höhere Offenbarung als alle Weisheit und Phi-
losophie. (Beethoven)

Musik allein ist die Weltsprache und braucht nicht übersetzt zu
werden. (Auerbach)

Ernst ist das Leben, heiter ist die Kunst. (Schiller)

A Machen Sie eine Liste all der Adjektive, die Sie in den
Aphorismen identifizieren können.

B Übersetzen Sie gemeinsam die obenstehenden Aphorismen.
Schreiben Sie die beste Übersetzung an die Tafel. Nehmen Sie
notfalls ein Wörterbuch zu Hilfe.

Nomen

die Antiquität, -en antique
der Band, ⁻e volume *(of a book)*
der Liebhaber, - fan, lover *(often used in compound nouns:* **Bücherliebhaber, Musikliebhaber,** *etc.)*
♦ **malen** to paint

> **die Malerei** painting
> **der Maler, -; -in** painter
> **malerisch** picturesque
> **das Malbuch, ⁻er** coloring book
> **der Malstift, -e** crayon, pencil

die Messe, -n fair, exposition
die Moderne the modern period
das Museum, die Museen museum
der Musiker, -; -in musician
der Rückgang, ⁻e dwindling; recession
der Ruf, -e reputation
der Verlag, -e publisher
das Zentrum, die Zentren center

Verben

aneinander·reihen string together, line up
auf·blühen blossom, flourish
aus·stellen exhibit
entlassen dismiss from a position
finden find

> **statt·finden** take place
> **ab·finden** pay off
> **sich ab·finden (mit)** come to terms (with)
> **sich befinden** be located
> **empfinden** perceive, sense
> **erfinden** invent
> **vor·finden** find, come upon
> **sich zurecht·finden** find one's way

konkurrieren compete
verraten betray

Adjektive, Adverben etc.

abwechselnd alternatively
allerdings however, of course
eigenwillig extremely original, idiosyncratic
gegenwärtig at present
glanzvoll brilliant
jährlich yearly
keineswegs in no way

Wortschatz

WORT+ZUSAMMEN+SETZUNG

der Bildschirm, -e TV screen
    das Bild + der Schirm

der Buchhandel book trade
    das Buch + der Handel

die Buchhandlung, -en book store
    das Buch + die Handlung

das Gastspiel, -e guest appearance
    der Gast + das Spiel

die Neuerscheinung, -en new publication
    neu + die Erscheinung

die Schallplattenaufnahme, -n phonograph record
    der Schall + die Platte + die Aufnahme

der Schauplatz, ‑̈e site, scene
    schauen + der Platz

AUSDRÜCKE UND REDEWENDUNGEN

ohne weiteres easily, readily
eine führende Rolle spielen to play a leading role
am Pulsschlag von etwas sein to be right at the center of
  something (i.e., "where the action is")
in aller Welt throughout the world
unter der Leitung von jemand *(Dat.)***stehen** to be under the
  direction of someone
ab diesem Zeitpunkt from this time on
etwas läßt sich in einem Atemzug nennen mit something can be
  compared or equalled to something else
Bücherliebhaber und -hersteller book-lovers and (book)-producers

    (Note the use of compound nouns: the compound element
"**Bücher**" need be stated only once. Words can be divided the
other way as well, with the repeated element coming second:
Bücher- und Musikfreunde — book-(friends) and music-friends.)

jemand sieht sich bedroht someone sees himself threatened
etwas war vertreten something was represented

"■"

Art is often a matter of taste. When asked your opinion about any work of art, you can always refer to your own taste.

NEUTRAL

Tut mir leid, das ist einfach nicht mein Geschmack.   Sorry, that's just not my taste.

REJECTING

Das ist ausgesprochen geschmacklos!   That's outright tasteless!

COMPLIMENTARY

Das ist außerordentlich geschmackvoll!   That's in extremely good taste!

Das ist mir zu ...   I find that too ...

Das ist so ...   That is so ...

MUSIK	LITERATUR	KUNST
laut	spannend	bunt
leise	langweilig	blaß
schön	schwierig	modern
häßlich	anregend	naturalistisch
klassisch	schön gedruckt	impressionistisch
modern	aufregend	abstrakt
	gut geschrieben	realistisch

Ein guter Buchhändler kann *jedes* Buch innerhalb einer Woche besorgen.

Was muß man über ein Buch wissen?

Wenn Sie Literatur studieren wollen, oder auch nur gerne lesen, müssen Sie ein Buch genau beschreiben können.

der Autor/die Autorin	Der Autor dieses Buchs heißt Heinrich Böll.
der Titel	Das Buch heißt „Die verlorene Ehre der Katharina Blum".
die Auflage	Es ist schon in der vierten Auflage.
der Verlag	Es erscheint beim DTV. (Deutscher Taschenbuch Verlag).
das Copyright	Es trägt ein Copyright vom Jahr 1976.
das Exemplar	Das ist mein eigenes Exemplar, aber die Bibliothek besitzt auch einige Exemplare.

" ▬▬▬▬▬▬▬▬▬▬ "

Wortschatz im Kontext

A Beschreiben Sie das Schwarzweißbild auf S. 221. Geben Sie ihm Farben (dunkelrot, hellrot, blau, grün, gelb, braun, rosa, schwarz, etc.).

B Übersetzen Sie die Dialoge.

HELGA: Have you read this novel by Heinrich Böll? It is exciting.
KATJA: No, I haven't had time. What is the title?
HELGA: It is called *The Lost Honor of Katharina Blum.*
KATJA: I should probably buy it. I really like that author.
HELGA: Me too.
KATJA: Which publisher is it? Is it a new edition?
HELGA: My copy is DTV. It has a 1976 copyright.

JÜRGEN: I'm going to the concert tomorrow night.
VATER: Concert? Chamber music perhaps? Beethoven? I'll come along.
JÜRGEN: Wrong. My favorite rock group. Loud. Not really your taste.
VATER: Taste! It's outright tasteless. How can you listen to that ugly music?
JÜRGEN: Sorry! For me it's very good taste. Not boring like the music you listen to. But you don't have to come along.

C Im folgenden finden Sie Antworten. Welche Fragen wurden gestellt? Lesen Sie die Texte dieses Kapitels sorgfältig durch!

1. Daß beide eine wichtige Rolle im künstlerischen Leben Deutschlands spielten.

2. Seit dem Dreißigjährigen Krieg.

3. Weil sie am Pulsschlag des künstlerischen Lebens sein wollen.

4. Weil sie sie für „entartet" hielten.

5. Werke der Wiener Klassik und auch viel romantische Musik.

6. Natürlich. Das würde ich mir bei einem Berlin-Aufenthalt nicht entgehen lassen!

7. Ungefähr neun Kilometer, glaube ich.

8. Die Leipziger Messe in der DDR.

9. Bücher lieber als Blumen oder Schokolade!

10. Ja, sie sind vertreten, aber Bücher können sie nie ersetzen.

D Schreiben Sie in Ihren eigenen Worten, was Günter Kunert über das Bücherlesen sagt. (S. 221)

E Erklären Sie Ihrem Nachbarn die Bedeutung von drei Aphorismen auf S. 222.

F Schreiben Sie einen kleinen Aufsatz mit dem Titel „Warum wir alle mehr lesen sollten".

Grammatik

I ADJECTIVES

Adjectives are used to modify (i.e., to change, further explain, or give precision and detail to) the meaning of nouns and pronouns. An *attributive* adjective can be used to limit or qualify as well as describe, and always *precedes* the noun it modifies. *Predicate* adjectives usually occur after the verb **sein** or the verb **werden** and are *not followed* by a noun or pronoun. They require no special endings.

1. Attributive adjectives always take endings. These are determined by the gender, number, and case of the noun being

modified. There are two sets of adjective endings, shown in the charts below.

Weak Adjective Endings

	Masculine	*Feminine*	*Neuter*	*Plural*
Nominative	-e	-e	-e	-en
Accusative	-en	-e	-e	-en
Dative	-en	-en	-en	-en
Genitive	-en	-en	-en	-en

Note that there are only two possible weak adjective endings: **-en** and **-e**.

Strong Adjective Endings

	Masculine	*Feminine*	*Neuter*	*Plural*
Nominative	-er	-e	-es	-e
Accusative	-en	-e	-es	-e
Dative	-em	-er	-em	-en
Genitive	-en	-er	-en	-er

Note that the strong adjective endings are the same as those of the **der**-words, except for the genitive masculine and neuter.

a. If an attributive adjective is preceded by a definite article or another **der**-word, the adjective ending is always *weak*.

- Es ist nicht **das** älteste Orchester der Welt. — It is not the oldest orchestra in the world.

b. If an attributive adjective is preceded by an indefinite article or another **ein**-word *with an ending*, the adjective ending is *weak*. It is *strong* if the **ein**-word does *not* have an ending (which is true in the nominative masculine singular, and in the nominative and accusative neuter singular).

- Diese Städte besitzen **eine** lange Tradition in der Geschichte der Künste. — These cities have a long tradition in the history of the arts.

- Kennen Sie **ein** älter**es** Orchester als die Wiener Philharmoniker?

  Do you know an older orchestra than the Vienna Philharmonic?

c. If the attributive adjective is preceded by neither a **der-**word nor an **ein-**word, the adjective ending is always *strong*.

- In Köln wurden damals modern**e** Gemälde aus den Museen entfernt.

  In Cologne modern paintings were removed from museums at that time.

- Er ist bekannt für zahllos**e** glanzvoll**e** Interpretationen.

  He is known for countless brilliant interpretations.

Note that in a series of two or more attributive adjectives the endings are identical.

2. A number of important special rules for adjectives need to be kept in mind.

a. If the basic form of an attributive adjective ends in **-el** or **-er** as in **dunkel** *(dark)* and **teuer** *(expensive)*, the **-e-** of the stem is dropped when the adjective takes an ending.

- Ein **edles** Buch ist mir lieber als **teure** Blumen.

  I prefer a noble book over expensive flowers.

b. Past participles used as attributive adjectives take endings according to the same rules.

- Jeder kennt die neu **erbaute** Philharmonie von Berlin.

  Everybody knows the recently built Philharmonic Hall of Berlin.

c. Present participles, which are formed by adding **-end** to the verb stem, take endings according to the same rules.

- Beide Städte spielen eine **führende** Rolle in der Kunst.

  Both cities play leading roles in the arts.

d. When preceded only by a cardinal number other than **ein** (**eins**), the attributive adjective's ending is *strong*. The number itself takes no ending. (The number **ein**, however, is declined like the indefinite article.)

- Köln und Düsseldorf sind **zwei malerische** Städte.

  Cologne and Düsseldorf are two picturesque towns.

e. Attributive adjectives and participles used as nouns are capitalized, but retain their endings according to the usual rules.

- Das **Gute** an Büchern ist, daß sie einen nie verraten!   The good thing about books is that they never betray you!

f. Adjectives derived from the names of cities take the ending **-er** and are capitalized, but never declined.

- Dieses Jahr werde ich die **Leipziger** Messe besuchen.   This year I'll visit the Leipzig Fair.

g. The same rule (f.) applies to numbers indicating decades; they end in **-er** and are not declined except for adding **-n** in the dative plural.

- Er war ein Mann in den **Dreißigern**.   He was a man in his thirties.
- Die **sechziger** Jahre waren großartig.   The sixties were great.

A Setzen Sie die richtigen Endungen ein.

Köln und Düsseldorf sind zwei malerisch _____

Kunststädte. Diese Städte besitzen eine lang _____

Tradition und spielen eine führend _____

Rolle in der Kunst der Bundesrepublik. Nach dem

Zweit _____ Weltkrieg waren Köln und Düsseldorf schwer zerstört, aber jetzt sind sie wieder zwei völlig

aufgebaut _____ Städte. Es gibt dort berühmt _____

Museen und teu _____ Galerien. Insbesondere

Köln hatte schon vor dem letzt _____ Krieg einen

wichtig _____ Platz in der glanzvoll _____

Geschichte der deutsch _____ Malerei.

Heutzutage lebt eine groß _____ Anzahl bekannt _____

Künstler in dieser alt _____ Stadt. Aber Köln

ist nicht nur bekannt für seine modern _____ Maler

und die wichtig _____ „Köln _____ Werkschule",

sondern es gibt hier auch eine bedeutend _____

Universität, wo großartig _____ literarisch _____

Veranstaltungen stattfinden. Das Schön _____

an Köln und Düsseldorf ist außerdem, daß es zwei

zentral gelegen _____ Städte sind. Man könnte noch viel

Interessant _____ über diese zwei historisch _____

Städte berichten.

B Change the predicate adjectives to attributive adjectives, adding the correct ending.

1. Die Musik von Brahms ist romantisch. Es ist . . .

2. Ich habe aber lieber Musik, die modern ist. Ich liebe die . . .

3. Die Musik, die meine Eltern hören, ist immer klassisch. Meine Eltern hören . . .

4. Unsere Meinungen sind eben verschieden. Wir haben . . .

5. Bei Literatur ist unser Geschmack allerdings gleich. Wir haben den . . .

6. Mein Lieblingsautor ist etwas eigenwillig. Er ist ein . . .

C "Dress up" the simple sentences below with correctly declined adjectives. Use as many of the suggested adjectives as you can, either together or in separate sentences.

1. Die Musik gefällt mir. (laut, populär, amerikanisch, modern)

2. Nichts ist schlimmer als ein Buch. (lang, langweilig, trocken geschrieben, schlecht gedruckt, uninteressant)

3. Dieses Bild ist von Picasso. (schrecklich, eigenwillig, glanzvoll, verrückt, hochinteressant, weltbekannt)

3. Adjectives expressing quantity have their own special rules when followed by attributive adjectives.

a. Attributive adjective endings are strong if preceded by the adjectives **andere** *(other)*, **einige** *(some)*, **mehrere** *(several)*, **viele** *(many)*, and **wenige** *(few)*.

● Es gibt **mehrere ausgezeichnete** Museen in der Bundesrepublik.

There are several excellent museums in the Federal Republic.

This does not apply, of course, if the numerical adjective itself is preceded by a **der**-word.

- Die **vielen guten** Orchester in der Bundesrepublik sind weltbekannt.

  The many good orchestras in the Federal Republic are world-famous.

Remember that **viel** and **wenig** can also be used in the singular to mean "a lot" or "not much," and as such do not take endings.

- Ich habe **viel** Geld aber **wenig** Zeit.

  I have a lot of money but little time.

b. Attributive adjective endings are weak if preceded by **alle.**

- **Alle neuen** Bücher werden auf der Frankfurter Buchmesse vorgeführt.

  All new books are presented at the Book Fair in Frankfurt.

c. Attributive adjectives take strong endings and are capitalized when they function as neuter nouns preceded by **etwas** *(something)*, **mehr** *(more)*, **nichts** *(nothing)*, **viel** *(much)*, and **wenig** *(little)*.

- Sie erzählt **viel Gutes** über Leipzig.

  She says many good things about Leipzig.

d. Attributive adjectives take weak endings and are capitalized when they function as neuter nouns preceded by **alles.**

- Sie liebt **alles Neue**.

  She loves everything (that is) new.

A Setzen Sie die richtigen Endungen ein.

Außer Büchern gibt es viel _____ ander _____

wichtig _____ Medien. Heutzutage werden auf

der Frankfurt _____ Buchmesse nicht nur all _____

neu _____ Bücher vorgeführt, sondern auch

einig _____ interessant _____ Videokassetten. In der

Bundesrepublik gibt es mehrer _____ groß _____
Firmen, die auf dem Gebiet der Videotechnik mit

ander _____ berühmt _____ international _____

Firmen konkurrieren. Natürlich sind all _____

neu _____ Produkte dieser Art nicht billig.
Aber es gibt auf dieser Büchermesse für jeden etwas Interes-

sant _____ . Alles Neu _____ auf dem Gebiet der

Medien wird hier ausgestellt: nichts Wichtig _____

fehlt.

B A friend gives you advice on what you should or should not buy. You respond by saying you have already bought *some* or *many* or *all* of the suggested items.

      BEISPIEL: Du solltest unbedingt neue Kleider kaufen.
                Ich habe schon viele neue Kleider.

1. Du mußt dieses neue Buch von Böll kaufen. Ich habe

schon alle _____

2. Kauf dir bloß keine klassischen Schallplatten! Ich habe

schon mehrere _____

3. Du mußt dir meine Beatles-Platten anhören. Ich habe

schon alle _____

4. Komm mit in das italienische Restaurant! Ich kenne sel-

ber einige _____

5. Gehen wir ins Kino, da läuft ein neuer Film! Ich habe

schon alle _____

C You are shopping. When you ask for an item, a clerk informs you that all of them have been sold.

1. Haben Sie italienische Äpfel? Alle . . . sind schon weg.
2. Ich brauche dringend ein deutsches Wörterbuch! Alle . . .
3. Haben Sie eine französische Zeitung? Leider sind alle . . .
4. Haben Sie noch verbilligte Bananen? Tut uns leid, alle . . .
5. Ich möchte einen guten Platz im Konzert, ganz vorne. Es tut mir leid, alle . . .
6. Haben Sie noch frische Brötchen? Nein, leider sind alle . . .

Extended-Adjective Construction

Extended adjectives are a rather characteristic feature of German and are used primarily in technical and academic writing. In this construction, an attributive adjective (most often a present or past participle) is in turn expanded by adverbs, objects or prepositional phrases. In other words, what might be expressed by a relative clause is compressed into an adjective construction. Below are examples of how such an adjective construction is "extended."

- eine aufblühende Stadt
- eine wieder aufblühende Stadt
- eine nach Kriegsende wieder aufblühende Stadt

or, as a relative clause:

- eine Stadt, die nach Kriegsende wieder aufblüht

a city flourishing again after the end of the war

- die erbaute Philharmonie
- die neu erbaute Philharmonie
- die nach dem Krieg neu erbaute Philharmonie
- die von dem Architekten Hans Scharoun nach dem Krieg neu erbaute Philharmonie

the *Philharmonie*, which was newly built (rebuilt) after the war by the architect Hans Scharoun

This extended adjective construction is often a stumbling block when reading German prose. Watch out for any **der-** or **ein-** word that is not immediately followed by an adjective or noun. Go forward from the **der-** or **ein-**word until you find the *matching* noun (which may be the second or third noun) and then, in effect, read backwards from that noun.

A Underline the **der-** or **ein-**word and its matching noun. Then translate the whole sentence into English, using relative clauses as needed.

1. Die jährlich im Oktober in Frankfurt stattfindende Buchmesse zieht Besucher aus aller Welt an.

2. Gestern abend fand in der von vielen Berlinern als „Zirkus Karajani" bezeichneten Neuen Philharmonie ein Gastspiel der Dresdner Staatskapelle statt.

3. Die durch glanzvolle Interpretationen klassischer Werke berühmt gewordenen Berliner Philharmoniker machen jährlich eine mehrwöchige, durch viele Länder Europas führende Konzertreise.

4. Die von den Nazis als „entartet" bezeichneten und aus den Museen entfernten Bilder wurden oft an ausländische Museen verkauft.

5. Die besonders bei Jugendlichen beliebten Videokassetten besitzen einige den Büchern fehlende Vorteile.

B Bilden Sie statt des Relativsatzes einen Satz mit erweitertem Adjektiv.

1. Die Städte, die am Rhein liegen, sind Kunstzentren.

2. Zur Zeit der Nationalsozialisten gab es dort viele Künstler, die als „entartet" bezeichnet wurden.

3. In Köln wurden damals aus den Museen Bilder entfernt, die von verbotenen Künstlern gemalt worden waren.

4. Das Künstlerleben, das nach Kriegsende wieder schnell aufblühte, floriert heute wie nie zuvor.

5. Aber es gibt auch andere deutsche Städte, die in den USA bekannt sind, wo die Künste florieren.

6. Die Berliner Philharmoniker, die 1982 hundert Jahre alt geworden sind, kennen Sie bestimmt.

II NUMERICAL EXPRESSIONS, TELLING TIME, DATES

1. Numerical expressions.

a. Cardinal numbers with the suffix **-mal** cannot be declined.

einmal (im Monat)	once (a month)
zweimal (die Woche)	twice (a week)
dreimal (am Tage)	three times (a day)

- Buchliebhaber und -hersteller kommen **einmal** im Jahr zusammen.

  Book lovers and publishers of books get together once a year.

b. Adverbial forms used to enumerate things add **-ens** to the ordinal numbers.

erstens	in the first place
zweitens	in the second place
drittens	in the third place

- Ich kann nicht mitkommen, **erstens** habe ich keine Zeit, und **zweitens** soll der Film auch nicht sehr gut sein.

  I can't come along, *in the first place* I don't have any time and *in the second place* the film isn't supposed to be very good.

Note that "first of all," when it is not in a series, is translated as **zuerst**.

- **Zuerst** kommt für mich die Musik.

  Music ranks *first* with me.

c. Fractions are neuter nouns and formed by adding **-el** to the stem of the ordinal numbers.

ein Drittel	one-third
zwei Viertel	two-quarters
drei Fünftel	three-fifths

Note that *half* is expressed in two ways. **Die Hälfte** is used in most conversational situations, when referring to half of a (material) whole.

- Gib mir **die Hälfte** von dem Kuchen.

  Give me *half* of that cake.

- **Die erste Hälfte** des Romans ist etwas langweilig.

  The first half of the novel is a bit boring.

The lower-case **halb** is used in time expressions, in mathematical equations, as an adjective and as an adverb.

- Um **halb** eins gehe ich ins Museum.

  At *half* past twelve I'll go to the museum.

- Wie addiert man **ein halb** und ein Drittel ($\frac{1}{2} + \frac{1}{3}$)?

  How do you add *one half* and one third?

- Ich habe schon **das halbe Buch** gelesen.

  I already read *half of the book*.

- Sie war schon **halb** eingeschlafen.

  She was *half* asleep.

The derivatives **anderthalb** *(one and a half)*, **zweieinhalb** *(two and a half)*, **siebeneinhalb** *(seven and a half)*, etc., precede plural nouns and are not declined.

d. je and **pro**
Je before numbers suggests an equal distribution of the items being counted.

• Sie kauften **je vier** Bücher.	They bought *four* books *each*.

Pro corresponds to *per* in English after measure amounts.

• Sie bezahlte über zwanzig Mark **pro** Schallplatte.	She paid more than twenty Marks *per* record.

Pro can often be omitted, especially with **Stück**.

• Die Äpfel kosten eine Mark **das Stück**.	The apples cost a mark *apiece*.

e. To indicate decades, the ending **-er** is added to the cardinal numbers.

• Während der **sechziger** Jahre spielte die Kunst in beiden Städten eine große Rolle.	In the *sixties*, the arts played a large role in both cities.

Commas are used in German where a decimal point occurs in English; a period or space is used with numbers in German where a comma occurs in English.

• Die Bevölkerung der Stadt ist **1,5 Millionen**.

• Die Bevölkerung der Stadt ist **1 500 000 (1.500.000)**.

• The population of the city is *1.5 million*.

2. Telling Time.
There are several different ways to ask what time it is.

Wieviel Uhr ist es? Wie spät ist es? Wieviel Uhr haben Sie?	What's the time?/What time do you have?
Es ist . . .; Ich habe . . .	It is . . . . I have . . . .

Official time is always given on a 24-hour basis.

drei (Uhr)
drei Uhr nachmittags
fünfzehn Uhr
Punkt drei (Uhr)

Viertel nach drei
drei Uhr fünfzehn
fünfzehn Uhr fünfzehn

halb vier
drei Uhr dreißig
fünfzehn Uhr dreißig

Viertel vor vier
dreiviertel vier
drei Uhr fünfundvierzig
fünfzehn Uhr
fünfundvierzig

fünf (Minuten) nach drei
drei Uhr fünf
fünfzehn Uhr fünf

fünf (Minuten) vor drei
zwei Uhr fünfundfünfzig
vierzehn Uhr fünfundfünfzig

Two especially useful words for telling time are **gegen** (*around*) and **pünktlich** (*exactly*).

- Sie kommt **gegen** acht (Uhr).

  She'll come *around* eight o'clock.

- Bitte sei **pünktlich** um elf Uhr hier.

  Please be here at *exactly* eleven o'clock.

3. Dates.

Welcher Tag ist heute?

Welchen Tag haben wir heute?

What day is it?

Der wievielte ist heute?

Den wievielten haben wir heute?	
Welches Datum haben wir heute?	What is the date?

Heute ist Montag.	Today is Monday.
Heute ist der sechzehnte April.	Today is April 16th.
Wir kommen am Montag.	We'll come on Monday.
Wir kommen am sechzehnten April.	We'll come on April 16th.

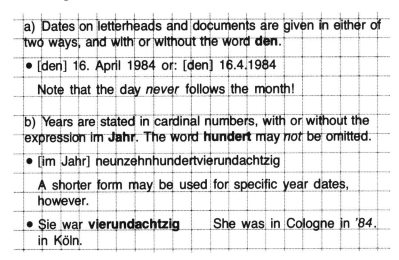

a) Dates on letterheads and documents are given in either of two ways, and with or without the word **den**.

- [den] 16. April 1984 or: [den] 16.4.1984

  Note that the day *never* follows the month!

b) Years are stated in cardinal numbers, with or without the expression im **Jahr**. The word **hundert** may *not* be omitted.

- [im Jahr] neunzehnhundertvierundachtzig

  A shorter form may be used for specific year dates, however.

- Sie war **vierundachtzig** in Köln.   She was in Cologne in '84.

A Wieviel Uhr ist es? Geben Sie jeweils alle Möglichkeiten.

1. 4:00 _____
2. 2:15 _____
3. 1:30 _____
4. 2:45 _____
5. 8:55 _____
6. 7:05 _____
7. 14:25 _____
8. 9:40 _____
9. 23:10 _____

B Übersetzen Sie die folgenden Sätze ins Deutsche und geben Sie dann eine Antwort.

1. What day is it?
2. What date is it today?
3. Is today Thursday?
4. When will we go to the exhibition at the museum?
5. When will the next concert be?
6. What day was yesterday?

C Fügen Sie die Wörter in Klammern ein.

1. _____ gehe ich ins Theater. *(twice a month)*

2. _____ der Bevölkerung liest beinah nie ein Buch. *(one-third)*

3. In _____ Stunden ist das Konzert vorüber. *(one-and-a-half)*

4. _____ des Romans war langweilig. *(the first half)*

5. Wir mußten alle _____ arbeiten. *(four hours each)*

6. Die Malerei der _____ Jahre fand ich interessanter als die der _____ Jahre. *(sixties/seventies)*

7. Sie kamen _____ zu spät zum Kammermusik-konzert. *(half an hour)*

8. Ich bin schon _____ in Köln im Museum gewesen. *(once)*

D With a partner, pretend you are in a travel agency planning a trip and you want to get some information about the train schedule. A third student plays the travel agent. He or she asks: Where do you want to go? For how many days? Do you want to make stopovers on the way? What kind of train accommodations do you prefer?

The travelers want to know: How long is the train trip? How many stops? What do the tickets cost? When do they depart/arrive? How early do they have to be at the station?

The words listed below will help.

Von . . . nach	Raucher/Nichtraucher
am . . .	die Abfahrt/die Ankunft
der Aufenthalt	abfahren/ankommen
die Fahrkarte, -n	der Schlafwagen, -
erste/zweite Klasse	der Speisewagen, -

Jetzt
sind Sie
an der Reihe!

A Fertigen Sie eine Inhaltsangabe von einem Roman oder einer Erzählung an, die Sie gelesen haben. Lassen Sie die anderen raten, wer der Autor ist und wie der Titel heißt.

B Berichten Sie über einen Film, den Sie kürzlich im Kino oder Fernsehen gesehen haben. Warum fanden Sie den Film gut oder schlecht?

C Pretend you are reviewing a play or a concert for your newspaper. What would you choose and what would you write?

D Take an opinion poll, using the questions below.

1. Besuchen Sie die Theater in Ihrer Stadt?
2. Gehen Sie in Konzerte?
3. Lesen Sie Erzählungen und Romane?

	oft	*manchmal*	*selten*	*nie*
Theaterbesuch				
Konzertbesuch				
Bücherlesen				

E Tell your neighbor what kind of records you have. Tell who the conductors, orchestras, soloists, etc., are.

F Form small groups of 4 or 5 persons, and make lists of those cultural events presently offered in your city, indicating which you attend. Compare your results with those of the other groups.

G Pretend you want to fly from Berlin to another city far away. Have your partner give you some information from the following table about possible flights. Consider flight times, arrival times, time gain or loss, which days of the week flights are scheduled.

H Divide the class into three groups. Have each group expand one of the following nouns pertaining to art, music, and literature, respectively, by combining the nouns with adjectives. List each item first with a **der**-word, then with an **ein**-word, and then by itself.

> BEISPIEL: das moderne Gemälde
> ein modernes Gemälde
> modernes Germälde

die Grafik
die Zeichnung
die Skulptur
die Ausstellung
der Zeichner/die Zeichnerin
der Maler/die Malerin
das Museum
die Malerei
das Musikinstrument
das Klavier
die Geige
die Klarinette
das Sinfoniekonzert
das Quartett
die Oper
der Solist/die Solistin
der Roman
die Erzählung
das Schauspiel
die Komödie
der Verlag
die Ausgabe
das Exemplar
der Autor/die Autorin

Belrut
Nach/To/A				Tegel +02:00
- - - - 5 - -	10.45 – 17.35	PA 643 /MELH 218		International +03:00

Beograd
Nach/To/A				+02:00
1 2 3 4 5 - -	07.10 – 12.05	PA 635 /LH 360	01Jul–28Sep	via FRA
1 2 3 4 5 6 7	11.45 – 15.10	PA 687 /LH 362		via MUC

Bogotá
Nach/To/A				Eldorado –05:00
1 - - - 5 - -	10.45 – 21.35	PA 643 /LH 516	01Jul–28Sep	via FRA
- - 3 - - - -	10.45 – 19.55	PA 643 /LH 514	01Jul–28Sep	via FRA
1 - - - 5 - -	10.50 – 22.50	PA 643 /LH 516	30Sep–26Oct	via FRA
- - 3 - - - -	10.50 – 21.15	PA 643 /LH 514	02Oct–26Oct	via FRA

Bombay
Nach/To/A				Sahar International +05:30
1 - 3 - - 6 -	14.40 – 05.30+	PA 651 /LH 694	01Jul–28Sep	via FRA
- - - - 5 - -	14.40 – 05.30+	PA 651 /LH 644	01Jul–25Jul	via FRA
1 - 3 - - 6 -	14.40 – 06.10+	PA 651 /LH 694	30Sep–26Oct	via FRA
- - - - 5 - -	18.30 – 09.30+	PA 657 /LH 668	26Jul–27Sep	via FRA
- - - - 5 - -	18.30 – 10.10+	PA 657 /LH 668	04Oct–26Oct	via FRA

Boston
Nach/To/A				Logan Int. –04:00
1 2 3 4 5 6 7	10.45 – 16.10	PA 643 /LH 422	01Jul–28Sep	via FRA
1 2 3 4 5 6 7	10.50 – 17.10	PA 643 /LH 422	29Sep–26Oct	via FRA

Bremen
Nach/To/A				Neuenland +02:00
1 2 3 4 5 6 -	06.45 – 07.35	BA 3035	737	Nonstop
1 2 3 4 5 6 7	17.35 – 18.25	BA 769	B11	Nonstop

Bruxelles/Brussel
Nach/To/A				National +02:00
1 2 3 4 5 6 7	07.10 – 10.10	PA 635 /LHSN 100		via FRA
1 2 3 4 5 6 7	10.45 – 14.05	PA 643 /LH 102		via FRA
1 2 3 4 5 6 7	14.40 – 17.45	PA 651 /LH 104		via FRA
1 2 3 4 5 - 7	16.15 – 19.55	PA 613 /LH 108 c)		via HAM
- - - - - 6 -	17.45 – 22.20	PA 655 /LH 106		via FRA
1 2 3 4 5 - 7	18.30 – 22.20	PA 657 /LH 106		via FRA

Bucuresti
Nach/To/A				Otopeni +03:00
1 2 - 4 5 - -	09.10 – 15.30	PA 685 /LH 370		via MUC

Budapest
Nach/To/A				Ferihegy +02:00
1 2 3 4 5 6 7	06.30 – 11.55	PA 681 /LH 358		via MUC
1 2 3 4 5 6 7	14.40 – 18.05	PA 651 /LH 354		via FRA

Buenos Aires
Nach/To/A				Ezeiza –03:00
- - - - - 6 -	17.45 – 11.00+	PA 655 /LH 508	05Oct–26Oct	via FRA
- 2 - 4 - - -	18.30 – 11.00+	PA 657 /LH 502	01Oct–26Oct	via FRA
- 2 - 4 - - -	20.00 – 10.45+	PA 659 /LH 502	01Jul–28Sep	via FRA
- - - - - 6 -	20.00 – 10.45+	PA 659 /LH 508	01Jul–28Sep	via FRA

Cairo
Nach/To/A				International +02:00
- 2 - 4 - - -	10.45 – 17.55	PA 643 /LH 538	01Jul–28Sep	via FRA
- 2 - 4 - - -	10.50 – 18.55	PA 643 /LH 538	01Oct–26Oct	via FRA
1 - 3 - 5 6 7	11.45 – 19.05	PA 687 /LH 620	01Jul–28Sep	via MUC
1 - 3 - 5 6 7	11.45 – 20.05	PA 687 /LH 620	29Sep–26Oct	via MUC

Calgary
Nach/To/A				International –06:00
- - 3 - 5 - 7	10.45 – 15.25	PA 643 /LH 446	01Jul–28Sep	via FRA
- - 3 - 5 - 7	10.50 – 16.25	PA 643 /LH 446	29Sep–26Oct	via FRA

Caracas
Nach/To/A				Simon Bolivar –04:00
1 - - - 5 - -	10.45 – 19.45	PA 643 /LH 516	01Jul–28Sep	via FRA
1 - - - 5 - -	10.50 – 21.00	PA 643 /LH 516	30Sep–26Oct	via FRA

Casablanca
Nach/To/A				Mohamed V +01:00
- - 3 - - - 7	07.10 – 13.25	PA 635 /LH 382	01Jul–28Sep	via FRA
- - 3 - - - 7	07.10 – 14.25	PA 635 /LH 382	29Sep–26Oct	via FRA
- - - - - 6 -	08.45 – 13.10	PA 637 /LH 380	01Jul–28Sep	via FRA
- - - - - 6 -	08.45 – 14.10	PA 637 /LH 380	05Oct–26Oct	via FRA

Chicago
Nach/To/A				O'Hare Int. –05:00
1 2 3 4 5 6 7	10.45 – 15.10	PA 643 /LH 430	01Jul–19Jul	via FRA

Further transfer connections via Frankfurt / Otras conexiones via Frankfurt

45

9 Das Leben in der Großstadt

Das Leben auf dem Land

Das Leben in der Großstadt

Das Leben auf dem Land

1. Which words would you associate with picture A? Which with picture B?

Dorf _____

Verkehr _____

ruhig _____

viele Menschen _____

Einsamkeit _____

laut _____

Umweltverschmutzung _____

Großstadt _____

Tiere _____

Asphalt und Beton _____

Anonymität _____

jeder kennt jeden _____

Kriminalität _____

A

B

2. Imagine yourself living in each of these settings. Describe your home and the life you might lead! (If necessary, look ahead to the chapter vocabulary on pages 253 and 254.)

3. The following reading selection is an exchange of letters between two friends, one living in the city and one in the country. Skim over it (without looking up words). Then list each writer's major complaints as you see them:

INGRID MISSFÄLLT AN DEM DORF:	ANGELIKA MISSFÄLLT AN DER GROSSTADT:
1.	1.
2.	2.
3.	3.
4.	4.

Wohnungstausch

Hofstetten, den 4. Mai 1984

Liebe Angelika

Ich wäre früher zum Schreiben gekommen, war aber einfach zu
beschäftigt. Heute habe ich etwas Besonderes, das ich Dir[2], Klaus
und den Kindern vorschlagen möchte. Wie wäre es, wenn wir in
den kommenden Sommerferien für einige Wochen unsere Wohnungen tauschen würden? Ihr könntet hier das alte Bauernhaus
bewohnen, es ist angenehm kühl, die Gegend ist menschenleer,
und die Luft ist sauber. Die Kinder hätten Gelegenheit, etwas von
der Landwirtschaft° zu sehen und sich im Grünen auszulaufen, was   *agriculture*
in Eurer Großstadt hingegen nicht möglich ist.

Umgekehrt wäre ich dankbar, wenn ich ein paar Wochen Eure
Stadtwohnung benutzen könnte. Ich könnte mich eine Weile lang
vom Dorfleben etwas erholen. Kannst Du Dir vorstellen, wie es
wäre, für jeden Bibliotheksbesuch 40 Minuten mit dem Zug zu
fahren? Oder, wie hier im Dorf[3] unumgänglich, für jeden größeren

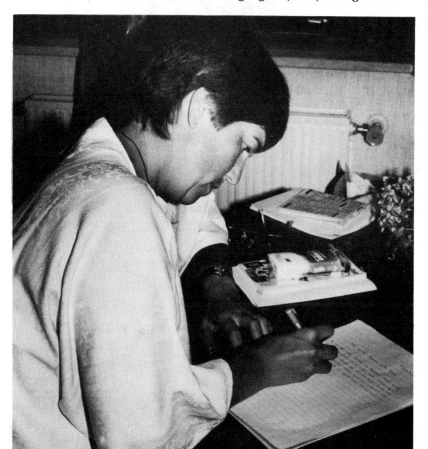

"Ich wäre früher zum
Schreiben gekommen, war
aber einfach zu
beschäftigt."

Lebensmitteleinkauf 10 km in die Kleinstadt zu fahren? Wie gefiele es Dir, jeden Morgen um 4 Uhr von krähenden Hähnen geweckt zu werden!? Und das Muhen der Kühe jeden Abend—das ist zum Verrücktwerden. Unser Nachbar hat sich bei der Polizei beschwert, daß ihn das Muhen störe, dort sagte man ihm aber, das gelte nicht als „Geräuschbelästigung".° Das Leben auf dem Lande! Ich habe genug davon.

disturbance of the peace

Wie herrlich wäre es dagegen, zu Fuß in der Großstadt alles erreichen zu können: Buchläden, Bibliotheken, Theater- und Konzertabende, Museen, Supermärkte, interessante Menschen! Etwas erleben! Und die Anonymität! Das wäre himmlisch, nicht von jedem gleich erkannt zu werden, einfach durch die Straßen zu gehen, ohne dauernd bekannte Gesichter zu sehen. Du würdest nicht glauben, wie man hier klatscht—man kann nicht den eigenen Abfalleimer° leeren, ohne daß das ganze Dorf es sofort erfährt. Ihr hättet es aber schön hier, denn diese Sachen fangen erst nach einem Jahr oder so an, einem auf die Nerven zu gehen. Es täte Euch gut, mal aus der Stadt herauszukommen. Also laß mich wissen, was Du davon hältst. Wie wär's mit der zweiten Juniwoche? Ich erwarte Deine Antwort und bleibe

garbage can

Deine Ingrid

München, den 7. Mai 1984

Liebe Ingrid

Hab herzlichen Dank für Deinen Brief mit dem lieben Angebot, die Sommerferien in Deiner schönen ländlichen Umgebung zu verbringen. Selbstverständlich könntest Du währenddessen unsere Wohnung hier bewohnen; ich wünschte, Du kämest öfter hierher! Ich sehe, das Dorfleben ist Dir etwas mühsam geworden. Oh ja, hier wirst Du schon viel erleben! Nicht nur Buchläden, Theater und interessante Menschen: Bettler und Obdachlose°, die auf den Straßen schlafen, Jugendbanden° (nennen sich „Punks" und hängen vorwiegend in der Innenstadt herum), Drogenhändler, Ganoven° und vieles mehr. Dennoch, es würde Dir guttun, wieder einmal in der Metropole zu sein. Klaus sagt, er könne sich nichts Verlockenderes vorstellen als ein paar Wochen Ferien auf dem Land. Wenn Du es wirklich möchtest, machen wir es! Wie herrlich wäre es, nicht jeden Morgen den Gestank von Auspuffgasen° zu riechen, den Krach von Motoren und Hupen zu hören! Das ist allerdings nicht mehr so schlimm, denn durch eine Bürgerinitiative° haben wir hier erreicht, daß eine Lärmschutzmauer° zwischen uns und

homeless
gangs
crooks

exhaust fumes

citizens' petition
acoustical wall

der Autobahn gebaut wurde.[4] Trotzdem, wie prächtig wäre es für
die Kinder, Kühe und Schafe zu sehen, statt nur Asphalt, Beton und
Parkplätze! Dort könnten wir wirklich in Ruhe schlafen, wandern,
uns erholen. Kämen wir nur etwas früher hier los—was hieltest Du
von Anfang Juni? Du wirst es hier leider ziemlich einsam haben,
trotz der dichten Bevölkerung. Ich kann Dir nicht einmal freundliche Nachbarn vorstellen—obwohl wir seit drei Jahren hier sind,
und unser Wohnhaus allein 350 Wohnungen hat, kenne ich fast
niemand—nur zum Grüßen, aber sonst nicht. Man lebt hier eben
sehr anonym, Du kannst jahrelang in einem solchen Haus leben,
ohne die anderen Hausbewohner überhaupt kennenzulernen. Du
weißt, daß auch gerade Terroristen und andere, die nicht auffallen
wollen, in solchen Häusern gut aufgehoben sind[5]. Ich vermisse

schon die Kleinstadt[6], wo man wirklich anderen Menschen trauen
könnte. Ich kann mir vorstellen, daß man in Deinem Dorf, wie Du
schreibst, erst recht die anderen kennt—nur zu gut! Laß Dir aber
die Nachbarn nicht auf die Nerven gehen.

    Ich hätte wirklich Lust, weiterzuschreiben, habe aber leider
keine Zeit mehr. Muß Antje aus der Schule holen, unser Aufzug ist
auch kaputt, und im 10. Stock[7] weißt Du, was das bedeutet. Klaus
und die Kinder lassen Dich grüßen und Dir ausrichten, sie seien
über die Ferienpläne ganz entzückt. Bis zum nächsten Mal,

Deine Angelika

Liebe Angelika   München, den 15. Juni 1984

Sei gegrüßt aus der wunderbaren Großstadt! Ich laufe täglich durch
die Geschäfte und Museen und genieße jede Minute. Könnt Ihr
trotz der schlammigen Wege und des Gestanks von Kuhmist° die   *manure*
Umgebung dort etwas genießen? Ich hoffe es! Bitte denkt daran,
nachts die Katze drinnen zu lassen, sonst übernehmen die Mäuse
das ganze Haus. Grüße und bis bald!

Deine Ingrid

Liebe Ingrid

Herzliche Grüße aus Deinem herrlichen Dorf! Es ist wahrhaft idyllisch hier. Hoffentlich geht es Dir auch gut in der heißen Stadt! Kannst Du trotz Verkehrslärm und Luftverschmutzung die Bibliotheken und Läden genießen? Die Nachbarn hier haben alle nach Dir gefragt. Denk bitte daran, nachts die Türen und Fenster zu versperren! Bis bald und viel Spaß,

Deine Angelika

ÜBRIGENS...

1. Cities with a population of 100,000 or more are officially recognized as **Großstädte**. There are 64 of them in West Germany: the twelve largest (over 500,000) are West Berlin, Hamburg, München, Köln, Essen, Frankfurt, Dortmund, Düsseldorf, Stuttgart, Duisburg, Bremen, and Hannover.

2. In correspondence, all personal pronouns and possessive adjectives in the second person are capitalized.

3. Communities of 5,000 or fewer inhabitants are usually classified as **Dörfer.**

4. The citizen's petition is a frequently-used tactic for German communities to improve their surroundings (by the construction of sound barriers between neighborhoods and freeways, for example), or to prevent the destruction of their neighborhoods by governmental or industrial projects. **Bürgerinitiativen** are frequently influential—but of course not always successful—in the planning of airport runways, new traffic systems, etc.

5. Huge, anonymous housing blocks came under attack particularly in the late 1970s as the wave of terrorism peaked. It became evident that terrorists deliberately settled in such complexes in order to remain unnoticed. During the search for members of the Baader-Meinhof group, films were shown on West German television warning residents of such housing blocks to be on the alert.

6. The **Kleinstadt** is a community of more than 5,000 but fewer than 50,000 inhabitants. Many people feel that it combines the good features of both the country and the city, while avoiding many of their drawbacks.

7. In Germany, the ground floor is called **Parterre** or **Erdgeschoß**. The first floor is then what Americans call the second story, etc. Thus the tenth floor is actually the eleventh, if one begins counting with the ground floor.

Nomen

der Aufzug,¨e elevator
das Angebot,-e offer
der Beton concrete
der Bettler, - beggar
die Bevölkerung, -en population
das Dorf,¨er village
der Gestank smell, stench
der Hahn,¨e rooster
die Hupe, -n horn
der Krach noise
die Metropole, -n metropolis
der Stock [das Stockwerk, -e]
  story (of a building)
die Umgebung environment

Verben

auf·fallen be noticeable
sich aus·laufen get exercise
bewohnen live in
sich erholen recover or rest up,
  recuperate
erleben experience
erreichen reach, attain
klatschen gossip
krähen crow
leeren empty
muhen moo
 ◆ nehmen take

übernehmen take over
unternehmen undertake,
do
sich benehmen behave
sich etwas (Akk.)
vor·nehmen decide or
plan to do something
vernehmen hear (a
noise)
entnehmen (+ Dat.)
infer from, gather,
understand
ab·nehmen lose weight
zu·nehmen gain weight
zurück·nehmen take
back

Adjektive, Adverben etc.

anonym anonymous
beschäftigt busy
dagegen in contrast
dennoch nevertheless
entzückt delighted
herrlich lovely, wonderful
himmlisch heavenly
idyllisch idyllic
ländlich pastoral
mühsam difficult, trying
prächtig marvelous
schlammig muddy
selbstverständlich of course
unumgänglich unavoidable
verlockend tempting
vorwiegend primarily
währenddessen during which, at
  the same time
wahrhaft truly
hingegen on the other hand

Wortschatz

WORT+ZUSAMMEN+SETZUNG

der Drogenhändler, - drug dealer
    die Droge + der Händler
der Verkehrslärm noise of traffic
    der Verkehr + der Lärm
die Lärmschutzmauer acoustical wall
    der Lärm + der Schutz + die Mauer

AUSDRÜCKE UND REDEWENDUNGEN

ich wäre früher dazu gekommen I would have gotten around to
    it sooner
ich habe/hätte einen Vorschlag/eine Bitte I would like to make a
    suggestion/request *(the subjunctive is used for politeness)*
etwas ist zum Verrücktwerden something is enough to drive you
    crazy
jeder erfährt etwas everybody hears about something
etwas geht einem auf die Nerven something gets on one's nerves
laß mich wissen, was du davon hältst let me know what you
    think about it
wie wär's? how about it?
jemand hängt herum someone hangs out, hangs around
man kann nicht einmal . . . one can't even . . .
jemand ist gut aufgehoben someone is in safe keeping
erst recht more than ever; really
jemand läßt einem anderen etwas ausrichten someone sends
    someone else a message

" ▬▬▬▬▬▬▬▬▬ **"**

Wie findet man seinen Weg durch eine unbekannte Großstadt?
Auch wenn man einen Stadtplan kauft, muß man manchmal
fragen.

WAS KANN MAN DAZU SAGEN?

ENTSCHULDIGUNG, KÖNNEN SIE MIR BITTE HELFEN?

Ich suche . . .
. . . den Bahnhof.
. . . das Stadtmuseum.
. . . die Haltestelle.
. . . den Weg zur Innenstadt.
. . . die Auskunft.
. . . ein WC.

Geradeaus—zwei Straßen weiter!	Straight ahead, two blocks down.
Da vorne links an der Ecke!	Over there to the left, at the corner.
Hier rechts, dann 300 Meter geradeaus!	Here to the right, then straight ahead for 300 meters.
Folgen Sie dieser Straße, immer geradeaus!	Follow this street, always straight ahead.
Gehen Sie eine Ecke weiter, dann auf der linken Straßenseite, gegenüber dem Bahnhof!	Go to the next corner, then on the left side of the street, across from the train station.
Die erste Tür links!	First door to the left.

Und wie deutet man höflich an, daß man die Toilette sucht?

SEHR HÖFLICH

Ich möchte mir die Hände waschen ...
Wo ist bitte die Toilette/das WC?

AUCH ÜBLICH

Ich muß kurz verschwinden.

FAMILIÄR

Ich muß aufs Klo.
Ich muß mal.
(*Toilette* ist höflicher; *Klo* ist umgangssprachlicher.)

Oder Sie suchen einfach die Schilder.

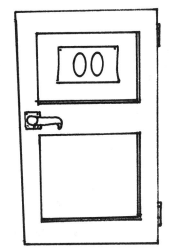

Eine Tür mit zwei Nullen ist (fast) immer eine Toilette!

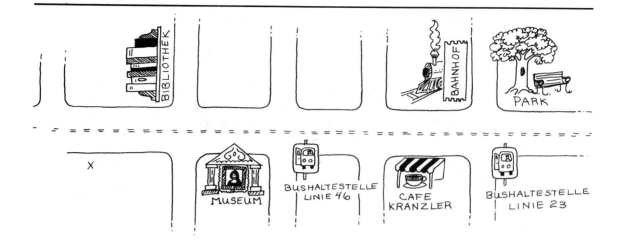

Wie grüßt man?

In der Großstadt grüßt man nicht jeden, es sind dazu zu viele Menschen. In der Kleinstadt und auf dem Dorf aber gilt es als höflich, jeden zu grüßen. Dazu gibt's verschiedene Möglichkeiten.

WENN MAN SICH NICHT SEHR GUT KENNT:

Guten Tag, Frau Schöndorff!

Guten Abend, Herr Blum!

Grüß Gott! *(im Süden)*

WENN MAN SICH BESSER KENNT:

Grüß dich, [Dieter]!

WENN MAN AUCH ETWAS NETTES SAGEN MÖCHTE:

Schönes Wetter heute, nicht wahr?
Schreckliches Wetter, gelt/gell? } (— — —, *"isn't it?"*)
Morgen soll's regnen, stimmt's?

" ▬▬▬▬▬▬▬▬ "

A Look at the map above. You are standing at point X, and have stopped a passerby to ask directions. Ask your way to the library, the museum, the park, the train station, either one of the bus stops, and the café. A classmate should give you as exact directions as possible.

B Match the situation with the best way of excusing oneself.

a. You are at a formal dinner given by a friend's parents.

b. Your dormitory floor is having a party and you know everyone who is there.

c. You are in a department store being helped by a clerk.

1. Ich muß verschwinden, bin gleich zurück!

2. Könnten Sie mir bitte sagen, wo die Toilette ist?

3. Entschuldigen Sie, ich möchte mir gern die Hände waschen.

C Translate the following examples of small talk.

Bei einer Party

GERDA: Hello, Franz!

FRANZ: Hi, Gerda. I didn't know I would see you here.

GERDA: Nice weather tonight, isn't it.

FRANZ: Beautiful. Oh, there is Thomas, I have to talk to him briefly. See you!

Auf dem Spaziergang

MR. MARTENS: Good evening, Mrs. Weiss!

MRS. WEISS: Good evening, Mr. Martens! Terrible weather we're having, aren't we?

MR. MARTENS: Yes! And tomorrow it's supposed to rain again!

MRS. WEISS: By the way, do you know how far it is to the next bus stop?

MR. MARTENS: Straight ahead, about 300 meters.

MRS. WEISS: Thank you! Goodbye!

Wortschatz im Kontext

A Nachdem Sie den Text noch einmal sorgfältig gelesen haben, beschreiben Sie in eigenen Worten:

1. die positiven Aspekte einer Großstadt.
2. die positiven Aspekte von Dörfern und Kleinstädten.
3. die negativen Aspekte von Dörfern und Kleinstädten.
4. die negativen Aspekte von Großstädten.

B Rollenspiel: Die Klasse teilt sich in Gruppen von jeweils 3 Studenten auf. In jeder Gruppe spielt jemand die Rolle (a) eines Dorfbewohners, (b) eines Kleinstadtbewohners, (c) eines

Großstadtbewohners. Jede(r) versucht, die anderen davon zu überzeugen, daß seine/ihre Umgebung die beste ist.

C Wer tut was? Ergänzen Sie die folgenden Sätze mit Wörtern von der Liste.

sich erholen, auffallen, klatschen, krähen, etwas leeren, muhen, das Haus übernehmen, Türen versperren, sich auslaufen

1. Die Abfallmänner _____ .

2. Die Nachbarn im Dorf _____ .

3. Terroristen, die sich nicht verstecken,

_____ .

4. Hähne am Morgen _____ .

5. Menschen in der Großstadt _____ .

6. Leute, die in Urlaub fahren, _____ .

7. Kühe auf der Wiese _____ .

8. Mäuse, die von keiner Katze gejagt werden,

_____ .

9. Kinder auf dem Land _____ .

I THE UNREAL SUBJUNCTIVE: SUBJUNCTIVE FOR UNREAL CONDITIONS, REQUESTS, AND WISHES

Grammatik

The subjunctive is a *mood* like the indicative and the imperative. Traditionally, the unreal subjunctive, used to express hypothetical conditions, requests and wishes, has been called **Konjunktiv II** *(Subjunctive II)* because its forms are based on the second principal part of the verb.

While the indicative has six tenses, the unreal subjunctive has only two: present and past.

1. The following *forms* occur with the unreal subjunctive:

a. The *present unreal subjunctive* is formed by adding the subjunctive personal endings to the second principal part of the verb.

Person	Singular		Plural
1st	-e		-en
2nd	-est		-et
3rd	-e		-en
2nd formal		-en	

b. The second principal part of strong and irregular weak verbs is umlauted in the unreal subjunctive whenever possible, with the exception of the modals **sollen** and **wollen**.

Infinitive	Simple Past Indicative	Present Unreal Subjunctive
dürfen	ich durfte	ich dürfte
fahren	du fuhrst	du führest
bringen	sie brachte	sie brächte
singen	er sang	er sänge
fallen	wir fielen	wir fielen
haben	ihr hattet	ihr hättet
sein	sie waren	sie wären
wissen	Sie wußten	Sie wüßten

c. The forms of the first- and third-person plural, and of the second-person formal, in the present unreal subjunctive are identical with the simple past indicative for strong verbs that do not have an umlaut on the vowel of the past stem.

Simple Past Indicative	Present Unreal Subjunctive
wir fielen	wir fielen
sie fielen	sie fielen
Sie fielen	Sie fielen

d. Weak verbs and the modals **sollen** and **wollen** do not take an umlaut; therefore, their forms for the present unreal subjunctive and the simple past indicative are identical.

Simple Past Indicative	Present Unreal Subjunctive
ich rauchte	ich rauchte
er sollte	er sollte
ihr wolltet	ihr wolltet

e. The *past unreal subjunctive* is constructed with the present unreal subjunctive forms of the auxiliaries **haben** or **sein**, plus the past participle of the main verb.

Infinitive	Past Unreal Subjunctive
dürfen	ich hätte gedurft
fahren	du wärest gefahren
bringen	er hätte gebracht
fallen	wir wären gefallen
haben	ihr hättet gehabt
sein	sie wären gewesen
wissen	Sie hätten gewußt

f. The *unreal subjunctive of the passive voice* is constructed by using the unreal subjunctive forms of the auxiliary **werden** plus the past participle of the main verb.

- es **würde gebracht**   it *would be brought*

- wir **würden gefahren**   we *would be driven*

g. A modal auxiliary used with another infinitive results in the *double infinitive construction*. The auxiliary (**hätte**) precedes the double infinitive.

- es **hätte geschehen können**   it *could have happened*

h. Frequently the present unreal subjunctive of **werden** plus the infinitive of the main verb is used as an *alternate form for the present unreal subjunctive.*

- ich **fiele** *or* ich **würde fallen**   I *would fall*

- du **führest** *or* du **würdest fahren**   you *would drive*

- sie **brächte** *or* sie **würde bringen**   she *would bring*

- ihr **wüßtet** *or* ihr **würdet wissen**   you *would know*

i. The **würde**-plus-infinitive construction is especially used to avoid ambiguity when the forms of the simple past indicative and the present unreal subjunctive are identical. As was shown above, these identical forms occur in strong verbs that do not take an umlaut on the vowel of the past stem, and with all weak verbs.

wir fielen $\longrightarrow$ wir würden fallen
er rauchte $\longrightarrow$ er würde rauchen
sie gingen $\longrightarrow$ sie würden gehen

The **würde**-plus-infinitive construction is *not* used with **haben, sein,** the modal auxiliaries, and in the past unreal subjunctive.

2. The unreal subjunctive has the following *uses:*

a. The unreal subjunctive is used to express *unreal conditions.*

- Die Kinder **hätten** Gelegenheit, sich im Grünen auszulaufen.   The children *would have* the opportunity to run around outdoors.

Unreal conditions are often expressed in contrary-to-fact statements, consisting of a condition introduced by the subordinating conjunction **wenn** and a conclusion.

- *Condition:* **Wenn wir** einige Wochen auf dem Lande **wohnen könnten,** *Conclusion:* **wäre ich** glücklich.   *If we could live* in the country for a few weeks, *I'd be* happy.

The **würde**-plus-infinitive construction is rarely used in the **wenn**-clause. Either the condition or the conclusion may come first:

- **Wenn** es nicht so weit zur Bibliothek **wäre, ginge** ich öfter hin.

- **Wenn** es nicht so weit zur Bibliothek **wäre, würde** ich öfter **hingehen.**

- Ich **ginge** öfter **hin, wenn** es nicht so weit zur Bibliothek **wäre.**

- Ich **würde** öfter **hingehen, wenn** es nicht so weit zur Bibliothek **wäre.**

If it weren't so far, I'd go to the library more often.

Note that dependent word order is always used in the condition because **wenn** is a subordinating conjunction. In the conclusion, however, inverted word order is used when the conclusion *follows* the condition.

The conjunction **wenn** may be omitted; the verb is then placed at the beginning of the condition and the conclusion is frequently introduced by **dann** or **so**.

- **Wäre** es nicht so weit zur Bibliothek, [**dann**] **ginge** ich öfter hin.

b. The unreal subjunctive is used for *polite requests.*

- **Könntest du** bitte bald meinen Brief **beantworten!**

Could you please *answer* my letter soon.

- **Würdest du** bitte bald meinen Brief **beantworten!**

Would you please *answer* my letter soon.

- **Würdest du** so freundlich **sein,** mir zu helfen.

- **Wärest du** so freundlich, mir zu helfen.

Would you be so kind as to help me.

- **Es wäre** schön, wenn **du** mir **helfen könntest.**

It would be nice if *you could help me.*

- **Es wäre** nett, wenn **du** mich **besuchen würdest.**

It would be nice if *you would visit me.*

Note that with polite requests, the **würde**-plus-infinitive construction must be used with all verbs except for the modals; it is optional with **haben** and **sein**.

c. The unreal subjunctive is used to express *wishful thinking*. The wish may be introduced by an unreal subjunctive form of **wünschen** *(to wish)*, or by **wenn**, or by the verb itself.

• **Ich wünschte, du kämest** öfter hierher!

• **Wenn du** doch öfter hierher **kämest!**

• **Kämest du** doch nur öfter hierher!

I wish you'd come here more often.

or: If you'd only *come* here more often.

Note that **doch** or **doch nur** emphasizes a wish.

d. The unreal subjunctive is used in clauses introduced by **als ob.**

• Er sieht aus, **als ob** er glücklich **wäre.**

He looks *as if* he *were* happy.

The conjunction **als** may also be used without **ob.** In this case, the verb follows **als** directly.

• Er sieht aus, **als wäre** er glücklich.

A Bilden Sie den irrealen Konjunktiv; benutzen Sie eine **würde**-plus-Infinitiv-Konstruktion, wenn nötig.

> BEISPIEL: Wir tauschen während der Sommerferien unsere Wohnungen.
> *Wir würden während der Sommerferien unsere Wohnungen tauschen.*

1. Die Kinder haben Gelegenheit, etwas von der Landwirtschaft zu sehen.
2. Ich muß mich eine Weile erholen.
3. Es gefällt dir, das Leben auf dem Land zu beobachten.
4. Wie herrlich ist es, über die Felder zu spazieren!
5. Aber du glaubst nicht, wie man hier klatscht!
6. Ihr habt es trotzdem schön hier.
7. Und die Großstadt wird mir gut tun!
8. Der Verkehr ist nicht so schlimm!
9. Ihr könnt ganz in Ruhe schlafen.

10. Wenn das Wetter schön ist, gehe ich jeden Tag in den Park.

11. Ich bin auch froh, wenn ich jeden Abend ins Theater gehen kann.

B Bilden Sie den irrealen Konjunktiv mit **würden**, um die folgenden Bitten auszudrücken.

> BEISPIEL: Bitte, hilf mir!
> *Würdest du mir bitte helfen!*

1. Erlaube mir bitte, deine Wohnung zu benutzen!
2. Laß mir bitte deine Bibliothekskarte da!
3. Und mach bitte tagsüber die Tür zu!
4. Laßt die Katze bitte drinnen!
5. Sag bitte „ja"!

C Bilden Sie Wünsche. Fügen Sie „doch" hinzu, um den Wunsch emphatischer zu machen.

> BEISPIEL: Ich lebe auf dem Land.
> *Lebte ich doch auf dem Land!*

1. Ich kann mich vom Stadtleben erholen.
2. Wir können Kühe und Schafe sehen.
3. Es geht mir besser.
4. Du kommst öfter hierher.
5. Ich kann dich oft besuchen.

D Was würden Sie machen? Beschreiben Sie mit „An seiner/ihrer Stelle" plus Konjunktiv, ob Sie ähnlich oder anders handeln würden.

> BEISPIEL: Meine Mutter steigt immer die Treppe hinauf, sie fährt nie mit dem Aufzug.
> *An ihrer Stelle würde ich mit dem Aufzug fahren.*

1. Mein Vater gibt den Bettlern nie etwas.

   An seiner Stelle _____ .

2. Du genießt dein Leben da im Dorf überhaupt nicht.

   An deiner Stelle _____ .

3. Deine Füße sind ganz schlammig!

   An deiner Stelle _____.

4. Unsere Nachbarn klatschen auch viel.

   An ihrer Stelle _____.

5. Wenn du so viel Krach machst, beschweren sich die
   Nachbarn.

   An ihrer Stelle _____.

6. Meine Eltern beschweren sich auch über alles.

   An ihrer Stelle _____.

7. Ihnen hängt die Großstadt hier zum Hals heraus.

   An ihrer Stelle _____.

8. Sie gewöhnen sich einfach nicht daran.

   An Ihrer Stelle _____.

E In German, you often use the subjunctive to add
politeness, and to "tone down" statements that might sound
too harsh in the indicative. Put this lecture into the
subjunctive and see whether you can sense the difference in
tone.

Ich will dir etwas sagen. Es scheint mir, daß du in letzter
Zeit etwas faul bist. Ich sehe das jedenfalls so. Du kannst
doch hin und wieder aufräumen! Du kannst viel mehr in
der Schule leisten! Ich mag das nicht mehr ansehen. Du
wirst uns allen einen Gefallen tun, wenn du dich endlich
etwas besserst! Du mußt früher nach Hause kommen und
mehr mitmachen! Kannst du das überhaupt? Oder ist es dir
zu viel Mühe? Wenn du mich jetzt verstanden hast, dann
freue ich mich wirklich.

F Eine gute Ausrede suchen!

   BEISPIEL: Ich würde meine Wohnung aufräumen, wenn
   . . . *ich nur Zeit hätte.*

1. Wir könnten uns jetzt auf die Prüfung vorbereiten, wenn

   _____.

2. Das Bibliotheksbuch hätte ich rechtzeitig zurückgebracht,

wenn _____.

3. Die Aufgabe hätte ich schon abgegeben, wenn

_____.

4. Ich wäre bei der Prüfung dagewesen, wenn

_____.

5. Ich würde dir wirklich gern die zehn Mark zurückzahlen,

wenn _____.

6. Ich wäre nie verspätet, wenn _____.

7. Ich hätte nie so oft in der Klasse geschlafen, wenn

_____.

II INDIRECT SUBJUNCTIVE

Traditionally, the indirect subjunctive, used to express indirect discourse, has been called **Konjunktiv I** *(Subjunctive I)* because its forms are based on the first principal part of the verb.

1. The following *forms* occur with the indirect subjunctive:

a. The present indirect subjunctive is formed by adding the subjunctive endings (see page 259) to the first principal part of the verb (the infinitive). This is true for all verbs except **sein**.

Infinitive	Infinitive Stem	Present Indirect Subjunctive
bringen	bring-	ich bringe
fahren	fahr-	du fahrest
dürfen	dürf-	sie dürfe
fallen	fall-	wir fallen
haben	hab-	ihr habet
wollen	woll-	sie wollen
wissen	wiss-	Sie wissen

b. The singular forms and the second-person plural familiar of all modals and of **wissen**, plus the second- and third-person singular and the second-person plural familiar of all other verbs are different from the present indicative.

Present Indirect Subjunctive	Present Indicative
ich könne/wisse	ich kann/weiß
du könnest/wissest	du kannst/weißt
er/sie/es könne/wisse	er/sie/es kann/weiß
ihr könnet/wisset	ihr könnt/wißt
du bringest/gehest	du bringst/gehst
er/sie/es bringe/gehe	er/sie/es bringt/geht
ihr bringet/gehet	ihr bringt/geht

c. The present indirect subjunctive of **sein** is irregular.

Person	Singular	Plural
1st	sei	seien
2nd	seiest	seiet
3rd	sei	seien
2nd formal	seien	

d. The past indirect subjunctive is formed with the present indirect subjunctive forms of the auxiliaries **haben** or **sein**, plus the past participle of the main verb.

Infinitive	Past Indirect Subjunctive
bringen	ich habe gebracht
fahren	du seiest gefahren
dürfen	er habe gedurft
fallen	wir seien gefallen
haben	ihr habet gehabt
sein	sie seien gewesen
wissen	Sie haben gewußt

e. The indirect subjunctive for the future, the future perfect, and the passive voice is formed by using the indirect subjunctive form of the appropriate auxiliary.
Future Indirect Subjunctive: sie **werde wissen**
Present Passive Indirect Subjunctive: es **werde gebracht**

2. The indirect subjunctive has the following *uses*:
a. In formal German, the indirect subjunctive is used to repeat a statement made by another person, if the speaker or writer does not want to vouch for its accuracy. If the quota-

tion is introduced by the subordinating conjunction **daß**, dependent word order is used.

Direct Discourse:

- Ingrid sagt: „Ich **habe** genug von dem Leben auf dem Lande".

Ingrid says, *"I have had* enough of life in the country."

Indirect Discourse:

- Ingrid sagt, **daß** sie genug von dem Leben auf dem Lande **habe**.

Ingrid says that *she has had* enough of life in the country.

The conjunction **daß** may be omitted; either normal word order or inverted word order can then be used.

- Ingrid sagt, **sie habe** genug von dem Leben auf dem Lande.

Ingrid sagt, von dem Leben auf dem Lande **habe sie** genug.

If the speaker or writer who reports the statement wants to convey the conviction that the quoted statement is true, the indicative may be used.

- Ingrid sagt, sie **hat** genug von dem Leben auf dem Lande.

In order to avoid ambiguity, the *unreal subjunctive* forms are used when the forms of the indirect subjunctive and the indicative are identical.

Direct Discourse:

- Angelika schrieb: „Die Nachbarn **haben** alle nach Ingrid gefragt".

Angelika wrote, "The neighbors all *asked* where Ingrid was."

Indirect Discourse:

- Angelika schrieb, daß die Nachbarn alle nach Ingrid gefragt **hätten.**

Angelika wrote that the neighbors *had* all *asked* where Ingrid was.

In modern German the indirect subjunctive is less and less frequently used; it has been replaced to a large extent by the unreal subjunctive and the indicative.

b. Indirect questions are introduced by the interrogative used in the quoted question, or, in a yes/no question, by the subordinating conjunction **ob** *(whether)*. Dependent word order is always used with all indirect questions.

Direct Question:

- Angelika fragt: „**Wie lebt man** in einer Großstadt?"

  Angelika asks, *"How does one live* in a city?"

Indirect Question:

- Angelika fragt, **wie man** in einer Großstadt **lebe**.

  Angelika asks how one lives in a city.

Direct Question:

- Ingrid fragte: „**Kannst du** dir eine Kleinstadt **vorstellen**?"

  Ingrid asked, *"Can you imagine* a small town?"

Indirect Question:

- Ingrid fragte, **ob sie** sich eine Kleinstadt **vorstellen könne**.

  Ingrid asked *whether she could imagine* a small town.

Auch in der Großstadt kann es ruhig und idyllisch sein.

c. Indirect imperatives are formed with the auxiliary **sollen**.

Direct Imperative:

- Angelika schrieb: „**Versperrt** nachts die Türen und Fenster!"

Angelika wrote, *"Lock* the doors and windows at night!

Indirect Imperative:

- Angelika schrieb, daß **ihr** nachts die Türen und Fenster **versperren solltet**.

Angelika wrote that *you should lock* the doors and windows at night.

a) The tense of a quotation is not influenced by the tense of the introductory clause, but only by the tense used in the statement that is being reported. The tense of the quotation itself, in other words, remains the same as it was originally.

b) Depending on the context, it often becomes necessary to change personal pronouns, possessive pronouns, and reflexive pronouns when reporting a statement of another person.

Direct Discourse:

- Sie sagt: „**Ich** habe genug davon".

She says, "*I've* had enough of it."

Indirect Discourse:

- Sie sagt, **sie** habe genug davon.

She says *she's* had enough of it.

A Erzählen Sie in indirekter Rede.

> BEISPIEL: Frau Schulz sagte mir: „So ist es eben."
> *Sie sagte mir, es sei eben so.*

1. Der Vater sagte zur Tochter: „Laß mich in Ruhe!"
2. Dilek erwiderte: „Du mußt das Gleiche tun."
3. Herr Schneider behauptete: „Mir geht's gut."
4. Meine Schwester sagte: „Studieren ist gar nicht teuer."

B The following indirect discourse sentences are in the indicative. How would you change them to indicate that you do not necessarily believe what has been said?

1. Der Präsident sagte, es geht uns doch allen gut.
2. Er behauptete, es hat keinen Sinn zu protestieren.
3. Er sagte, man kann die Gesellschaft doch nicht ändern.
4. Er meinte, man muß alle Regeln akzeptieren.
5. Nach seiner Meinung ist das die einzige Möglichkeit, etwas zu erreichen.
6. Er dachte, daß er damit die Demonstration verhindert hatte.

C You return from the supermarket without the items you wanted to get. Tell, in indirect discourse, what explanations you were given.

> BEISPIEL: „Es ist die falsche Jahreszeit für Melonen."
> *Man sagte mir, es sei die falsche Jahreszeit für Melonen.*

1. „Es gibt in diesem Laden keinen englischen Käse."
2. „Ich weiß überhaupt nicht, was *Erdnußbutter* ist."
3. „Wir haben nur weißen Spargel, keinen grünen."
4. „Brot kaufen Sie besser beim Bäcker nebenan."
5. „Leider haben wir gerade die letzten Bananen verkauft."

D After a job interview, your roommate wants to know what questions were asked. Report them in indirect discourse.

> BEISPIEL: „Haben Sie sich schon einmal bei uns beworben?"
> *Die Interviewerin fragte mich, ob ich mich schon einmal bei ihnen beworben habe/hätte.*

1. „Wo arbeiten Sie gegenwärtig?"
2. „Seit wieviel Jahren sind Sie da?"
3. „Bezahlt man Sie dort anständig?"
4. „Wann können Sie bei uns anfangen?"

E Angelika is reporting to her family the contents of Ingrid's letter. Put Ingrid's letter into direct discourse for this purpose.

„Ich bin nicht früher zum Schreiben gekommen. Ich habe heute etwas Besonderes. Wir könnten für die Sommerferien

Wohnungen tauschen. Ich bin dankbar, wenn ich die Stadtwohnung benutzen kann. Ich habe genug vom Leben auf dem Lande. Die Leute hier stören mich. Ich will häufiger in die Bibliothek gehen. Ich will Menschen sehen. Ich muß etwas erleben. Die Kleinstadt ist dafür zu weit weg. Hoffentlich ist der Plan euch recht!"

F Auf deutsch bitte!

1. He asked me where I was.
2. I told him I was here all the time.
3. He said he didn't see me.
4. I said he should open his eyes.
5. He said I should be quiet.

G A friend keeps making mistakes. Correct each one, politely.

BEISPIEL: Ich liebe Beethovens **Zauberflöte**! (Mozart)
Ich dachte, die Zauberflöte wäre von Mozart!

1. Kellers *Heidi* werde ich nie vergessen! (Spyri)
2. Kennst du *Gemälde* von Rilke? (Dichter)
3. Wien ist die schönste Stadt *Deutschlands!* (Österreich)
4. Leipzig ist eine faszinierende *westdeutsche* Stadt! (DDR)
5. Hören wir mal heute abend Mahlers *Rosenkavalier!* (Strauß)
6. Brüssel - wie wunderbar! Ich wollte immer nach *Holland!* (Belgien)
7. *Australien* - das Land Mozarts! (Österreich)

III STOLPERSTEINE

"Stumbling blocks"—in any language—are words that, though you know their meanings, you are not quite sure how to use. In German these are often "flavoring" words that affect the tone or implications of a sentence, rather than contributing directly to its meaning. If you use them correctly, your German will sound more idiomatic and natural. Some common ones are listed below.

1. **Zwar** has two dictionary meanings.
(1) *it is true,* [but]
(2) *namely, to be more precise, in fact*
When used in the first way, **zwar** must be followed by a clause with **aber**.

- Ich bin **zwar** müde, **aber** ich falle noch nicht um.

  I'm *tired,* it's true, *but* I'm not going to collapse yet.

Using **zwar** this way clearly indicates that you are going to correct, add to, or modify the statement.

Whenever you plunge into more detail or emphasis about something, **zwar** in its second meaning is usually used in conjunction with **und.**

- Ich werde ihm Bescheid sagen, **und zwar** sofort!

  I'm going to let him know, *and in fact* right now!

- Er schuldet mir Geld, **und zwar** fast hundert Mark.

  He owes me money, *namely almost* a hundred marks.

2. **Allerdings** has three meanings.
(1) *though*

- Ich muß **allerdings** zugeben, daß er recht hat.

  I have to admit, *though,* that he's right.

(2) *however*

- Ich habe ihn **allerdings** nie kennengelernt.

  I have never met him, *however.*

(3) *of course*

- Das kann sie **allerdings** noch nicht wissen.

  Of course she can't know that yet.

In colloquial German, **allerdings** is used alone as an interjection, adding a sense of "sure" or "certainly" to a statement.

- Du mußt mit ihm vorsichtig sein. „**Allerdings!**"

  You have to be careful with him. *"I certainly will!"*

3. **Mal** means *time*.

- Das erste **Mal** zählt nicht.

  The first *time* doesn't count.

But it is also used colloquially (as a short form of **"einmal"**) with three other meanings.

(1) *not even*

- Der hat mich **nicht mal** gegrüßt.

He did*n't even* say hello to me.

(2) *for a change*

- Gehen wir **mal** ins Kino.

Let's go to a movie *(for a change)*.

(3) *sometime*

- Ich rufe Dich **mal** an.

I'll call you *sometime*.

Mal is also used to "soften" the imperative, often in combination with **schon** and **doch**.

- Geh in die Bibliothek!
  Geh **(doch) mal** in die Bibliothek.

Go to the library!
Why don't you go to the library.

4. **Eben, bloß,** and **halt** are often "tossed in" to sentences to add the idea of "just."

- Das ist es **eben**.

That's *just* it.

- Leute sind **eben** manchmal unfreundlich.

People are *just* unfriendly sometimes.

- Mach mir **bloß** keinen Ärger.

Just don't cause me any trouble!

- Hör **bloß** auf!

Just quit it!

- Es ist **halt** heute zu spät.

It's *just* too late today.

- Laß ihn **halt** reden.

Just let him talk.

5. **Dann, aber, denn, eben, auch, ja, doch, wohl** and **noch** are so-called flavoring particles. They intensify a statement and let the speaker add emphasis without changing meaning.

- Du bist verrückt.

You are crazy.

- Du bist **aber auch** verrückt.

You are *just* crazy.

- Du bist **ja** verrückt.

You are *really* crazy.

- Du bist **doch wohl** verrückt!

You *must be absolutely* crazy!

- Darf ich fragen?

  May I ask?

- Ich darf **ja wohl noch** fragen?

  I suppose I may *still* ask?

a. Dann mal auch is frequently used to imply *and I mean it!*

- Ich will, daß du es aber **dann mal auch** machst!

  But I really want you to do it, and I mean it!!

- **Dann** mach **auch mal!**

  Now get busy and do it!

b. Wohl not only implies *probably*, but also, if it is stressed, *indeed* or *certainly*.

- Das habe ich **wohl** irgend-wann gelesen.

  I suppose I *probably* read that sometime.

- Ich habe es <u>wohl</u> gelesen!

  I certainly *have* read it!

A Someone remarks on your appearance or state-of-being. You accept the statement, but want to contradict it partially. Use **zwar** to defend yourself.

> BEISPIEL: Du siehst aber müde aus!
> *Ich bin zwar müde, aber ich kann immer noch arbeiten.*

1. Deine Kleidung sieht heute lustig aus.
2. Du hast nie Geld bei dir!
3. Du behandelst Dieter aber anständig!
4. Du bist so unfreundlich!
5. Du hast nie an mich geschrieben!
6. Angelika ist immer nett zu dir.

B Übersetzen Sie.

GEORG: Ruf mich mal an, ja?

KLAUS: Rufst du **mich** mal an, wie wär's?

GEORG: Ich versuche es zwar oft, aber du bist nie zu Hause.

KLAUS: Ja, du versuchst es allerdings nur tagsüber, da bin ich bei der Arbeit!

GEORG: Wie soll ich bloß wissen, wann du bei der Arbeit bist!

KLAUS: Na gut. Ich rufe dich mal an, und zwar noch vor dem Wochenende.

GEORG: Prima!

C Add emphasis to the following sentences, by using **ja, doch, wohl, noch, dann mal auch,** etc.

1. Ich bin müde.
2. Ich will auch dabei sein.
3. Das ist so.
4. Was haben wir da wieder?
5. Gib es zu.
6. Das ist nicht möglich!
7. Das kann sein.
8. Du siehst es selber ein.

Jetzt
sind Sie
an der Reihe!

A Urteil oder Vorurteil? Prejudice has a lot to do with our opinions of places to live. Do *you* consider the following statements prejudice or fact?

1. Leute auf dem Dorf haben keine Bildung.
2. Menschen in der Großstadt sind unfreundlich.
3. Menschen in der Großstadt haben es immer eilig.
4. Wenn ein Mensch aus dem Dorf in die Stadt kommt, benimmt er sich ungeschickt.
5. Menschen in der Großstadt verlieren meistens den Bezug zur Natur.
6. Im Dorf können Kinder gesünder aufwachsen.

B Spielen Sie Stadtplanung. If you could create your ideal, utopian society, what would it be? Describe it in German. Try to answer the following questions.

Wie groß soll die Bevölkerung sein?
Wie sollten die Menschen leben? In welchen Häusern?
Wie soll man Gebäude (Beton, Asphalt) mit Bäumen und Tieren integrieren?
Wie steht es mit Parks, Brunnen, Denkmälern, Schulen?

C Zeichnen Sie an der Tafel eine Innenstadt nach einem der beiden Pläne rechts. Plazieren Sie Rathaus, Bibliothek, Park, Wohngegenden, Kulturzentrum.

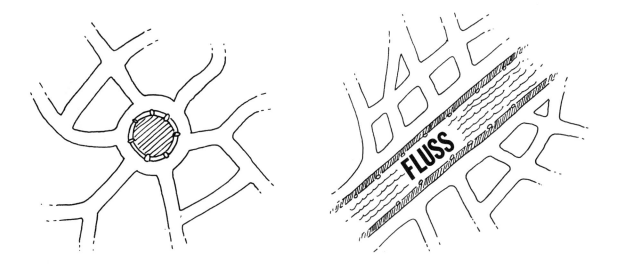

European cities often sprang up in these patterns around a marketplace or along a road or waterway.

D Schreiben Sie auf deutsch einen Brief, der (a) Ihre jetzige Wohnlage beschreibt, und (b) die Umgebung beschreibt, in der Sie am allerliebsten wohnen möchten.

E Welche Stadt hat Sie in Ihrem Leben am meisten beeindruckt? Warum? Schreiben Sie dazu eine oder zwei Seiten, als Essay oder als Kurzgeschichte.

F Read and study the excerpt below about another kind of city, the Kibbutz. The passage describes yet another way of living for many. After studying it, write it down from dictation (in pairs or by your teacher) as perfectly as possible.

Ein Kibbuz ist eine bestimmte Art von Siedlung in Israel. Die Mitglieder eines Kibbuz leben wie eine große Familie, in der alle die gleichen Rechte und Pflichten haben. Sie wohnen getrennt, aber die Mahlzeiten nehmen sie gemeinsam ein. Für ihre Arbeit erhalten sie nur ein Taschengeld, aber dafür wird für ihre Wohnung, Verpflegung und Kleidung gesorgt. Die Kinder gehen dort nicht nur gemeinsam zur Schule, sondern sie wohnen auch zusammen in Kinderhäusern.

10 Der Mensch und die Medien

Segen oder Plage?

Der Mensch und die Medien

Segen oder Plage?

Fragen zum Thema

Sehen Sie gern fern?

Was sehen Sie am liebsten?

—Filme

—Quiz-Sendungen

—Zeichentrickfilme

—Interviews und Nachrichten

—Serien

—Kultursendungen

Was hören Sie am liebsten im Radio?

—Nachrichten

—Musik

—Talk-shows

Welche Sender haben Sie am liebsten?

Haben Sie ein Videospiel-Gerät?

Was nehmen Sie oft auf?

Welche Video-Kassetten würden Sie sich kaufen?

Haben Sie ein Tonband- oder Kassettengerät?

Eine Stereoanlage?

Welche Kassetten würden Sie sich kaufen?

Lesen Sie täglich die Zeitung? Welche Zeitung lesen Sie?

Was lesen Sie zuerst?

—die Schlagzeilen

—die Leitartikel

—die Sportseite

—die Annoncen

Lesen Sie oft Illustrierte oder Zeitschriften?

Welche lesen Sie gern?

Das Märchen vom Zauberkasten

Es war einmal ein König,[1] der ein großes und mächtiges Land beherrschte. Seine Untertanen waren alle sehr fleißig. Je schwerer sie arbeiteten, desto berühmter wurde das Land wegen seines Reichtums. Dann geschah es aber, wie so oft in reichen Ländern, daß die Leute faul und verwöhnt wurden. Sie wollten nicht mehr arbeiten und fleißig sein. Reich sein wollten sie aber alle nach wie vor. Jeden Tag schaute der König in seine Schatzkammer. Er war sehr besorgt um das dort gelagerte Gold und Silber. Jeden Tag war etwas weniger da als am Tag davor. Damit es niemand merkte, füllte er heimlich die Truhen mit Steinen auf. Das ging eine Weile gut. Aber eines Tages hatte er nur noch Steine und kein Gold übrig. Er war ratlos. Schließlich dachte er an seinen Zauberer und rief ihn heran. „Was soll ich machen?" fragte der König. „Unser Land ist ärmer denn je. Gold habe ich keins mehr, die Leute verlangen aber noch immer nach Reichtum. Die Schatzkammer besteht jetzt nur noch aus Steinen. Ich bin ganz auf deine Zauberei° angewiesen."   *magic*

Der Zauberer verschwand drei Wochen lang und überlegte, was da zu machen wäre. Eines Tages erschien er wieder beim König und sprach: „Majestät, ich habe eine Lösung gefunden. Schauen Sie her: das hier ist ein Zauberkasten. Hierin erscheint das Bild von einem Ihrer Steine; daneben steht eine schöne Frau und erklärt jedem, der in den Kasten schaut, daß er diesen Stein unbedingt haben muß. Sie singt eine Melodie vor, die sich auf den Stein bezieht — das alles heißt Werbung[2]. Wenn die Leute das sehen, dann verzichten sie schon auf das Gold und verlangen stattdessen Steine. Es müßte gelingen."

Der König fragte, was die Untertanen dazu zwänge, hineinzuschauen. „Ja," antwortete der Zauberer auf die Frage, „das ist einfach. Man verbreitet eben das Gerücht, der Zauberkasten sei das Allerneueste. Da die Bewohner in Ihrem Reich immer am Allerneuesten beteiligt sein wollen, kaufen sie die Kästen von selbst."

Das Gerücht wurde in den Zeitungen verbreitet. Das magische Gerät war in allen Kaufhäusern zu haben und war so schnell ausverkauft, wie es hergestellt werden konnte. Das Bild vom Stein wurde von einer Grenze des Landes zur anderen in allen Wohnzimmern betrachtet. Kaum waren die ersten Zauberkästen verkauft, bestanden schon alle Kunden in den Läden darauf, den wundervollen Stein auch kaufen zu können.

„Es ist geglückt!" schrie der König. „Die Steine verkaufen sich wie warme Semmeln." Er konnte in der Schatzkammer wieder über viel Gold verfügen. Dort dachte er über den Kasten nach.

„Warum eigentlich nur Steine?" fragt ihn eines Tages der Zauberer.

„Du hast recht," sagte der König. „Wir könnten eigentlich *alles* verkaufen." Und das Volk kaufte froh und glücklich alles, was von den Geräten angepriesen° wurde. Sie wurden fleißiger und arbeiteten schwerer, um die immer schöneren und teureren Sachen im Zauberkasten zu kaufen. Sie hielten die Menschen, die sie im Gerät sahen, für ihre persönlichen Freunde, nahmen Anteil an ihrem Leben, und wenn sie sich einsam fühlten, leisteten ihnen ihre Zauberkastenfreunde Gesellschaft. Als der König wieder gewählt werden wollte, machte er Werbung für sich selber. Und das gelang auch.

promoted

Alle Untertanen waren glücklicher denn je. „Mehr!" schrieen sie. „Größer!" Der Zauberer erfand andere Medien. Seine erfolgreichste Erfindung bestand aus einem Apparat, durch den man Kinofilme° im eigenen Wohnzimmer auf den Bildschirm bringen konnte. Dazu erfand er Kriegsspiele° und Weltraumschlachten°, damit es den Leuten nicht zu langweilig wurde. Diese Apparate hießen Videospiele. Vor allem die jungen Leute fanden viel Gefallen an diesen Videospielen — so viel Gefallen, daß sie jede Lust verloren, in die Schule zu gehen. Auch um das Lesen kümmerten sie sich nicht mehr. Einige der älteren Leute beschwer-

movies

war games   space wars

ten sich beim Zauberer, konnten aber keinen Eindruck auf ihn machen.

Eines Tages merkte der König, daß die Menschen in seinem Königreich alle gleich waren. Sie sangen die gleichen Lieder, zitierten° die gleichen Werbesprüche°, dachten die gleichen Gedanken, hatten die gleichen Bedürfnisse° und fanden die gleichen Dinge gut und schlecht. Der König regte sich nun über den Zauberkasten sehr auf, der jedem das Gleiche fütterte°, und

quoted   advertising slogans

needs

fed

»Mask of the Sun« gibt es auch in deutscher Sprache

Mask of the Sun

Der Archäologe Mac Steele ist hinter der geheimnisvollen Sonnenmaske her, die in einer südamerikanischen Pyramide verborgen ist. Doch auch der Schurke Roboff ist auf dieses Relikt scharf und macht unserem Helden bis zuletzt viel Ärger. »Mask of the Sun« gibt es auch in der guten deutschen Übersetzung »Das Geheimnis der Aztekenmaske«, die inhaltlich mit dem englischen Original übereinstimmt.

Im Jeep, den Sie von Professor Perez bekommen, befinden sich viele wertvolle Ausrüstungsgegenstände, die Sie mit »Get all« an sich nehmen. Bevor Sie die Pyramide mit der Schlange betreten muß die Lampe unbedingt angezündet werden, das Untier tötet man mit »Shoot«. Mit dem Bettler sollten Sie sich auf keinen Handel einlassen. Wenn Sie glauben die Maske zu besitzen, sollten Sie nochmal den Altar durchsuchen. Die echte Aztekenmaske besitzt nämlich zwei Edelsteine als Augen. Den Ausgang des Altarraums erkennen Sie nur, wenn Sie sich die Maske aufsetzen.

Diskette (89 Mark) für C 64, Atari XL/XE, Apple II
Grafik: Gut
Wortschatz: Befriedigend
Handlung: Sehr gut
Schwierigkeit: »Dank« einiger Gemeinheiten ein Fall für Fortgeschrittene und Profis.

Spiele-Test

rief den Zauberer zu sich. Vorwurfsvoll fragte er: „Was hast du nun
gemacht! Alle meine Untertanen sind plötzlich so gleich wie die
Kästen im Wohnzimmer." Der Zauberer antwortete: „Ich habe
eine Industrie gegründet, und sie heißt *Bewußtseinsindustrie*. Sie
heißt so, weil sie über das Bewußtsein von Menschen verfügt. Die
Leute Ihres Landes hängen ganz und gar von ihr ab. Man kann
sogar ihr Bewußtsein von Grund auf herstellen, wenn man früh
genug damit anfängt. Alle Kinder und Erwachsenen im Reich
sitzen den halben Tag vor meinem Apparat. Sie können nichts
mehr denken, was sie nicht dort gesehen haben. Und ich kann mit
ihnen machen, was ich will."

Der König schaute ihn immer erschrockener an.

„Und auch mit Ihnen," sagte der listige° Zauberer, den König   *cunning*
böse anblitzend. Der schlaue Zauberer ließ sich selber im
Zauberkasten zum König krönen. Die Zuschauer glaubten
natürlich an ihn — sie hielten alles im Kasten für wahr und gut.
Der echte König, auf den es nun im Reich nicht mehr ankam,
wurde ins Gefängnis gesperrt. Dort mußte er Tag und Nacht in das
Zaubergerät schauen. Nach einem halben Jahr wurde er entlassen°.   *released*
Er unterschied sich nicht mehr von den anderen. Er war auch
glücklich. Die Untertanen kauften immer mehr, wurden immer
gleicher und immer zufriedener. Und wenn sie nicht gestorben
sind, so leben sie noch heute.[3]

ÜBRIGENS...

1. This fairy tale, of course, shows only the hypothetical power of mass
media, and not their real application in German-speaking countries. For
instance, in West Germany radio and television are run like a public
utility, overseen by boards on which the political parties, the unions, the
churches and other bodies are represented. They are relatively independent of commercial support. Every owner of a radio or TV set pays a
monthly fee that is, in turn, used to pay for programming. Cultural,
political, and news programs tend to be more predominant than enter-
tainment programs. Cable TV, to which there is much opposition, was
introduced in West Germany in 1984.

2. TV and radio programming are not interrupted by commercials in
Germany. **Werbefernsehen** or **Werbefunk** are separate programs, consisting only of commercials. They are usually scheduled for thirty minutes
and run just prior to prime-time.

3. The phrases **"Es war einmal"** and **"Und wenn sie nicht gestorben sind,
so leben sie noch heute"** are the classic opening and closing lines of fairy
tales. They are translated as "Once upon a time" and "they lived happily
ever after."

Nomen

der Apparat, -e machine, appliance
das Bewußtsein consciousness
das Gerät, -e equipment, (TV) set
das Gerücht, -e rumor
die Lösung, -en solution
das Medium, die Medien medium
der Reichtum, ̈ er riches, wealth
das Silber silver
die Truhe, -n chest *(for storage)*
der Untertan, -en subject *(of a ruler or land)*
die Werbung, -en commercials, advertisements
der Zuschauer, - viewer

Verben

auf·füllen fill up
aus·verkaufen sell out
beherrschen rule (over)
◆ **lassen** let

- **entlassen** release, dismiss
- **aus·lassen** delete
- **hinterlassen** leave behind
- **verlassen** leave
- **weg·lassen** delete
- **zu·lassen** admit; permit

glücken be successful
her·stellen produce, manufacture
krönen crown
merken notice
überlegen consider, think over
vor·singen sing out loud
wählen vote for, elect

Verben mit Präpositionen

besorgt sein um *(+ Akk.)* be concerned about
denken an *(+ Akk.)* think of (or about)
verlangen nach *(+ Dat.)* demand, long for
bestehen aus *(+ Dat.)* consist of
angewiesen sein auf *(+ Akk.)* be dependent on
sich beziehen auf *(+ Akk.)* refer to
verzichten auf *(+ Akk.)* do without, forego
beteiligt sein an *(+ Dat.)* be involved with, be a part of
bestehen auf *(+ Akk.)* insist on
verfügen über *(+ Akk.)* have control of, have at one's disposal
nach·denken über *(+ Akk.)* reflect on, think about
Anteil nehmen an *(+ Dat.)* be involved with
Gefallen finden an *(+ Dat.)* be enthused about
sich kümmern um *(+ Akk.)* care about
sich beschweren bei *(+ Dat.)* complain to someone
einen Eindruck machen auf *(+ Akk.)* make an impression on
sich auf·regen über *(+ Akk.)* get excited about
ab·hängen von *(+ Dat.)* be dependent upon
glauben an *(+ Akk.)* believe in
an·kommen auf *(+ Akk.)* depend on
Es kommt darauf an. It depends.
Es kommt nicht mehr darauf an. That doesn't matter any more.
sich unterscheiden von *(+ Dat.)* differ from
halten für *(+ Akk.)* believe something to be

Wortschatz

Adjektive, Adverben etc.

echt genuine
erfolgreich successful
erschrocken shocked, startled
faul lazy
fleißig industrious

mächtig powerful
magisch magic
ratlos helpless, at a loss
schlau sneaky
unbedingt absolutely
verwöhnt spoiled

WORT+ZUSAMMEN+SETZUNG

der Bildschirm, -e picture screen
    das Bild + der Schirm
die Schatzkammer, - treasure vault
    der Schatz + die Kammer
der Zauberkasten, ̈ magic box
    der Zauber + der Kasten

AUSDRÜCKE UND REDEWENDUNGEN

nach wie vor the same as before, always
eben merely, simply
ein Gerücht verbreiten to spread a rumor
etwas verkauft sich wie warme Semmeln something sells like
  hotcakes (literally: like warm rolls)
jemand *(Dat.)* **Gesellschaft leisten** to keep someone company
die Lust verlieren to lose ambition (or desire)
ganz und gar totally, without exception
von Grund auf from the very outset

Wie beginnt ein typisches Märchen?

    Es war einmal . . .

Wie endet ein typisches Märchen?

    Und wenn sie nicht gestorben sind, so leben sie noch heute.

Was findet man in einem typischen Märchen?

    Phantastische oder wunderbare Begebenheiten, Könige, eine böse Stiefmutter, arme Kinder, Zauberer, Drachen, Hexen, Prinzessinnen und Prinzen, etc.

Kennen Sie einige Märchenautoren?

    Ja, ich kenne die Brüder Grimm und Hans Christian Andersen.

Was ist der Sinn eines Märchens?

    Es hat eine Moral/einen didaktischen Zweck.

Gibt es nur Märchen für Kinder?

    Nein, es gibt auch Märchen für Erwachsene. Ein typisches Märchen für Erwachsene ist *Der kleine Prinz* von dem französischen Schriftsteller Saint-Exupéry (1900-1944).

Wer erzählt den Kindern häufig Märchen?

    Der Vater, der Großvater, die Mutter, die Großmutter, der Onkel, die Tante.

"▬▬▬▬▬▬▬▬▬▬▬"

WAS KANN MAN DAZU SAGEN?

A Erzählen Sie den anderen ein Märchen, das Sie kennen.

B Stellen Sie eine Liste von den Begebenheiten und Gestalten auf, die man in einem typischen Märchen findet.

C Erfinden Sie ein Märchen und schreiben Sie es auf.

D Versuchen Sie, den Unterschied zwischen einem Märchen für Kinder und einem für Erwachsene zu erklären. Gibt es immer Unterschiede?

E Können Sie die englischen mit den deutschen Titeln verbinden?

1. Rotkäppchen
2. Hänsel und Gretel
3. Schneewittchen
4. Das tapfere Schneiderlein
5. Der gestiefelte Kater
6. Dornröschen
7. Die Bremer Stadt-musikanten
8. Der Froschkönig
9. Rumpelstilzchen

a) Rumpelstiltskin
b) Snow White and the Seven Dwarves
c) The Valiant Little Tailor
d) Puss 'n Boots
e) Sleeping Beauty
f) Little Red Riding Hood
g) The Bremen Town Musi-cians
h) The Frog Prince
i) Hansel and Gretel

Wortschatz im Kontext

A Richtig oder falsch? Wenn falsch, warum?

1. Die Untertanen wollten alle mehr arbeiten und fleißiger sein.

_____

2. Der König sagte: „Ich habe zwar kein Gold mehr, aber die Leute verlangen nur noch nach Steinen." _____

3. Der König war nicht auf die Zauberei des Zauberers angewiesen. _____

4. Das, was die schöne Frau in dem Kasten tat, war Werbung.

_____

5. Das Gold verkaufte sich wie warme Semmeln.

_____

6. Der König wollte wieder gewählt werden, aber seine Werbung war erfolglos. _____

B Verbinden Sie die Antworten mit den entsprechenden Fragen.

1. Was geschah, als das Land wegen seines Reichtums immer berühmter wurde?
2. Warum schaute der König täglich in seine Schatzkammer?
3. Warum füllte der König heimlich die Truhen mit Steinen auf?

4. Wie hat der Zauberer das Problem des Königs gelöst?

5. Was tat die schöne Frau, die neben dem Stein stand?

6. Was wollten jetzt alle Untertanen?

7. Was hielten die Zuschauer von dem Zauberer und den Steinen?

a. Sie sang eine Melodie, die sich auf den Stein bezog.

b. Er war besorgt um das dort gelagerte Gold und Silber.

c. Die Leute verzichteten auf Gold und verlangten stattdessen Steine.

d. Die Leute wurden faul und verwöhnt.

e. Er erfand einen Zauberkasten, mit dem man Steine verkaufen konnte.

f. Sie glaubten nur noch an den Zauberer und hielten die Steine für gut und wahr.

g. Jeden Tag war etwas weniger Gold da als am Tag davor.

C Wer in dem Märchen ist ... faul?

      erfolgreich?

      ratlos?

      magisch?

      verwöhnt?

      mächtig?

      schlau?

      reich?

      echt?

      unecht?

      fleißig?

      erschrocken?

D Übersetzen Sie ins Deutsche. Benutzen Sie die Verben mit Präpositionen!

1. The king is concerned about his gold and silver. *(besorgt sein um)*

2. The young people are enthused about video games. *(Gefallen finden an)*

3. The king is dependent on his magician. *(abhängig sein von)*

4. The magician is dependent on the commercials. *(angewiesen sein auf)*

5. The subjects of the land demand riches. *(bestehen auf)*

6. They can do without many things. *(verzichten auf)*

7. The magician has thousands of people at his disposal. *(verfügen über)*

8. The people no longer care about reading. *(sich kümmern um)*

9. They are dependent upon the picture tube. *(abhängig sein von)*

10. They believe in the people they see there. *(glauben an)*

11. In the kingdom things no longer depend on the king. *(ankommen auf)*

12. But at the end he no longer differs from all the rest. *(sich unterscheiden von)*

E Schreiben Sie das moderne Märchen in eigenen Worten nieder—schreiben Sie etwa eine Seite. Erfinden Sie, wenn Sie wollen, ein anderes Ende!

F Diskussionsgruppen. Bilden Sie Gruppen von 3 bis 4 Studenten. Schreiben Sie zusammen eine Viertelseite zum Thema: „Inwieweit läßt sich das Märchen auf die Medien in unserem wirklichen Leben anwenden?"

I COMPARISON OF ADJECTIVES AND ADVERBS Grammatik

There are three degrees of comparison for adjectives and adverbs: *positive, comparative,* and *superlative.* The positive was discussed in Chapter VIII.

1. As a general rule, the *comparative* is formed by adding **-er** and the superlative by adding **-(e)st** to the positive form of the adjective. The **-e** of the *superlative* ending is added if a positive form of an adjective ends in **-d** or **-t**, a vowel (or diphthong) or a sibilant (**-s, -ß, -sch, -x,** or **-z**) as in **mildest-, ältest-, neuest-,** and **kürzest-.** If the positive form of an adjective ends in **-el** or **-er** (**dunkel, teuer**), the **-e-** of the stem is dropped when the adjective takes a comparative ending (**dunkler, teurer**). In addition, the stem vowel of most monosyllabic adjectives takes an umlaut; exceptions are **klar** *(clear),* **schlank** *(slender),* **schlau** *(clever),* and **laut** *(loud).*

a. A great many adjectives follow the regular pattern.

Positive	Comparative	Superlative
langsam	langsam**er**	langsamst-
lang	läng**er**	längst-
berühmt	berühm**ter**	berühmtest-
alt	ält**er**	ältest-
neu	neu**er**	neuest-
dunkel	dunk**ler**	dunkelst-

b. Note, however, the following irregular forms, which need to be learned.

Positive	Comparative	Superlative
groß	größer	größt
gut	besser	best-
hoch	höher	höchst-
nah	näher	nächst-
viel	mehr	meist-

Meist- is always preceded by a definite article and takes a weak ending. Remember that **mehr** never takes endings.

- **Die meisten** Menschen wollen bequem leben. / *Most people* want to live comfortably.

2. If used as *attributive* adjectives, the comparative and superlative take endings according to the same rules as those given for the positive.

- **ein** mächtigeres Land   *a more* powerful country

- **der** schönste Stein   *the most* beautiful stone

- **unser** bestes Märchen   *our best* fairy tale

3. If used as a *predicate* adjective or as an adverb, the comparative does not take endings.

- Das Land ist **mächtiger**, und seine Menschen arbeiten **schwerer**. / The country is *more powerful*, and its people work *harder*.

The superlative of a predicate adjective or an adverb is formed with **am** and the ending **-en**.

• Das Land ist **am mächtigsten**, und seine Menschen arbeiten **am schwersten**.	The country is *the most powerful*, and its people work *the hardest*.

The adverb **gern(e)** has irregular forms: **gern, lieber, am liebsten.**

• Wir haben Videospiele **gern**.	We *like* video games.
• Sie haben Fernsehen **lieber**.	They like TV *better*.
• Er hat Bücher **am liebsten**.	He likes books *the best*.

4. The following constructions can be used to express comparisons.

a. If *equal terms are compared,* **so** + *positive* + **wie** is used.

• Die Menschen hier sind **so fleißig wie** überall auf der Welt.	People here work *as hard as* anywhere in the world.

b. If *unequal terms are compared,* the *comparative* + **als** is used.

• Dieses Land ist **größer als** die Bundesrepublik.	This country is *larger than* the Federal Republic.

c. To indicate *a progressive increase,* **immer** + *comparative* is used.

• Die Menschen in dem Märchen wurden **immer gleicher** und **zufriedener**.	The people in the fairy tale became *more and more alike* and *content*.

d. To indicate *a progressive increase with time* being the critical factor, the *comparative* + **denn je** is used.

• Unser Land ist **ärmer denn je**.	Our country *is poorer than ever* before.

e. To *compare two comparatives,* **je** + *the comparative* + **desto** + *comparative* is used.

• **Je schwerer** sie arbeiten, **desto reicher** werden sie.	The harder they work *the richer* they get.

Note the dependent word order in the first clause and the inverted word order in the second.

f. The prefix **aller-** added to a superlative means *of all.*

- Dies ist **das allerneueste** Videospiel.

  This is *the most recent* video game *of all.*

g. At times **äußerst** or **höchst** precedes a positive adjectival form to give it a superlative meaning.

- Haben Sie dieses **höchst interessante** Märchen schon gelesen?

  Did you read that *most interesting* fairy tale already?

h. The suffix **-ens** is added to numerous superlative stems to create adverbs with specialized meanings: **höchstens** *(at best),* **meistens** *(mostly),* **spätestens** *(at the latest, no later than),* **wenigstens** *(at least).*

A Fügen Sie die richtige Form des Komparativs der angegebenen Adjektive ein.

1. Dieses Land ist _____ als jenes. *(klein)*

2. Die Untertanen waren _____ als der König. *(fleißig).*

3. Je _____ sie arbeiteten, desto _____ wurde das Land. *(schwer/berühmt)*

4. Jeden Tag fand der König _____ Gold als am Tag zuvor. *(wenig)*

5. Jetzt ist das Land _____ denn je. *(arm)*

6. Der Zauberer war _____ als der König. *(schlau)*

7. Die Steine wurden immer _____ . *(teuer)*

8. Die Menschen schrieen „_____" und

„_____". *(viel/groß)*

B Fügen Sie die richtige Form des Superlativs der angegebenen Adjektive ein.

1. Der _____ Untertan ist auch der

_____ . *(zufrieden/faul)*

2. Die Menschen taten _____ _____
nichts. *(gern)*

3. Die Leute hielten alles im Kasten für das

_____ . *(gut)*

4. Der Zauberer hat die _____ Industrie
gegründet. *(neu)*

5. Die jungen Leute finden _____ _____
Gefallen an ihren Videospielen. *(viel)*

6. Einige der _____ Leute beschwerten sich beim
Zauberer. *(alt)*

7. Diese Menschen sind _____ _____ .
(glücklich)

8. Die Leute können sich die _____ und

_____ Sachen kaufen. *(schön/elegant)*

9. Das war ein höchst _____ Märchen.
(interessant)

10. Alle wollten das aller _____ Videospiel. *(teuer)*

11. Wir sehen _____ dreimal pro Woche fern.
(hoch)

12. Meine _____ Schallplatte ist schon sehr alt.
(interessant)

C Pretend you are participating in a talk-show. You and a
fellow student give responses, reacting to the first call. Use
comparatives and superlatives.

ERSTER ANRUF: Wir leben im reichsten Land der Welt, aber
es gibt trotzdem viele Menschen, die selten
genug zu essen bekommen. Wir sollten versuchen, den ärmeren und weniger glücklichen
Menschen in unserer Gesellschaft zu helfen.
Heute mehr denn je!

ZWEITER ANRUF: . . .

DRITTER ANRUF: . . .

D Was essen, trinken oder lesen Sie lieber als etwas
anderes? Was am liebsten?

E Form groups of three. Follow the model below. Compare your cars, radios, clothing, etc., using comparative and superlative forms of adjectives.

> BEISPIEL: 1. *Du hast eine bessere Stereoanlage als ich.*
> 2. *Nein, deine Stereoanlage ist die allerneueste und teuerste, die es gibt.*
> 3. *Ich finde die Stereoanlage von [Fritz] genauso gut wie deine.*

F Exchange information with your partner regarding similarities and dissimilarities in the things you own.

> BEISPIEL: Mein Auto ist größer als deins, aber es ist trotzdem genauso billig wie deins.

1. Videospiel
2. Wohnung
3. Familie
4. Hund
5. Tasche
6. Mantel

G Write up a commercial or a slogan for the products shown by using comparatives and superlatives.

II IMPERSONAL VERBS AND OTHER SPECIAL CONSTRUCTIONS

1. Impersonal constructions are used when there is no particular subject. They are expressed through the pronoun **es** with verbs designating natural phenomena and events whose agents are unknown, and with constructions of **es gibt** *(there is/are)*.

• **Es regnet** oft in dieser Gegend.	*It rains* often in this area.
• **Es klingelt** an der Tür.	The door bell *is ringing*.
• **Es geschah** jedes Jahr.	*It happened* every year.
• Wie **geht es** Ihnen?	How *are* you?
• **Es gibt** nichts Neues.	*There is* nothing new.

2. Most verbs in German take a direct object, and a few take an indirect object (see Chapter 2, section on the *dative*). But there are a few verbs where the English subject becomes the indirect object.

a. The most important of these are listed below.

gefallen	to please
gelingen	to succeed
sein *(+ feeling)*	to feel

• Der Film **hat mir gefallen.**	*I liked* the film.
• Die Arbeit **ist mir gelungen.**	*I succeeded* in my work.
• **Mir ist** kalt. *(or:* **Es ist mir** kalt.*)*	*I am* cold.

b. Some of the dative verbs can take impersonal objects in the accusative case: **befehlen, glauben.**

• Sie hat es **mir** befohlen.	She ordered *me* to do it.
• Glaub es **mir!**	Believe *me!*

A Beantworten Sie die Frage mit dem Ausdruck in Klammern:

1. Was gibt es Neues? (nichts)
2. Wie geht es Ihnen? (gut)

3. Wann geschieht es? (jedes Jahr)
4. Wie ist diese Gegend? (regnet oft)
5. Ist Ihnen warm? (nein, kalt)

B Student A gives each of the following phrases in German. Student B answers.

BEISPIEL: follow me   A: *Folge mir!*
                      B: *Ich folge dir.*

1. answer us *(formal)*
2. obey them
3. meet me
4. help us
5. order her
6. thank me *(formal)*
7. follow me
8. believe me *(formal)*

C Übersetzen Sie die folgenden Sätze ins Deutsche.

1. It happens to them every year.
2. How is she today?
3. I am very cold today.
4. There were many students at the theater.
5. The doorbell is ringing.
6. It snowed a lot last month.
7. Answer me!
8. They ordered him to come at once.
9. The dog obeyed her.
10. We thanked him.
11. This job suits me.
12. I like this job.
13. I helped her every day.
14. I like her.
15. We succeeded.

D Erzählen Sie Ihrem Partner eine Geschichte. Benutzen Sie die folgenden Wörter und Phrasen.

gestern, geschehen, Werbung ansehen, hinauslaufen in den Laden, das Produkt kaufen, nach Hause eilen, auspacken, essen, es schmeckt, es sieht . . . aus, es ärgert mich, ich werde

Dann lassen Sie Ihren Partner eine Geschichte mit denselben Wörtern und Phrasen erzählen.

E Erzählen oder schreiben Sie das Märchen vom *Rotkäppchen*. Benutzen Sie das angegebene Vokabular.

Rotkäppchen/Mutter/gehorchen

Mutter/Tochter/danken

Beide/wollen/Großmutter/helfen

Das Mädchen/im Wald/Wolf/begegnen

Der Wolf/folgen/Mädchen

Wolf/Großmutter/auffressen

Rotkäppchen/hereinkommen

Das Mädchen/glauben/Wolf, er/sein/die Großmutter

Es/sein/Rotkäppchen/nicht zu helfen

Aber der Jäger/helfen/sie

A Erzählen Sie eine Episode von einer Fernsehserie, die Sie besonders mögen (z.B. *Dallas* oder *Dynasty*). Lassen Sie die anderen raten, welche Fernsehserie es ist.

B Erzählen Sie den anderen ein Märchen, und lassen Sie die anderen raten, wie das Märchen heißt.

C Schreiben Sie ein Inserat für die Zeitung.

1. Sie suchen eine Wohnung.
2. Sie wollen eine Wohnung vermieten.
3. Sie wollen Ihren Wagen verkaufen.
4. Sie suchen einen Partner fürs Leben.
5. Sie suchen eine Stellung.

D Schreiben Sie einige Schlagzeilen zur gegenwärtigen Politik.

E Agree on a general topic, and then select one person to be the quiz master of a television show. Everybody else tries to answer the questions.

F Take an opinion poll, using the questions below.

1. Welche Zeitung lesen Sie?
2. Welches Radioprogramm hören Sie regelmäßig?
3. Welche Art von Fernsehprogramm finden Sie am wichtigsten?

Jetzt
sind Sie
an der Reihe!

G It is common in German advertising, especially in classified newspaper ads, to abbreviate as much as possible. Can you connect the common abbreviations below with their meanings?

1. f. _____
2. m. _____
3. a. _____
4. Tel. _____
5. i. _____
6. u. _____
7. verm. _____
8. Mo. _____
9. preisg. _____
10. Fr. _____
11. inkl. _____
12. b. _____
13. Betreu. _____
14. gr. _____
15. i.d.W. _____

a. in/im
b. an
c. bei
d. vermieten
e. Freitag
f. preisgünstig
g. Montag
h. groß
i. Telefon
j. Betreuung
k. und
l. für
m. inklusive
n. mit
o. in der Woche

H Now, can you decipher these advertisements for vacation accommodations? Write each one out, in full.

Ruhpolding/Inzell/Vorauf
Komfortferienhaus, herrl. Aussicht, Wohnz. 50 m², 4 Schlafz., 7 Betten, Spülm., Waschm., TV, Tel., Reiten, Tennis, Schwimmb. in nächster Nähe. Tag 110.— DM ab Juni 1985 zu vermieten. Tel. 09 11 / 73 17 33.

Wunderschöne Villa a. d. ital. Riviera, f. 6 Pers., v. Privat zu verm. Tel. 0 89 / 22 23 56 oder 47 98 37.

Bahamas
Ferienh. u. Appartm. ab DM 90,— pro Tg. inkl. dtsch. Betreu. zu verm., preisg. Flüge können m. verm. werden. Tel. 04 51 / 50 18 12.

Bilden Sie kleine Gruppen; jede Gruppe soll sich 10-20 Wörter aus der Liste aussuchen und die folgenden Aufgaben unternehmen.

1. Versuchen Sie die Wörter auszusprechen.

2. Zerlegen Sie die Wörter in ihre Bestandteile.

3. Versuchen Sie, sie ohne Lexikon zu verstehen.

4. Schauen Sie die Wörter im Wörterbuch nach, die Sie brauchen.

5. Versuchen Sie ähnliche lange Wörter oder „Wortschlangen" zu bilden. Sehen Sie sich dazu in allen Kapiteln die Vokabellisten, insbesondere die "zusammengesetzten Nomen" an.

Die Donaudampfschiffahrtsgesellschaftskapitänswitwenrente

Solche Wörterschlangen sind manchmal lustig. Es gibt aber auch andere lange Wörter. Die sind oft gar nicht lustig und vor allem schwer zu lesen.

Bergwanderung

Blutlosigkeit

Geräuscharmut

Menschenmenge

Briefzusteller

Brückenentwurf

Ferienparadies

Fleischspeisen

Geschenkpapier

Hautoberfläche

Herbstzeitlose

Meisterprüfung

Nachteulenflug

Regelmäßigkeit

Besitzlosigkeit

Bildbeschaffung

Blattoberfläche

Bleistiftspitze

Bratensaftwürze

Daumennagelrand

Dorfmittelpunkt

Fehleranhäufung

Momentaufnahmen

Schlafbedürfnis

Schlagaustausch

Stoffprüfgeräte

Bevölkerungszahl

Garagentorschloß

Sommerbadefreude

Kaufhausdirektor

Bürgermeisteramt

Bürstenverkäufer

Donnerschlagecho

Geschäftspapiere

Hemdkragenstärke

Mitternachtszeit

Berichterstattung

Butterschmalzdose

Dachdeckermeister

Entfernungsmesser

Erinnerungslücken

Fantasielosigkeit

Festveranstaltung
Gedächtnisverlust
Gedankenlosigkeit
Handtuchaufhänger
Heizofenreparatur
Krankheitserreger
Lärmbelästigungen
Qualitätsnachweis
Raketentreibstoff
Reifenprofiltiefe
Bratpfannenstiel
Druckfehlerteufel
Scheinwerferlicht
Schiffsmannschaft
Deckenkonstruktion
Dienstantrittszeit
Durchschnittswerte
Eigenschaftswörter
Entschlußlosigkeit
Fischereierlaubnis
Frühjahrsmüdigkeit
Gummistiefelfutter
Hausfrauenberatung
Herdplattenpolitur
Interesselosigkeit
Knieschützerriemen
Schallplattenhülle
Schülerarbeitsheft
Stuhllehnenpolster
Berufsmöglichkeiten
Dampfmaschinenteile
Einfahrtstorpfosten
Fahrschulsekretärin
Freundschaftsdienst
Fruchtfleischgehalt
Frühstücksmarmelade
Gartenbauamtsleiter
Geschichtensammlung

Blumentopfbemalung
Haustreppengeländer
Lehrerbüchereiregal
Jahrhundertereignis
Kaffeebohnenstrauch
Kornreinigungsgerät
Nachrichtensprecher
Reparaturwerkstätte
Rundfunknachrichten
Tafelanstrichsfarbe
Buchstabenverdrehung
Fingerhandschuhnähte
Glockengießergeselle
Glückwunschtelegramm
Höhenrekordzeitpunkt
Landkartenausschnitt
Lebensmittelreinheit
Neuheitenausstellung
Schweinebratenrezept
Seifenlaugenbehälter
Sekundenzeigerumlauf
Sommerurlaubsgebiete
Spiegelglasfabrikant
Tropfenfängerschwamm
Betriebsveranstaltung
Eintrittskartenprüfer
Erfahrungshintergrund
Erkältungskrankheiten
Fahrkartenkontrolleur
Fensterglashersteller
Freizeitbeschäftigung
Grassamensortiergerät
Hundefutterverpackung
Krankenhausaufenthalt
Küchenmöbelspezialist
Gartenzaunspanndraht
Lastwagenfahrerkabine
Langewörterleseübung

Nordwestniedersachsen
Schokoladegrundstoffe
Fabrikarbeitersiedlung
Fortsetzungsgeschichte
Jugendarbeitslosigkeit
Knochenbruchverletzung
Luftpostbriefaufkleber
Schmerzempfindlichkeit
Unsinnswörterschreiber
Ferngesprächsteilnehmer
Geburtstagsgesellschaft
Getränkeherstellerfirma
Landwirtschaftsbetriebe
Stromverbrauchsrechnung
Druckmaschineneinsteller
Elternbeiratsversammlung

Feuerversicherungswerber
Damenoberbekleidungsfirma
Erntedankfestveranstaltung
Kartoffelpulverherstellung
Pflanzenvernichtungsmittel
Pinselreinigungsflüssigkeit

aus: Karl Sirch: *Training Lesen*. Ernst
Klett Verlag, Stuttgart, 1979, S.66-67.

mportant Strong and Irregular Weak Verbs and Modal Auxiliaries

Infinitive	Present	Past	Past Participle
backen (to bake)	bäckt	backte (buk)	gebacken
befehlen (to command)	befiehlt	befahl	befohlen
beginnen (to begin)		begann	begonnen
beißen (to bite)		biß	gebissen
betrügen (to deceive)		betrog	betrogen
beweisen (to prove)		bewies	bewiesen
biegen (to bend)		bog	gebogen
bieten (to offer)		bot	geboten
binden (to bind)		band	gebunden
bitten (to request)		bat	gebeten
blasen (to blow)	bläst	blies	geblasen
bleiben (to remain)		blieb	ist geblieben
braten (to fry)	brät	briet	gebraten
brechen (to break)	bricht	brach	gebrochen
brennen (to burn)		brannte	gebrannt
bringen (to bring)		brachte	gebracht
denken to think)		dachte	gedacht
dürfen (to be allowed)	darf	durfte	gedurft
eindringen (to penetrate)		drang ein	ist eingedrungen
empfehlen (to recommend)	empfiehlt	empfahl	empfohlen
entscheiden (to decide)		entschied	entschieden
entweichen (to escape)		entwich	ist entwichen
erschrecken (to frighten)	erschrickt	erschrak	ist erschrocken
essen (to eat)	ißt	aß	gegessen
fahren (to drive)	fährt	fuhr	ist gefahren
fallen (to fall)	fällt	fiel	ist gefallen
fangen (to catch)	fängt	fing	gefangen
finden (to find)		fand	gefunden
fliegen (to fly)		flog	ist geflogen
fliehen (to flee)		floh	ist geflohen
fließen (to flow)		floß	ist geflossen
fressen (to eat)	frißt	fraß	gefressen
frieren (to freeze)		fror	gefroren
gebären (to give birth)	gebiert	gebar	geboren
geben (to give)	gibt	gab	gegeben
gedeihen (to thrive)		gedieh	ist gediehen
gehen (to walk)		ging	ist gegangen
gelingen (to succeed)		gelang	ist gelungen
gelten (to be worth)	gilt	galt	gegolten
genießen (to enjoy)		genoß	genossen

Infinitive	Present	Past	Past Participle
geschehen (to occur)	geschieht	geschah	ist geschehen
gewinnen (to win, gain)		gewann	gewonnen
gießen (to pour)		goß	gegossen
gleichen (to resemble)		glich	geglichen
gleiten (to glide)		glitt	ist geglitten
graben (to dig)	gräbt	grub	gegraben
greifen (to seize)		griff	gegriffen
haben (to have)	hat	hatte	gehabt
halten (to hold)	hält	hielt	gehalten
hängen (to hang)		hing	gehangen
hauen (to spank)		haute (hieb)	gehauen
heben (to lift)		hob	gehoben
heißen (to be called)		hieß	geheißen
helfen (to help)	hilft	half	geholfen
kennen (to know)		kannte	gekannt
klingen (to sound)		klang	geklungen
kommen (to come)		kam	ist gekommen
können (to be able)	kann	konnte	gekonnt
kriechen (to crawl)		kroch	ist gekrochen
laden (to load)	lädt	lud	geladen
lassen (to let)	läßt	ließ	gelassen
laufen (to run)	läuft	lief	ist gelaufen
leiden (to suffer)		litt	gelitten
leihen (to lend)		lieh	geliehen
lesen (to read)	liest	las	gelesen
liegen (to lie)		lag	gelegen
lügen (to tell a lie)		log	gelogen
messen (to measure)	mißt	maß	gemessen
mißlingen (to fail)		mißlang	ist mißlungen
mögen (to like, like to)	mag/möchte	mochte	gemocht
müssen (to have to)	muß	mußte	gemußt
nehmen (to take)	nimmt	nahm	genommen
nennen (to name)		nannte	genannt
pfeifen (to whistle)	pfeift	pfiff	gepfiffen
preisen (praise)		pries	gepriesen
raten (to advise; guess)	rät	riet	geraten
reiben (to rub)		rieb	gerieben
reißen (to tear)		riß	ist gerissen
reiten (to ride)		ritt	ist geritten

Infinitive	Present	Past	Past Participle
rennen (to run)		rannte	ist gerannt
riechen (to smell)		roch	gerochen
ringen (to wrestle)		rang	gerungen
rufen (to call)		rief	gerufen
saufen (to drink)	säuft	soff	gesoffen
saugen (to suck)		sog	gesogen
schaffen (to create)		schuf	geschaffen
scheinen (to seem; shine)		schien	geschienen
schieben (to push)		schob	geschoben
schießen (to shoot)		schoß	geschossen
schlafen (to sleep)	schläft	schlief	geschlafen
schlagen (to beat)	schlägt	schlug	geschlagen
schleichen (to sneak)		schlich	ist geschlichen
schließen (to close)		schloß	geschlossen
schmeißen (to fling)		schmiß	geschmissen
schmelzen (to melt)	schmilzt	schmolz	ist geschmolzen
schneiden (to cut)		schnitt	geschnitten
schreiben (to write)		schrieb	geschrieben
schreien (to cry)		schrie	geschrien
schweigen (to be silent)		schwieg	geschwiegen
schwimmen (to swim)		schwamm	ist geschwommen
schwören (to swear an oath)		schwur	geschworen
sehen (to see)	sieht	sah	gesehen
sein (to be)	ist	war	ist gewesen
singen (to sing)		sang	gesungen
sinken (to sink)		sank	ist gesunken
sitzen (to sit)		saß	gesessen
sollen (to ought to)	soll	sollte	gesollt
spinnen (to spin)		spann	gesponnen
sprechen (to speak)	spricht	sprach	gesprochen
sprießen (to sprout)		sproß	ist gesprossen
springen (to jump)		sprang	ist gesprungen
stechen (to sting)	sticht	stach	gestochen
stehen (to stand)		stand	gestanden
stehlen (to steal)	stiehlt	stahl	gestohlen
steigen (to climb)		stieg	ist gestiegen
sterben (to die)	stirbt	starb	ist gestorben
stinken (to stink)		stank	gestunken
stoßen (to push)	stößt	stieß	gestoßen
streichen (to stroke; spread)		strich	gestrichen
streiten (to quarrel)		stritt	gestritten
tragen (to carry)	trägt	trug	getragen
treffen (to hit; meet)	trifft	traf	getroffen
treiben (to drive)		trieb	getrieben

Infinitive	Present	Past	Past Participle
treten *(to step; kick)*	tritt	trat	getreten
trinken *(to drink)*		trank	getrunken
tun *(to do)*		tat	getan
verbergen *(to hide)*	verbirgt	verbarg	verborgen
verderben *(to spoil)*	verdirbt	verdarb	verdorben
vergessen *(to forget)*	vergißt	vergaß	vergessen
verlieren *(to lose)*		verlor	verloren
verschwinden *(to disappear)*		verschwand	ist verschwunden
verzeihen *(to forgive)*		verzieh	verziehen
wachsen *(to grow)*	wächst	wuchs	ist gewachsen
waschen *(to wash)*	wäscht	wusch	gewaschen
wenden *(to turn)*		wandte/wendete	gewandt
werben *(to advertise)*	wirbt	warb	geworben
werden *(to become)*	wird	wurde	ist geworden
werfen *(to throw)*	wirft	warf	geworfen
wiegen *(to weigh)*		wog	gewogen
winden *(to wind)*		wand	gewunden
wissen *(to know)*	weiß	wußte	gewußt
wollen *(to want)*	will	wollte	gewollt
zwingen *(to compel)*		zwang	gezwungen

Ẅörterverzeichnis

In the following vocabulary list, a ◆ indicates an irregular verb. (For a complete set of tenses see the chart of irregular verbs on p. 304ff.) Verbs with separable prefixes are identified as follows: **ab·geben.** Verbs that form their present and past perfect tenses with the auxiliary **sein** are indicated by (**+ sein**).

German nouns that exist in both masculine and feminine forms are listed in the masculine form, followed by a semicolon and the female suffix **-in: der Arzt,** ¨**e;** ¨**in.** The plural of the feminine form, which is invariably **-innen,** is not provided.

Numbers after entries indicate the chapter in which a word first occurs.

A

das Abendgymnasium, -sien evening high school 3

der Abfalleimer, - garbage can 9

abgebildet illustrated 3

das Abitur high school finishing exam, diploma (**die Reifeprüfung**) 3

das Abkommen, - agreement 4

abschirmen to shield 4

abschätzig disparaging, degrading 6

absolvieren to pass, complete a course of study 3

die Abteilung, -en department 3

abwechselnd alternatively 8

◆ **ab·finden** to pay off 8

sich ◆ **ab·finden** to come to terms with 8

◆ **ab·geben** to hand in 9

◆ **ab·hängen von** (+*Dat.*) to be dependent on 10

ab·legen to remove 4

◆ **ab·nehmen** to lose weight 9

◆ **ab·schließen** to complete a course of study, school 3

◆ **ab·sehen** to foresee 7

ab·stellen to switch off 6

ab·weichen to differ, deviate 6

ab·wenden to avert 7

allerdings however, of course 8

der Alltag everyday life 1

die Alternative, -n alternative 6

das Altertum antiquity 8

altertümlich antiquated 6

◆ **an·bieten** to offer 3

(sich) ändern to change 3

an·deuten to indicate 9

an·erkennen to give recognition to 6

aneinander·reihen to string together, line up 8

◆ **an·fangen** to begin 1

das Angebot, -e offer 9

angesichts in view of 6

angespannt strained, tense 6

angewiesen sein auf (+*Akk.*) to be dependent on 10

sich an·hören to sound (like) 6

◆ **an·kommen auf** (+*Akk.*) to depend on 10

die Annäherung, -en approach, convergence 4

die Annonce, -n advertisement 10

der Anpasser, - conformist 6

sich an·passen to conform 6

◆ **an·preisen** to promote, talk up 10

anregend stimulating 8

das Anschlagbrett, -er bulletin board 1

◆ **an·sehen** to look upon, view 7

anständig decent 3

an·streichen to paint (a building, room) 5

◆ **Anteil nehmen an** (+*Dat.*) to be involved with 10

die **Antiquität, -en**
antique 8

◆ **an·treiben** to propel 6

die **Antwort, -en** answer 1

antworten to answer 1

die **Anwendung, -en**
application 7

der **Apparat, -e** machine,
appliance 10

die **Arbeit** work,
employment 1

arbeiten to work 1

das **Arbeitsamt, ¨er**
employment office 3

arbeitslos unemployed 3

die **Arbeitslosenunterstüt-**
zung unemployment
compensation 3

die **Arbeitslosigkeit**
unemployment 3

der **Ärger -** trouble,
hassle 1

armselig pitiful 3

die **Armut** poverty 5

der **Arzt, ¨e; ¨in**
physician 1

ärztlich medical 7

atmen to breathe 1

auf·blühen to blossom,
flourish 8

◆ **auf·fallen** to be
noticeable 9

auf·füllen to fill up 10

◆ **auf·geben** to quit 3

◆ **auf·kommen für** to be
liable for 7

die **Auflage, -n** printing,
edition 8

auf·machen to open 1

auf·mucken *(slang)* to
protest 6

die **Aufnahme, -n**
recording 8

◆ **auf·nehmen** to record 10

auf·räumen to clean,
neaten up 9

sich **auf·regen über**

(+Akk.) to get excited
about 10

aufregend exciting,
thrilling 8

auf·stellen to set up 1

◆ **auf·wachsen** to grow up
9

der **Aufzug, ¨e** elevator 9

die **Ausbildung, -en**
training, education 1

sich ◆ **aus·denken** to think
up, invent 6

der **Ausdruck, ¨e**
expression 6

◆ **aus·halten** to stand, bear
3

aushilfsweise temporarily
3

das **Ausland** foreign
country, abroad 1

◆ **aus·lassen** to delete 10

sich ◆ **aus·laufen** to get
exercise 9

sich **aus·liefern** *(+Dat.)* to
put o.s. at the mercy of
7

aus·machen *(impersonal*
+Dat.) to matter 1

aus·nutzen to exploit, take
advantage of 3

der **Auspuff** exhaust 9

die **Ausrede, -n** excuse 9

◆ **aus·sehen** to look like 4

außerhalb outside of 5

sich **äußern** to speak,
express an opinion 6

aus·setzen abandon 7

◆ **aus·steigen** to get out
(fig.: drop out) 6

aus·stellen to exhibit 6

die **Ausstellung** issuance
(of an I.D. etc.) 3

die **Ausstellung, -en**
exhibition 8

aus·üben to practice 3

aus·verkaufen to sell out
10

aus·wandern to emigrate 3

die **Autobahn, -en** freeway,
expressway 1

B

die **Bahn, -en** railway 1

bald soon 1

der **Band, ¨e** volume (of a
book) 8

bangen um *(+Akk.)* to fear
for 7

bauen to build 1

die **Bausparkasse, -n**
savings program for
future homeowners 1

der **Beamte, -n; -tin** civil
servant 3

beantworten to answer 3

die **Bedeutung, -en**
meaning 1

die **Bedienung** service 2

bedrohlich threatening 7

das **Bedürfnis, -se**
necessity, need 6

◆ **befehlen** to command 1

sich ◆ **befinden** to be
located 8

die **Begebenheit, -en**
event 10

◆ **beginnen** to begin 1

◆ **begreifen** to
understand 7

der **Begriff, -e** term,
notion 3

begründen to found 5

◆ **behalten** to keep,
retain 5

beherrschen to rule
over 10

behilflich sein *(+Dat.)* to
be of help (to
someone) 5

der **Beitrag, ¨e**
contribution 7

◆ **bei·bringen** to teach 3

bekannt well-known 5

beklagen to bemoan 7

◆ **bekommen** to receive, get **1**
der **Beleg, -e** receipt **5**
belegen to register (for a course) **3**
die **Belästigung, -en** disturbance **9**
sich ◆ **benehmen** to behave **6**
das **Benehmen** behavior **6**
beneiden to envy **6**
das **Benzin** gasoline **6**
beobachten to observe **5**
bereden to discuss **3**
der **Bereich, -e** area **6**
der **Beruf, -e** profession **3**
die **Berufsschule, -n** vocational school **3**
berufstätig working, employed **1**
das **Berufsziel, -e** professional goal **3**
berühmt famous **5**
die **Besatzung, -en** occupation by the military **4**
◆ **beschließen** to decide **4**
◆ **beschreiben** to describe **1**
sich **beschweren (bei)** to complain (to someone) **9**
beschäftigt busy **9**
besetzen to occupy **7**
◆ **besitzen** to own **1**
besonders particularly **4**
sich **(etwas) besorgen** to get (s.th.) for o.s. **6**
besorgt sein um to be concerned about **10**
sich **bessern** to improve (oneself) **9**
der **Bestandteil, -e** component **4**
◆ **bestehen** to pass (a test) **3**
◆ **bestehen aus** *(+Dat.)* to consist of **10**
bestellen to order **6**

besuchen to visit, attend (a school) **3**
beteiligt sein an *(+Dat.)* to be involved with, be a part of **10**
der **Beton** concrete **6**
betrachten to look at, regard **6**
sich **betrachten (als)** to see oneself (as) **4**
der **Bettler, -; -in** beggar **9**
die **Bevölkerung, -en** population **4**
die **Bewegung, -en** movement **5**
die **Bewerbung, -en** application **3**
bewohnen to live in **9**
der **Bewohner, -; -in** resident **1**
das **Bewußtsein** consciousness, awareness **6**
bezeichnen to designate, describe **5**
die **Bezeichnung, -en** designation, term **5**
sich ◆ **beziehen auf** *(+Akk.)* to refer to **10**
beziehungsweise (bzw.) or rather **5**
der **Bezug, ⸚e** relationship **9**
die **Bibliothek, -en** library **1**
◆ **bieten** to offer **6**
bilden to build, form **1**
der **Bildschirm, -e** picture screen **10**
die **Bildung** education **3**
der **Bildungsweg, -e** educational background **3**
die **Bindung, -en** obligation **6**
bisherig previous, up to now **3**
blaß pale **8**

◆ **bleiben (+sein)** to stay **1**
blöd(e) dull, stupid **1**
der **Boden, ⸚** ground **4**
die **Branche, -n** business **7**
brav well-behaved, good **6**
sich **breit·machen** to spread out, take over **7**
brotlos unemployed **7**
der **Bruchteil, -e** fraction **7**
der **Buchstabe, -n** letter **1**
der **Bund, ⸚e** federation **4**
der **Bundesgrenzschutz** W. German border police **4**
die **Bundesrepublik Deutschland** the Federal Republic of Germany **1**
bunt colorful **8**
der **Bürger, -** citizen **1**
die **Bürgerinitiative, -n** citizens petition **9**
bürgerlich bourgeois **6**
das **Büro, -s** office **3**
der **Bürogehilfe, -n; -in** clerk **3**

C

das **Chorwerk, -e** choral work **5**
der **Computertechniker, -; -in** computer technician **3**

D

dagegen in contrast **1**
die **Dämmerung** dawn **7**
daneben in addition **3**
dar·stellen to represent **1**
dauern to last **1**
dauernd continuously **1**
der **Demonstrant, -en; -in** demonstrator **6**
denken an *(+Akk.)* to think of, about **10**
das **Denkmal, ⸚er** monument **4**

dennoch nevertheless **9**
deswegen because of this **1**
deuten auf *(+Akk.)* to point at **5**
der Dichter, -; -in author, poet **5**
dieser ... jener the former ... the latter **4**
diesmal this time **1**
diesseits *(+Gen.)* on this side of **5**
die Diktatur, -en dictatorship **6**
der Dirigent, -en; -in conductor **5**
der Dirigent, -en; -in conductor **5**
der Dom, -e cathedral **4**
drangvoll powerfully **6**
der Dreck dirt **3**
dringend urgently **1**
der Drückeberger, -; -in dodger **3**
der Durchschnitt, -e average **1**
durchschnittlich on average **1**
durch·machen to go through, experience **1**; to complete **3**
◆ **dürfen** to be permitted or allowed to, may **1**

E

eben merely, simply **10**
echt genuine **10**
ehemalig former **4**
das Ehepaar, -e married couple **1**
ehern firm, unshakeable **6**
das Ehrenmal, ¨er memorial in honor of s. th. **4**
eigen own, belonging to someone **1**
das Eigenheim, -e single-family house **1**

eigenwillig idiosyncratic **8**
es eilig haben to be hurried **1**
sich *(Dat.)* **ein·bilden** to imagine **6**
einen Eindruck machen auf *(+Akk.)* to make an impression on **10**
der Einfluß, ¨sse influence **5**
eingeklammert in parentheses **1**
ein·grenzen to narrow down, define **6**
◆ **ein·laden** to invite **1**
ein·leuchten *(+Dat.)* to make sense to s.o. **7**
ein·ordnen to categorize **8**
ein·richten to set up, decorate **6**
der Einsatz, ¨e use, employment **6**
der Einschnitt, -e turning point, caesura **8**
die Einschulung, -en entering a pupil in school **3**
◆ **ein·sehen** to realize **3**
ein·setzen to fill in **1**
ein·stellen to hire **3**
die Eintrittskarte, -n admission ticket **5**
ein·wenden gegen to object to, oppose **7**
der Einzug, ¨e invasion, moving in **7**
das Elend misery, squalor **5**
◆ **empfehlen** to recommend **1**
◆ **empfinden** to perceive, sense **8**
entartet degenerate **8**
entdecken to discover **6**
die Entdeckung, -en discovery **5**
◆ **enthalten** to contain **1**

◆ **entlassen** to release, dismiss **8**
entlassen sein to be fired **3**
entlegen *(adj.)* remote, distant **4**
◆ **entnehmen** *(+Dat.)* to infer from, gather, understand **9**
sich ◆ **entschließen** to decide **6**
entsetzen to horrify **7**
◆ **entsprechen** *(+Dat.)* to be in accordance with **6**
entweder ... oder either ... or **3**
die Entwicklung, -en development **7**
entzückt delighted **9**
der Erbe, -n; -in heir **5**
das Erdgeschoß, -sse ground floor **9**
◆ **erfinden** to invent **8**
der Erfinder, -; -in inventor **5**
der Erfolg, -e success **5**
erfolgreich successful **3**
ergänzen to complete **1**
die Ergänzung, -en complement **6**
die Ergänzungsprüfung, -en further exam, degree **3**
die Erhaltung preservation **4**
erheblich considerable **3**
sich erholen to relax **9**
erinnern an *(+Akk.)* to remind (of) **4**
sich erinnern an *(+Akk.)* to remember **4**
◆ **erkennen** to recognize **4**
erklären to explain **1**
erlangen to achieve, attain **6**
erleben to experience **5**
erledigen to accomplish, take care of **3**

erreichen to reach, achieve 6
die Errungenschaft, -en device 6
ersatzweise as a substitute 6
• **erscheinen** to seem 3
die Erscheinung, -en appearance 8
erschrocken shocked, startled 10
erschwinglich affordable 4
ersetzen to replace 7
erstens . . . zweitens in the first place . . . in the second place 8
ertönen to sound 7
der Erwachsene, -n adult 3
erwarten to expect 6
der Erzherzog, ¨e; -in archduke 5
• **erziehen** to educate, raise 5
die Erziehung education, upbringing 5
• **essen** to eat 1
das Essen, - meal 1
das Exemplar, -e copy 8

F

die Fachhochschule, -n vocational college 3
die Fahne, -n flag 4
• **fahren** to drive 1
die Fakultät, -en department 3
• **fallen** to fall 1
• **fangen** to catch 1
faul lazy 1
faulenzen to be lazy 3
der Faulenzer, -; -in bum 3
der Feierabend, -e leisure time 3
die Feindlichkeit, -en hostility 7
das Feld, -er field 9

der Fernsehapparat, -e TV set 10
• **fern·sehen** to watch T.V. 10
fertig finished 1
fertigen to fabricate 8
das Fertighaus, ¨er pre-fab house 1
fest·legen to establish 4
fest·machen to fasten 1
das Finanzwesen finance 5
fleißig hardworking, diligent 1
das Fließband, ¨er assembly line 1
die Fließbandarbeit assembly line work 1
der Flugzeugpilot, -en; -in airplane pilot 3
flüchten to flee 4
die Fläche, -n area 4
die Folge, -n result, consequence 4
folgend following 1
folgendermaßen as follows 3
formulieren to formulate 1
die Forschung, -en research 7
• **fort·gehen** to go away 3
fraglos unquestioning(ly) 1
der Franken, - (Swiss) franc 5
Frankreich France 1
französisch French 1
fremd strange, foreign 1
der Frieden peace 4
die Friedensbewegung, -en peace movement 6
der Friedhof, ¨e cemetary 6
sich fühlen to feel 3
die Füllung, -en filling 6
füttern to feed 6

G

der Ganove, -n crook 9
gar even 3

der Gast ¨e guest 1
der Gastarbeiter, -; -in guest worker 1
das Gastspiel, -e guest appearance 8
• **geben** to give 1
das Gebiet, -e field, area 5
geboren born 5
der Gebrauch use 7
die Geburt, -en birth 5
die Geburtsstadt, ¨e place of birth 5
das Gedicht, -e poem 5
gedruckt printed 8
die Geduld patience 1
• **gefallen** (+Dat.) to please 1
• **Gefallen finden an** (+Dat.) to be enthused about 10
gefallen sein to be killed in action 1
das Gefängnis, -se prison 3
das Gegenteil, -e opposite 6
gegenwärtig current 7
das Gehalt, ¨er salary 3
gehorchen (+Dat.) to obey 1
gehören (+Dat.) to belong 1
die Geige, -n violin 8
die Geldstrafe, -n fine 6
die Gelegenheit, -en opportunity 3
an etwas gelegen sein (+Dat.) to matter, make a difference 4
• **gelingen** to succeed, be successful 3
• **gelten** to be valid 3
• **gelten als** to be recognized as 5
gemeinnützig useful for the community, non-profit 6
das Gemüse, - vegetable 1
das Gemälde, - painting, portrait 8

- **genießen** to enjoy **1**
- **geöffnet** open **8**
- **gering** small **4**
- **gern(e)** gladly **1**
- **das Gerät, -e** instrument, machine, set **7**
- **das Geräusch, -e** noise **9**
- **das Gerücht, -e** rumor **10**
- **gesamt** total, entire **3**
- **geschehen (+ sein)** to happen **1**
- **die Geschichte, -n** history, story **5**
- **geschieden** divorced **3**
- **geschmackvoll** tasteful **8**
- **die Geschwindigkeit, -en** speed **5**
- **die Gesellschaft, -en** society **6**
- **das Gesetz, -e** law **5**
- **die Gestaltung, -en** design, arrangement **6**
- **der Gestank** smell, stench **9**
- **gestorben** dead, deceased **5**
- **geteilt** divided **4**
- **die Gewerkschaft, -en** union **7**
- **sich gewöhnen an** (+Akk.) to get used to **1**
- **der Gipfel, -** peak **7**
- **glanzvoll** brilliant **8**
- **der Glaube** faith, belief **5**
- **glauben an** (+Akk.) to believe in **10**
- **gleichnamig** of the same name **5**
- **glücken** to be successful **10**
- **die Grenze, -n** border **4**
- **die Großmacht, ̈e** superpower **4**
- **die Großstadt, ̈e** large city **9**
- **großzügig** generous **4**
- **der Grund** ground **1**
- **der Grundbesitz** real estate **1**
- **das Grundgesetz** basic law

(constitution of the FRG) **4**
- **die Grundschule, -n** first four years of school **3**
- **die Gruppenarbeit, -en** group work **1**
- **grüßen** to greet **1**
- **gründen** to found **4**
- **gucken** to look **1**
- **das Gymnasium, -sien** high school **1**

H

- **die Haftstrafe, -n** prison sentence **6**
- **der Hahn, ̈e** rooster **9**
- **halten** to stop **1**
- **halten für** (+Akk.) to consider **8**
- **der Handel** trade **8**
- **der Händler, -** dealer **9**
- **die Handlung, -en** plot, shop **8**
- **häufig** frequent **3**
- **das Haupt, ̈er** head **4**
- **die Hauptschule, -n** elementary school **3**
- **die Hausaufgabe, -n** homework **1**
- **die Haushaltslage** budget situation **6**
- **hegen** to care for **6**
- **das Heim, -e** home **1**
- **die Heimat** homeland **1**
- **heimisch** local, indigenous **6**
- **heiraten** to marry **6**
- **heiter** cheerful **8**
- **heizen** to heat **6**
- **das Heizöl, -e** heating oil **6**
- **helfen** to help **1**
- **hemmungslos** uninhibited, unchecked **7**
- **die Herausforderung, -en** challenge **6**
- sich **heraus·halten** to stay out (of something) **3**

- **herrlich** lovely, wonderful **9**
- **her·stellen** to produce, manufacture **3**
- **heutig** current **4**
- **hingegen** on the other hand **9**
- **hilfsbereit** helpful **3**
- **himmlisch** heavenly **9**
- **hinter·lassen** to leave behind **10**
- **hin·stellen** to put down, set down **6**
- **das Hochhaus, ̈er** high-rise building **1**
- **die Hochschule, -n** college, university **3**
- **hoffen** to hope **1**
- **die Hupe, -n** horn **9**

I

- **idyllisch** idyllic **9**
- **die Illustrierte, -n** magazine **10**
- **der Inhaber, -; -in** possessor, holder, owner **3**
- **innerhalb** (+Gen.) inside of, within **5**
- **insgesamt** altogether **3**
- **(sich) interessieren** to interest **3**

J

- **jährlich** yearly **8**
- **jenseits** (+Gen.) on the other side of **5**
- **jetzig** present, current **3**
- **jeweils** in each case **1**
- **der Journalist, -en; -in** journalist **3**

K

- **der Kaiser, -; -in** emperor **5**

die Kammer, -n room,
vault 10
die Kammermusik
chamber music 5
kapitulieren to
capitulate 4
die Karriereleiter, -n career
ladder 7
der Kragen, - collar 6
krähen to crow 9
das Krankenhaus, ¨er
hospital 1
der Kasten, ¨ box 10
katastrophal catastrophic 4
das Kaufhaus, ¨er
department store 3
der Kaufmann, Kaufleute
salesman 3
keineswegs in no way 8
die Kenntnis, -se
knowledge 3
Kfz (=Kraftfahrzeng)-
Mechaniker, - car
mechanic 7
der Kinderarzt, ¨e; ¨in
pediatrician 3
die Klammer, -n
parenthesis 1
die Klasse, -n class, grade
(in grade school) 3
klatschen to gossip 9
das Klavier, -e piano 8
(sich) kleiden to dress 6
das Kleingewerbe, - small
business 6
die Kleinstadt, ¨e small
town 9
der Klempner, -; -in
plumber 3
klopfen to knock 1
das Kohlenmonoxid carbon
monoxide 6
der Komponist, -en; -in
composer 5
die Konfession, -en
religion 6
die Konkurrenz, -en
competition 6
konkurrieren to compete 8

der Krach noise 9
das Kraftwerk, -e power
plant 6
der Kragen, - collar 6
krähen to crow 9
das Krankenhaus, ¨er
hospital 1
die Krankenkasse, -n
medical insurance 7
kratzen to scratch 1
der Kreis, -e district,
circle 3
der Krieg, -e war 1
kriegen to get, receive 1
die Krise, -n crisis 4
krönen to crown 10
die Küchenbenutzung
kitchen privileges 1
der Kuhmist cow
manure 9
sich kümmern um
(+Akk.) to care about 10
kündigen to give notice,
quit 3
der Künstler, -; -in artist 5
künstlich artificial 7
der Kurs, -e course, class 3
exchange rate 5
kursiv gedruckt in italics 1
das Kursverzeichnis, -se
course catalogue 6
kurzlebig short-lived 5
kürzlich recently 3
küssen to kiss 1

L

ländlich pastoral 9
der Landstreicher, -; -in
hobo 5
der Landvogt, ¨e governor
of a royal province 5
die Landwirtschaft
agriculture 9
langlebig long-lived 5
langsam slow(ly) 1
langweilig boring 1
der Lärm noise 1
♦ lassen to let 1

♦ laufen to run 1
die Lebenshaltungskosten
(pl.) cost of living 4
der Lebenslauf, ¨e
biography 3
lebenswert worth living 7
ledig single 3
leeren to empty 9
legen to lay, put, place 4
der Lehm clay 6
die Lehre, -n lesson,
teachings 5
das Lehrgeld, -er wages
(for an apprentice) 3
der Lehrling, -e
apprentice 3
der Lehrmeister, -; -in
master 3
die Lehrstelle, -n
apprenticeship 3
Lieblings- favorite (as
prefix to nouns) 3
♦ leiden to suffer 1
leisten to achieve 6
sich leisten (etwas) to
afford (s.th.) 6
die Leistung, -en
achievement 3
das Leistungsdenken
achievement mentality 6
der Leitartikel , -
editorial 10
lenken to steer 7
lieber rather 1
der Liebhaber, -; -in fan,
lover 8
das Lied, -er song 8
die Linie, -n line 4
listig cunning 10
lösen to solve 7
die Lösung, -en solution 5
der Lyriker, -; -in poet 5

M

machen to make or do 1
mächtig powerful 10
die Mahlzeit, -en meal 9

das **Mahnmal**, ⸚er memorial 4
das **Malbuch**, ⸚er coloring book 8
malen to paint 8
der **Maler**, - ; -in painter 8
die **Malerei**, -en painting 8
malerisch picturesque 8
der **Malstift**, -e crayon, pencil 8
der **Manager**, -; -in administrator 3
manche some 1
manchmal sometimes 1
◆ **maschine·schreiben** to type 3
die **Masse**, -n mass, large group 7
die **Mauer**, -n wall 4
der **Maurer**, - mason 7
der **Mechaniker**, -; -in mechanic 3
das **Medium**, -ien medium 10
meinen to think, have an opinion 1
die **Meinung**, -en opinion 1
die **Meinungsumfrage**, -n opinion poll 1
die **Meldung**, -en registration 3
die **Menge**, -n amount 3
eine Menge a lot 3
die **Mensa**, -sen university cafeteria 1
menschenfreundlich humane 6
menschenleer deserted 7
die **Menschheit** humanity 5
merken to notice 10
die **Messe**, -n fair, exposition 8
die **Miete**, -n rent 4
mieten to rent (as tenant) 1
der **Mieter**, -; -in tenant 1
das **Mitglied**, -er member 1

der **Mitläufer**, -; -in conformist 6
mit·machen to go along with 1
möbliert furnished 1
die **Möglichkeit**, -en possibility 6
montieren to assemble 7
muhen to moo 9
mühsam difficult, trying 9
der **Müll** garbage 6
mutwillig deliberate 7

N

der **Nachteil**, -e drawback, disadvantage 4
der **Nachweis**, -e proof 3
◆ **nach·denken über** *(+Akk.)* to reflect on, think about 10
nach·schauen to look up 5
der **Nährstoff**, ⸚e nutrient 6
der **Nationalheld**, -en; -in national hero 5
der **Naturwissenschaftler**, -; -in scientist 3
◆ **nehmen** to take 1
nein·sagen to say no 6
◆ **nennen** to name 1
nie never 1
◆ **nieder·schreiben** to write down 1
das **Nomen** , - noun 1
die **Not** emergency, need 1
notwendig necessary 3
die **Notwendigkeit**, -en necessity 4

O

der/die **Obdachlose**, -n homeless (person) 9
oberhalb *(+Gen.)* above 5
offiziell officially 4
öffnen to open 1
der **Onkel**, - uncle 1
die **Oper**, -n opera 5

das **Opfer**, - victim 4
die **Orientierung**, -en orientation 4

P

pädagogisch pedagogical 3
die **Partei**, -en political party 6
das **Parterre** ground floor 9
passend fitting 1
passieren (+sein) to happen 1
Pech haben to have bad luck 5
peinlich embarrassing 3
die **Persönlichkeit**, -en character, person 5
pflegen to take care of 6
der **Platz**, ⸚e place 1
pleite *(slang)* broke 3
prächtig marvelous 9
prägen to coin (a phrase) 6
das **Praktikum**, -ka practical course, in-service 1
der **Präsident**, -en; -in president 3
der **Prediger**, -; -in preacher 5
preiswert low-priced 1
prima great, first-rate 1
prophezeien to predict, prophesy 7
der **Psychiater**, -; -in psychiatrist 3
pumpen to pump 7

Q

die **Quadratmeile**, -n square mile 4

R

das **Rationalisierungspotential**, -e potential to replace human workers 7

ratlos helpless, at a loss **10**

die Realschule, -n
secondary school **3**

das Rechtswesen system of
justice **5**

rechtzeitig on time **9**

reden to talk **1**

die Redewendung, -en
expression **1**

das Regal, -e shelf **8**

reglementieren to
regulate **4**

das Reich, -e kingdom **5**

reichen to be sufficient **3**

der Reichtum, ̈er riches,
wealth **10**

das Reifezeugnis, -se
diploma **3**

die Reihe, -n series **3**

an der Reihe sein to be
next in line **1**

das Reisegeld, -er
transportation fare **3**

die Rente, -n public
pension **1**

die Rentenversicherung,
-en social security **7**

der Rentner, -; -in retired
person **1**

richtig correct **1**

der Roman, -e novel **5**

der Rückgang, ̈e
dwindling, recession **8**

der Ruf reputation **5**

die Rüstung, -en armament **6**

S

sammeln to collect **6**

sanft gentle **6**

der Satz, ̈e sentence **1**

der Satzteil, -e sentence
part **1**

sauer acid, sour **6**

• **schaffen** to accomplish,
do **1**

der Schatz, ̈e treasure **10**

der Schauplatz, ̈e
showcase, site **8**

• **scheinen** to appear **4**

scheitern (+sein) to fail,
go awry **4**

der Schilling, -e Austrian
shilling **5**

schimpfen to scold **5**

der Schirm, -e screen **8**

• **schlagen** to beat **1**

der Schlager, - hit
(music) **7**

die Schlagzeile, -n
headline **10**

schlammig muddy **9**

schlau sneaky **10**

• **schließen** to close **4**

schlimm bad **1**

der Schlips, -e tie **6**

schlummern to slumber **7**

der Schlüssel, - key **1**

das Schlüsselkind, -er
latchkey child **1**

• **schreiben** to write **1**

der Schriftsteller, -; -in
writer **3**

die Schulbank, ̈e desk,
school bench **3**

der Schulkamerad, -en; -in
classmate (in grade
school) **3**

die Schulpflicht
compulsory school
attendance **3**

die Schulreform, -en
school reform **3**

der Schutz protection **6**

schwänzen to cut class **3**

das Schwefeldioxid sulfur
dioxide **6**

schweißen to weld **7**

die Schwester, -n sister **1**

Schwyzerdütsch Swiss
German **5**

selber self **1**

das Selbstbewußtsein self-
confidence **6**

der Selbstmord, -e
suicide **5**

selbständig independent **7**

der Sender, - station (radio,
T.V.) **10**

die Siegermacht, ̈e
victorious power **4**

die Silbe, -n syllable **1**

das Silber silver **10**

sinnvoll meaningful **5**

sogenannt so-called **1**

• **sollen** to be obliged to,
ought to, should **1**

sorgen für *(+Akk.)* to
provide for **4**

sich Sorgen machen um to
worry about **6**

sorgfältig carefully **3**

so was, so etwas such a
thing **1**

spannend exciting, full of
suspense **8**

die Spannung, -en
tension **4**

sparen to save **3**

die Sparsamkeit economy,
frugality **6**

spazieren to take a walk **1**

• **sprechen** to speak **1**

der Spruch, ̈e slogan **10**

der Staat, -en state,
government **1**

die Staatsangehörigkeit,
-en citizenship **3**

das Staatsexamen, - final
exam for graduate
degree **3**

stammeln to stammer **3**

stammen to come from **3**

• **statt·finden** to take
place **8**

• **stehlen** to steal **1**

die Stelle, -n job,
position **3**

die Stellung, -en job,
professional position **1**

die Stenographie
stenography **3**

der Steuerberater, -; -in tax
consultant **7**

das Stickoxid, -e nitrogen

oxide 6

die Stiefmutter, ¨ stepmother 10

das Stipendium, -dien scholarship 1

der Stock = das Stockwerk, -e story of a building 9

stolz sein auf *(+Akk.)* to be proud of 1

stoppen to put a stop to 7

stören to disturb, bother 1

die Strafe, -n punishment 6

der Straftäter, -; -in convicted criminal 6

die Strecke, -n stretch, way 1

der Streit, - quarrel 1

streng strict 1

das Studienbuch, ¨**er** transcript 3

studieren to study 1

das Studium, -ien course of study 1

T

die Tante, -n aunt 1

die Taste, -n button on a machine 7

tasten to feel (with one's fingers), grope 7

die Tätigkeit, -en activity, work 3

tatsächlich actually, in fact 6

tauschen to exchange 9

teilen to divide 4

♦ **teil·nehmen an** *(+Dat.)* to take part in 6

die Teilung, -en division 4

das Tempo speed 7

das Thema, -men topic 1

der Tierarzt, ¨**e;** ¨**in** veterinarian 3

tippen to type 7

das Tonband, ¨**er** tape (for recording) 10

töten to kill 5

träumen to dream 1

(sich) ♦ **treffen** to meet 1

♦ **treten** *(+sein)* to step 1

der Trimm-dich-Pfad, -e fitness course 6

U

das Übel, - evil 7

üben to practice 1

überflüssig superfluous 6

überleben *(+Akk.)* to outlive someone, to survive 5

sich *(Dat.)* **überlegen** to consider, think over 10

♦ **übernehmen** to undertake, do 9

übersetzen to translate 1

♦ **übertragen** to transfer 1

der Überwachungsstaat, -en surveillance state 7

über·wechseln to transfer 3

überzeugen von to convince s.o. of 9

üblich common 9

die Umgangssprache, -n colloquial speech 9

die Umgebung, -en environment 9

♦ **um·schlagen in** *(+sein)* to change over to 7

♦ **um·schreiben** to rewrite, transcribe 5

die Umschulung changing of schools 3

die Umwelt environment 6

der Umzug, ¨**e** move, relocation 3

unbedingt absolutely, unconditionally 1

unberechenbar unpredictable 6

unerträglich unbearable 3

ungebremst unchecked 7

ungefähr approximately 6

ungelernt unskilled 3

die Ungewißheit, -en insecurity 7

die Universität, -en university 1

die Uni, -s *(coll.)* university 1

die Unkosten *(pl.)* expense 3

unterhalb *(+Gen.)* below 5

der Unterhalt support 7

der Untermieter, -; -in tenant 1

sich ♦ **unterscheiden von** *(+Dat.)* to differ from 10

unterstützen to support 6

der Untertan, -en subject (of a ruler) 10

unterworfen sein to be subject to 6

unumgänglich unavoidable 9

unvermeidlich unavoidable 7

unvollendet unfinished 5

unvorstellbar unimaginable 5

unweit *(+Gen.)* not far from 6

die Unzufriedenheit dissatisfation 3

die Urkunde, -n record 3

V

die Veranstaltung, -en event 4

♦ **verbieten** to prohibit 3

♦ **verbieten** *(+Dat.)* to forbid 6

verbilligt reduced 8

verbinden to join, match 1

die Verbreitung expansion 7

♦ **verbringen** to spend (time) 1

verdienen to earn 3

vereinsamen to become isolated and lonely 7

verewigen to immortalize 6

der Verfasser, -; -in author 5

die Verfassung, -en constitution 4

verfügen über *(+Akk.)* to have control of, have at one's disposal 10

♦ **vergessen** to forget 1

verhindern to prevent 4

das Verhältnis, -se relationship 1

der Verlag, -e publishing company 8

das Verlagswesen publishing industry 8

verlangen nach *(+Dat.)* to demand, long for 10

♦ **verlassen** to leave (a person or place), depart 3

♦ **verlaufen** *(+sein)* to proceed 3

verlegen to misplace, remove 4

verlegen *(adj.)* embarrassed, confused 4

♦ **verlieren** to lose 4

verlockend tempting 9

vermitteln to arrange, obtain 3

das Vermögen, - fortune 5

♦ **vernehmen** to hear 9

vernichten to destroy 7

♦ **verraten** to betray 8

verreisen *(+sein)* to go on a trip 6

sich verschärfen to intensify 7

verschieden different 1

die Verschmutzung pollution 6

versetzen to shift, transfer 7

die Versicherungs-gesellschaft, -en insurance company 1

versperren to lock, latch 9

sich ♦ verstehen auf *(+Akk.)* to be competent 7

der Versuch, -e attempt, effort 4

versuchen to try 1

verursachen to cause 6

verurteilt condemned 6

verwahren to keep 3

verwalten to administrate 4

der Verwalter, - ; -in manager 3

die Verweigerung, -en refusal 3

verwenden to use 1

verwöhnt spoiled 10

verzichten auf *(+Akk.)* to do without, forego 10

das Volk, ̈er people 6

die Volkshochschule, -n adult education classes 3

vollgesogen soaked up 6

der Vollwertkost natural foods 6

(sich) ♦ vollziehen to take place 4

vonnöten sein to be necessary 8

voraus·setzen to presume 7

vor·bereiten to prepare 1

♦ **vor·enthalten** to keep secret 3

♦ **vor·finden** to come upon, find 8

vor·führen to present 8

♦ **vor·lesen** to read out loud 1

vor·machen to demonstrate 1

der Vorname, -n first, given name 3

sich etwas *(Akk.)* ♦ **vor·nehmen** to decide or plan to do something 9

der Vorort, -e suburb 1

der Vorschlag, ̈e suggestion 1

♦ **vor·schlagen** to suggest 7

♦ **vor·singen** to sing out loud 10

sich *(Dat.)* **etwas vor·stellen** to imagine s.th. 6

vor·stellen *(+Akk.)* to introduce 6

der Vorteil, -e advantage 4

vorwiegend primarily 9

der Vorzug, ̈e advantage 4

W

♦ **wachsen (+sein)** to grow 1

(sich) wagen to dare 6

wählen to choose, vote 1

währenddessen at the same time 9

wahrhaft truly 9

die Waise, -n orphan 5

die Wartung service 7

waschecht colorfast 6

♦ **waschen** to wash 1

wechseln to exchange 1

die Wechselstube, -n exchange office 5

weder . . . noch neither . . . nor 3

♦ **weg·lassen** to delete 10

weg·stellen to put away 6

sich weh tun to hurt o.s. 6

sich weigern to refuse to do s.th. 1

weinen to cry 1

weiterhin furthermore 7

♦ **weiter·kommen** to get ahead 3

weiter·leben to live on 5

die Welt, -en world 4

weltberühmt world famous 8

der Weltraum outer space 10

wenige few **1**
die **Werbung, -en**
advertising,
commercials **10**
das **Werk, -e** work of an
artist **5**
die **Werkstatt, ̈en**
studio **6**
wertvoll valuable **6**
wesentlich essential **6**
der **Widerspruch, ̈e**
contradiction **1**
Widerstand leisten to
oppose, resist **6**
wieder again **5**
wiederum in turn **6**
die **Wiedervereinigung**
re-unification **4**
♦ **wiegen** to rock **6**
die **Wildkräuterküche**
cooking with wild
herbs **6**
winzig tiny **7**
die **Wirtschaft** economy **3**
das **Wirtschaftswunder**
economic miracle **4**
das **Wissen** knowledge **7**
das **Wohl** well-being **5**
wohnen to live **1**
die **Wohnfabrik, -en**
(ironic) apartment
complex **1**
die **Wohngemeinschaft, -en**
shared apartment,
commune **1**
das **Wohnhaus, ̈er**
residential building **1**
der **Wohnort, -e** place of
residence **1**

die **Wohnstraße, -n**
residential street **1**
die **Wohnungsnot** housing
shortage **1**
das **Wohnviertel, -**
neighborhood **1**
das **Wunder, -** miracle **5**

Z

zahlreich numerous **3**
der **Zauber** magic **6**
die **Zauberei, -en** magic **10**
der **Zauberer, -; Zauberin**
magician **10**
das **Zeichen, -** sign **4**
der **Zeichentrickfilm, -e**
animated film **10**
zeichnen to draw **8**
die **Zeichnung, -en**
drawing **8**
sich **zeigen (in)** to show
(o.s.) **6**
der **Zeitaufwand** sacrifice
of time **3**
die **Zeitschrift, -en**
magazine **10**
♦ **zerbrechen** to break into
bits, shatter **3**
zerlegen to take apart,
dismantle **4**
der **Zettel, -** note **1**
♦ **ziehen** to move **6**
das **Ziel, -e** goal **1**
ziemlich quite **3**
das **Zimmer, -** room **1**
der **Zimmergenosse, -n; -in**
roommate **1**

zitieren to cite **10**
zu dritt, viert, fünft . . . in
groups of two, three, four
. . . **1**
zufrieden satisfied **3**
zugleich at the same
time **4**
die **Zukunft** future **1**
♦ **zu·lassen** to admit,
permit **10**
die **Zulassung, -en**
admission **3**
zu·machen to close **1**
zumal especially since **6**
zumindest at least **3**
zunächst at first, to begin
with **3**
der **Zuname, -n** last,
family name **3**
♦ **zu·nehmen** to increase,
to gain weight **7**
sich ♦ **zurecht·finden** to
find one's way **8**
zurückliegend past **3**
♦ **zurück·nehmen** to take
back **9**
der **Zusammenhang, ̈e**
relationship,
correspondence **7**
der **Zuschauer, -; -in**
viewer **10**
der **Zwang, ̈e** pressure,
coercion **3**
die **Zweitschrift, -en**
second copy **3**
z. Zt. (zur Zeit)
currently **3**

INDEX

Picture Credits

Austrian Institute 126 (A,E); Mary Beechy-Pfeiffer 250; The Bettmann
Archive 128 (O,P); Bildarchiv Preussischer Kulturbesitz 126 (C,D), 127
(H,I,J,L,M), 218; German Information Center 70 (two photos), 71 (upper
right), 99, 103, 105, 118, 122, 126 (B), 127 (F,G,K,N), 165, 169, 176, 200,
209, 220, 250, 269; Beryl Goldberg 6, 18, 30, 104, 112, 196, 225; Uta
Hoffmann 46, 66, 71 (lower left); IN-Press/dpa 221; Inter Nationes 71
(upper left), 194; Judy Poe 3, 35, 125, 163, 191, 215, 245, 251; Marvin
Keim 183; Dirk Maass 5, 36 (2 photos), 38, 40, 280; Ullstein
Bilderdienst 195; Ulrike Welsch 39, 69, 71 (lower right), 246, 247, 279.